形胜之区

辽阳市境内明代城、堡、台、墙探寻

XINGSHENG ZHIQU
LIAOYANGSHI JINGNEI
MINGDAI CHENG BAO TAI QIANG TANXUN

李智裕

著

辽宁人民出版社

图书在版编目（CIP）数据

形胜之区：辽阳市境内明代城、堡、台、墙探寻 /
李智裕著. —沈阳：辽宁人民出版社，2023.10
（长城文化在辽宁）
ISBN 978-7-205-10931-8

Ⅰ.①形…　Ⅱ.①李…　Ⅲ.①长城—文化研究—辽宁
Ⅳ.① K928.77

中国国家版本馆 CIP 数据核字（2023）第 210164 号

出版发行：辽宁人民出版社
　　　　　地址：沈阳市和平区十一纬路 25 号　邮编：110003
　　　　　电话：024-23284321（邮　购）　024-23284324（发行部）
　　　　　传真：024-23284191（发行部）　024-23284304（办公室）
　　　　　http://www.lnpph.com.cn
印　　刷：沈阳百江印刷有限公司
幅面尺寸：185mm×260mm
印　　张：15.5
字　　数：220 千字
出版时间：2023 年 10 月第 1 版
印刷时间：2023 年 10 月第 1 次印刷
责任编辑：李翘楚
装帧设计：留白文化
责任校对：吴艳杰
书　　号：ISBN 978-7-205-10931-8

定　　价：80.00 元

总
general order
序

　　党的十八大以来，习近平总书记高度重视长城文化保护传承弘扬工作，多次发表重要讲话并作出重要指示。习近平总书记深刻指出，"当今世界，人们提起中国，就会想起万里长城；提起中华文明，也会想起万里长城。长城、长江、黄河等都是中华民族的重要象征，是中华民族精神的重要标志。我们一定要重视历史文化保护传承，保护好中华民族精神生生不息的根脉"。"长城凝聚了中华民族自强不息的奋斗精神和众志成城、坚韧不屈的爱国情怀，已经成为中华民族的代表性符号和中华文明的重要象征。要做好长城文化价值发掘和文物遗产传承保护工作，弘扬民族精神，为实现中华民族伟大复兴的中国梦凝聚起磅礴力量"。习近平总书记的重要指示，思想深邃、内涵丰富，为我们做好长城文化保护、传承、弘扬工作提供了根本遵循，指明了前进方向。　建设长城国家文化公园，是以习近平同志为核心的党中央作出的重大决策部署，是推动新时代文化繁荣发展的重大文化工程，也是保护、传承、弘扬长城文化的创新之举。

　　辽宁长城资源丰富，现存战国（燕）、秦、汉、辽、明五个时代的遗存，全长约 2350 千米，绵延分布于全省 13 个市。长城国家文化公园（辽宁段）建设，是辽宁省深入贯彻落实党的二十大精神的一项重要工作，是辽宁省"十四五"时期深入推进的重大文化工程，是辽宁省文化事业发展的一件大事。省委、省政府高度重视这项工作，部署发布《长城国家文化公园（辽宁段）建设保护规划》；实施保护传承、研究发掘、环境配套、文旅融合、数字再现五大基础工程；要求坚持保护优先，遵循文物保护规律，确保长城资源及其环境背景得到有效保护；注重工作统筹，把长城保护与环境配套、文旅融合、数字赋能结合起来；加强组织领导和政策保障，注重点面结合，确保长城国家文化公园（辽宁段）各项建设任务落到实处。

长城国家文化公园一个重要功能，就是把文物古迹、历史遗存中蕴含的思想理念、人文精神，生动形象地展现在人民群众面前，让人民群众了解长城文化、感受长城精神，让人民群众在参观游览过程中，潜移默化地接受中华传统文化教育。辽宁省在实施研究挖掘工程中，明确把长城文化和长城精神研究发掘作为一项重要任务，认为这是一切保护、展示和利用工作的支撑和基础，应加强长城辽宁段文物研究、文化发掘和传承弘扬。

在辽宁省长城国家文化公园建设工作领导小组统筹部署下，积极参与辽宁各地梳理长城文化资源，加强历史文化研究，努力形成一批专著、论文、研究报告等成果。本丛书就是落实这一举措的重要成果。希望这些成果能够有力推动全省上下积极关注和支持长城国家文化公园（辽宁段）建设，形成长城文化发展更为广泛的共识，推动更多人一起致力保护好中华民族精神生生不息的根脉，为辽宁振兴发展乃至中华民族伟大复兴提供不竭的精神力量。

自序
preface

　　辽阳历史悠久，明代辽东都司治所就位于辽阳城。我 2007 年毕业后参加工作，即忙于辽阳博物馆陈列布展，因此有幸第一次接触到了东北史研究开创者金毓黻先生《辽海丛书》所收录的《辽东志》《全辽志》，其中关于明代辽阳城的文字内容及图示深深地吸引着我，此后在日常工作学习中经常翻阅并做读书记录。当时有个初步构想，即今后以明代方志、地区出土明代碑志文物为切入点，做点明代辽东地方史、地方出土明代碑志文物的基础研究。在此之后，我也陆续发表了一些关于明代辽东地方史、地方墓志文物研究等方面的学术文章。当然由于个人学识有限，其中观点未必正确。在对辽阳地区出土明代墓志文物进行梳理与研究时，发现其中不少墓志主人生前参与过明代长城修建，我对此颇觉有研究意义，于是简单进行了归纳整理以待将来之用。2021 年辽阳市申报长城国家遗址公园建设项目，我有幸参与辽阳市辽阳县地区明代长城及烽火台调查工作，由此对辽阳市境内明代辽东长城有了初步了解。2022 年五一期间，我参与了辽阳市明代辽阳城平胡楼角楼遗址清理工作。第一次近距离与明代辽阳城建筑接触，不禁无限感慨，更加深了我研究明代辽阳城这一初衷志向。2022 年辽阳市成立"辽阳国家历史文化名城保护利用项目指挥部"，下设"规划文化组"，我有幸忝列其中，此后便忙于长城文化展示馆陈列大纲的编写以及论证工作。在这两年间，我搜集并翻阅了《辽阳县志》《辽宁省明长城资源调查报告》《明辽东镇长城及防御考》《辽阳县文物略》《灯塔市历史与文化》、第二次全国文物普查档案（以下简称"二普"档案）、第三次全国文物普查档案（以下简称"三普"档案）等基础调查资料。2023 年初，辽宁省长城国家文化公园建设工作领导小组办公室发布通知，征集省内长城研究相关书稿，于是我借此契机草创拙作。

本书分为五章。第一章主要介绍明代辽阳城与辽东都司治，结合地方出土文物以及《燕行录》的相关内容介绍明代辽阳城与辽东都司治。第二章主要介绍明代辽阳城具有代表性的几个州卫机构。第三章主要介绍辽阳市辽阳县境内明代长城、堡城、站城及烽火台。第四章主要介绍辽阳市其他地区明代烽火台、城址。第五章主要是辽阳市地区出土与明代长城有关的武将墓志、铜碑、圹志的考释研究。需要说明的是，第三章、第四章内容主要借鉴"二普"档案、"三普"档案以及地方市县近年出版的《灯塔市历史与文化》《辽阳县文物略》等基础调查资料中关于明代烽火台、城址的内容，在此基础之上进行深化，与《辽阳县志》记载的辽阳古代交通路线进行对照，以研究辽阳市境内明代烽火台分布与交通路线之间的关系。记得我在向张士尊先生学习交流时，张先生对古代辽东地区交通路线曾有"天不变，道亦不变"的论断。"道"指的是交通路线，强调历代交通路线有持续沿用的特点。张先生的论断，对我来说受益匪浅。如果非要说这本小册子有什么研究层面创新之处的话，一是对明代辽东长城辽河套段修建者毕恭进行重新探讨研究，纠正了《辽东志》《全辽志》中的讹误记载，明确提出毕恭是定辽前卫军籍；二是结合《辽东志》《全辽志》《燕行录》的相关内容，对辽阳市境内烽火台、城址与《辽阳县志》记载交通路线关系进行了确定；三是对辽阳市地区出土的与明代长城有关的武将墓志、铜碑、圹志文物进行了考释研究。既然有学术研究价值的文物被发现，那么顺理成章就要对这些文物进行研究并公之于众。

最后，对《明辽东镇长城及防御考》《辽宁省明长城资源调查报告》、"二普"档案、"三普"档案创作者们、参与者们表示敬意与感谢！当然，由于个人学识有限，这本小册子中的观点未必正确，旨在抛砖引玉，仅供学界参考，欢迎批评指正。

李智裕

2023 年 3 月

目
contents
录

第一章

明代辽阳城与辽东都司治

元末明初，在全国范围内开展城市建设，这是中国古代城市史上一次大规模的建城运动。明代从都城到不同等级的地方城市及边防或海防卫所的建造数量之多是历代所不曾见的，而明代对新建或既有的城池用砖石进行的大规模砌，在数量与规模上超越了其前的历朝历代[1]。在此历史背景下，明朝攻克辽沈地区不久，于洪武五年（1372）在都督马云、叶旺主持下，以辽阳旧城为基础修筑新城。明朝统治者对我国东北地区的开发远迈汉唐。明太祖朱元璋有云："沧海之东，辽为首疆，中夏既宁，斯必戍守。"[2]昭示革故鼎新之后，明王朝对以辽阳城为中心的辽东这一战略要地格外重视，从而形成"整个辽东城镇的布局，以辽阳为中心，四面辐射分布"[3]。学者研究认为："纵观辽宁明长城的防御体系，从辽东镇城（都司）以下，到各卫、所、堡城系统，从长城的防御功能上看，大体可分为相互关联的指挥策应系统、屯兵守备系统和传烽报警系统。"[4]明代辽阳城无疑是辽宁明代长城防御体系中的指挥策应中心。

1. 王贵祥：《明代建城运动概说》，《中国建筑史论汇刊》第一辑，清华大学出版社2009年版，第139页。
2.《明太祖实录》卷一百三十，洪武九年春正月癸未条。
3. 林世慧：《略论明代辽东城镇的兴衰》，《社会科学战线》1990年第4期。
4. 王绵厚、熊增珑：《关于明辽东镇长城防御体系的再探索》，《文化学刊》2011年第1期。

第一节　明代辽阳城布局

辽阳城位于太子河南岸，历史上设治较早而且城址一直延续。战国时期，燕国将领秦开设置辽东郡，郡治在襄平，也就是今天的辽阳。秦汉时期，沿袭前朝设辽东郡，郡治依然在襄平。高句丽统治时期，辽阳称为辽东城，有辽东城冢壁画墓发现的《辽东城图》存世。唐贞观年间，唐军夺取辽东城，唐太宗李世民攻克辽东城后，留下著名的诗篇《辽城望月》。辽金时期，辽阳或称南京，或称东京，元代辽阳为辽阳行省治所。辽金元时期，辽阳一直是辽东地区乃至东北地区的政治中心。公元 1368 年，朱元璋推翻元朝在中原内地的统治，正式建立明朝政权。但从全国形势来看，其统治基础并没有完全巩固，尤其是辽东地区局势十分复杂。元代残余势力与高丽、女真交织在一起，构成明朝统一辽东的最大障碍。经过一系列军事行动，明朝陆续消灭割据政权。辽东地区战略位置十分重要，《全辽志》记载："台史氏曰：'夫辽左控朝鲜，而右引燕蓟，前襟溟渤，而后负沙漠，盖东北一都会也。'"[1]职此之故，明朝夺取辽东以后，对其重视有加。洪武四年（1371）七月，"置定辽都卫指挥使司""以马云、叶旺为都指挥使，吴泉、冯祥为同知，王德为佥事，总辖辽东诸卫军马，修城池，以镇边疆"[2]，开始在辽东地区大规模修筑城池。城镇在古代军事防御中发挥着重要作用，除了可以为士兵提供军事保障外，城镇本身也是可攻可守的基地和堡垒。明朝建立之前辽东地区原有的一些城镇，经历元末战争后有些已经荒废。这些旧城、遗址被明朝一并继承。辽东地处边疆，环境恶劣，经济

---

1. （明）李辅等纂修：《全辽志》卷一《图考》，辽沈书社 1984 年版，第 498 页。
2. 《明太祖实录》卷六十七，洪武四年秋七月辛亥条。

落后，人口稀少，交通不便，建造新城难度极大。因此，在辽东卫城及其以上级别的城镇中，除右屯城为永乐朝徐琦、李通二人新修之外，其余诸城皆为洪武朝在原有旧址、土城基础上翻修而成[1]。洪武八年（1375）十月，"以在外各处所设都卫，并改为都指挥使司"，改"定辽都卫为辽东都指挥使司"[2]，都司治所设在辽阳城。辽东都指挥使司领卫二十五、州二，辖境东至鸭绿江，西至山海关，南至旅顺海口，北至开原，这个区域是一个相对独立的地理单元。它与东北东部、东北北部的森林地带，东北西部的草原地带不同，是适宜农耕民族发展的地域[3]。另外，在辽阳城内还设置有定辽左卫、定辽中卫、定辽右卫、定辽前卫、定辽后卫和东宁卫等六卫[4]。

辽东都指挥使司，元置辽阳等处行中书省，治辽阳路。洪武四年七月置定辽都卫。六年六月置辽阳府、县。八年十月改都卫为辽东都指挥使司。治定辽中卫，领卫二十五，州二。十年，府县俱罢。东至鸭绿江，西至山海关，南至旅顺海口，北至开原。由海道至山东布政司，二千一百五十里。距南京一千四百里，京师一千七百里。[5]

辽阳城周围十六里二百九十五步，高三丈三尺，池深一丈五尺。南城共有六门，其分别是：南门——东"安定"，西"泰和"；东门——南"平夷"，北"广顺"；西门——"肃清"；北门——"镇远"。角楼四座：东南曰"筹边"，东北曰"镇远"，西北曰"平胡"，西南曰"望京"。辽阳城城门、角楼的名称无疑充满边疆军事色彩，如城门以"平夷""镇远"命名，角楼以"平胡""筹边"来命名，均反映出明

1. 姜维公、张奚铭：《试论明代辽东防御体系的演变及特征》，《史学集刊》2023 年第 3 期。
2.《明太祖实录》卷一百一，洪武八年九月癸丑条。
3.［美］拉铁摩尔：《中国的亚洲内陆边疆》，唐晓峰译，江苏人民出版社 2008 年版，第 73 页。
4. 自在州设置于明永乐七年（1409），以安置北方降人。正统八年（1443）自在州由开原城迁治辽阳城。所以明朝初年，辽阳城没有自在州，只有定辽左卫、定辽中卫、定辽右卫、定辽前卫、定辽后卫和东宁卫等六卫。
5.（清）张廷玉等撰：《明史》卷四一《志第一七·地理二》，中华书局 1974 年版，第 952 页。

民国时期辽阳城城墙

代辽阳城边疆军事重镇的色彩。从总体上看，明代辽阳城形制为方形，城墙高大，角楼耸立。城中以鼓楼与钟楼为中心构成十字街，街道纵横，布局规整，整体近似"井"字形。城中心位置为主要军政官署机构所在，如辽东都司治、都察院、察院、苑马寺等。而文教场所，如文庙儒学、书院，与宗教建筑，如东岳庙、上帝庙、城隍庙等，则位于主要军政官署机构周围，定辽五卫基本分置于城内四周，主次非常分明。

汉唐以来皆谓之辽东城，契丹主阿保机改为铁凤城。洪武壬子，因辽阳旧城之失，都督马云、叶旺改建于此，非水北曰阳之义也。城周围一十六里二百九十五步，高三丈三尺，池深一丈五尺，周围一十八里二百八十五步。门六，南二：左安定、右泰和，东二：南平夷、北广顺；西肃清，正北镇远，俱有楼。角楼四：东南曰"筹边"，东北曰"镇远"，西北曰"平胡"，西南曰"望京"。钟楼一建于都司西北，鼓楼一建于都司东北。[1]

明代辽阳城是辽东地区乃至东北地区政治中心、文化中心以及军事中心，城内"大小衙门并无数"[2]，有诸多各级衙门官署。根据《全辽志》记载，辽阳城内有辽东都司治、辽东行太仆寺、辽东苑马寺、巡抚都察院行台、按察分司、察院、副总兵府、布政分司等官署机构。这些官署机构其实也反映出明朝辽东地区管理体制的变迁，洪武时期辽东都司为辽东地区最高军事和行政机构，到永乐年间专门执行军事镇戍职能的总兵体制形成，再到洪熙、宣德以后行政监察体制形成。随着时间推移，监察系统权力不断扩大，逐渐侵夺了辽东都司的行政管理权和辽东总兵的军事指挥权，从这些官署机构设置和职能发展变迁中均能体现这种历史现象。需要说明的是，《全辽志》成书时间下限为嘉靖四十四年（1565），在此之后辽阳城内官署机构其实依然不断增设。隆庆元年（1567），辽东总兵在隆冬时节移驻辽阳城。到了明朝末年，后金政权强势崛起，辽东边疆局势危急，辽东经略、辽东巡抚曾移驻辽阳。显而易见，随着辽东边疆危机日趋严重，明朝统治者为了应付辽东时局，机构也进行重新规划调整。

洪武十二年（1379），为安排东宁卫归附的少数民族，都指挥潘敬主持修建北城。辽阳城总体建筑格局出现变化，由此奠定后来的南、北城形制。永乐十四年（1416），都指挥王真用砖砌北城。北城形制最终完成，南北向一里，东西向四里，城高三丈，池深一丈五尺，南北城周围达到二十四里二百八十五步。北城共有三座城门，分别为东"永智"、西"武靖"、北"无敌"。

1.（明）李辅等纂修：《全辽志》卷一《图考》，辽沈书社1984年版，第501页。
2.〔朝鲜〕赵翊：《皇华日记》，见林基中辑：《燕行录全集》第9册，韩国东国大学校出版部2001版，第142页。

北城　洪武己未，都挥指潘敬开展东城一里之北附筑土城，处东宁卫归附夷人。永乐间，自在州自开原移于本城，以处归附夷人。永乐丙申，都指挥王真始砌以砖，即今土人称北城是也。南北共一里，东西四里，高三丈，池深一丈五尺，合南城周围共二十四里二百八十五步。门三：东曰"永智"，西曰"武靖"，北曰"无敌"。庚申，南城北面倾颓殆尽，巡按史官修。甲子夏，西南壕并城为山水衡突，巡按黄襄修，仍挑河二十馀里以洩水患。[1]

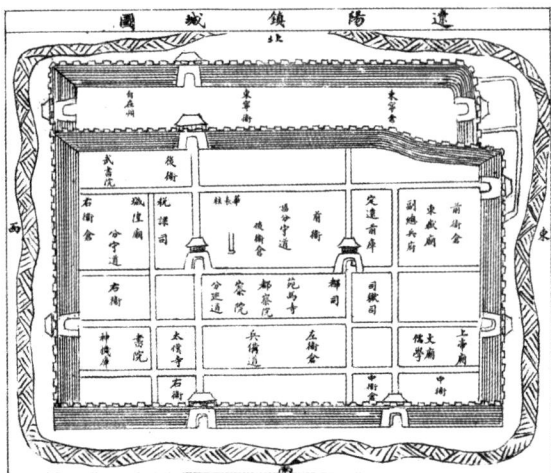

《全辽志》中《辽阳镇城图》

《全辽志》中记载"庚申，南城北面倾颓殆尽，巡按史官修"，所言并不详细。"庚申"，即嘉靖三十九年（1560），辽阳城南城北面城墙损毁严重，巡按御史史官对此进行维修。史官，"河南洛阳县人，进士"。[2]此事在时任辽东苑马寺卿陈暹撰写的《重修辽阳内城记》中有详细记载，全文如下：

重修辽阳内城记

辽东苑马寺卿　陈暹

辽左，古营州地，自唐宋来沦入荒服。迨我国朝混一，始兴版筑，永乐初，移都司于今城。城之筑也，不知始于何代，稽今志云：洪武壬子，都指挥马云、叶旺奉命经略辽地，因遗址修筑焉。洪武己未，都指挥潘敬附筑土

---

1. ［朝鲜］赵翊：《皇华日记》，见林基中辑：《燕行录全集》第9册，韩国东国大学校出版部2001版，第142页。
2. （明）李辅等纂修：《全辽志》卷三《职官·巡按》，辽沈书社1984年版，第580页。

城，以宅外国降氓。永乐丙申，都指挥王真始甃以砖，即今土人称北城者是已，因目云、旺所筑为南城云。南城北面介于北城一带旧垣，有司视为内地，无预防守，遂废弗葺。至嘉靖戊午，水潦灌城，土逾溃，垣墉逾圮，几夷为平地矣。己未夏，洛阳史公奉命按辽东，暹从公阅视墉潢抵是，指以语副总戎刘子岳曰："惟兹两城，若联而实间，惟兹旧垣殆不可废，宜以时修之。"乃下其事于少参赵子世录议，而率其属分治之。固者因之，缺者完之，薄者增之，圮者版之。时城之居民固愿自为守也，并力合作，不逾月而底绩。诸子佥谓公保惠辽民，盛事宜刻石以纪，而使暹司笔砚之役。暹尝读《易》之坎曰："习坎，《象》曰：'习坎，重险也。'"夫子曰："王公设险以守其国。"其传卦也。曰："重门击柝，以待暴客，盖取诸《豫》。"则知守国之道，莫善于豫。豫备之术，莫要于险。险而习之，门而重之，是又知备豫之术，不厌于详且密也。况辽城外介诸寇，而曰备之可以不预也，防之可以不密也？殆未达夫权变之宜焉尔。且与其过而忽之也，毋若过而防之。过而防之无后灾，过而忽之鲜不仆矣。《诗》不云乎："迨天之未阴雨，彻彼桑土，绸缪牖户。"此之谓也。且公兹役也，因民所欲而倡之，非强之也，所谓以佚道使民也。供亿给于官，毋扰民焉，非时绌举赢也。聚失业之民而食之，亦所以赈饥也，以定恂惧之人心，以杜窥伺之外侮，一举而众善具焉。若曰："城也，可以修，可以无修，而我公一念豫备，卫民之意孤矣。"故为著其大诣，以诏于后之人焉。若公按辽，陈轨率物，黜贪进良，惠民润物，丰功伟绩自有辽民口碑，不待铨次云。

公名官，字懋德，别号一泉，河南河南卫人，嘉靖癸丑进士也。[1]

辽阳南城北面城墙，一直被视为内地，由于跟北城相连，所以没有驻防，时间

1.（明）李辅等纂修：《全辽志》卷五《艺文上·记》，辽沈书社1984年版，第650-651页。

一长逐渐废弃无人修缮。到了嘉靖戊午（嘉靖三十七年，1558），洪水泛滥导致太子河水灌城，此处城墙夯土崩塌，几乎成为平地。嘉靖三十八年（1559）夏，巡按御史史官巡视辽东时发现这一情况后，提议对此处城墙进行维修。由于规划得当、通力合作，不超过一个月就完成了维修任务。所以我们以往习惯性引用《全辽志》中记载其维修时间为"庚申"年（嘉靖三十九年，1560），其实并不准确，其时间应为嘉靖三十八年（1559）。《全辽志》记载的"甲子夏，西南壕并城为山水衡突，巡按黄襄修，仍挑河二十馀里以洩水患"，指的是嘉靖四十三年（1564），辽阳城西南方向的城壕出现损坏，推测是由于水患严重而造成。巡按御史黄襄主持维修，疏浚二十多里排泄水患。

从《全辽志》中《辽阳镇城图》可窥探明代辽阳城街道大体布局，城内街道呈现四纵四横，彼此交错犹如"井"字。那么，明代辽阳城内到底有多少条街道呢？目力所及，正史、方志中并未见记载。查阅相关文献有两条，对此问题或有裨益。第一条是根据朝鲜使臣李弘胄《黎川相公使行日记》中的记载，李弘胄一行人从辽阳城东瓮城上下来"穿九街而行到北仓"，[1] 可知辽阳城内街道之多；第二条是"弘治中兴"代表人物马文升巡治辽东时曾驻节辽阳，有诗作《乙巳春二月行边至辽阳大雪纷纷是日随晴土脉就开正播种之期足为有秋之兆故书》，云：

驻节辽阳甫四朝，纷纷雨雪遍春郊。

千峰山上云初潋，十二街头冻已消。

土脉顿开边地阔，尘埃不动海天遥。

豫呈此岁丰登兆，仰荷皇仁并帝尧。

1.［朝鲜］李弘胄：《黎川相公使行日记》，见林基中辑：《燕行录全集》第 10 册，韩国东国大学校出版部 2001 版，第 40 页。

诗中"千峰山"当为辽阳附近千山,"十二街"应指的是辽阳城内街道。据此推测,当时辽阳城内应有十二条街道。果真如此的话,辽阳城内也是四通八达,交通纵横。

明代朝鲜使臣出使中国途经辽阳城时,慕名游览参观这一被誉为"神京左臂"的战略要地,从而为我们留下很多有关辽阳城的文字记载,可补正史方志之阙。通过这些文字内容,我们可以窥探明代辽阳城的历史变迁和城池建筑布局。洪武年间,权近是较早用诗歌写辽阳城的朝鲜使臣,其在《入辽东城》诗中写道:

> 漫漫平野渺无垠,粉堞横空望似云。
>
> 杰阁翠飞增壮势,雄藩虎踞稍前闻。
>
> 风尘已息三边警,旗鼓长闲六卫军。
>
> 奉使远游胡不乐,如今天下正同文。[1]

嘉靖十六年(1537)七月,朝鲜使臣丁焕途经辽阳城,根据其《朝天录》记载,辽阳城甚是雄伟,城内人口众多,商业发达。"雉堞峻壮,隍堑广深,闾阎繁夥,物货富丽。"[2]辽阳城的经济繁荣并非偶然,与其所处重要战略位置有密切的关系,朝鲜使臣丁焕对此有深刻认识。嘉靖十六年(1537)七月丁焕途经辽阳城,对辽阳城地理位置有详细描述:"城之西南、东,千山、杏山等诸山环抱,雄据形便控制山贼,为东北方砥柱也。"[3]明代辽阳城经济发达,物阜民丰,繁华景象给朝鲜使臣很大震撼,他们在远离中原地区的边陲辽阳城就感受到了明王朝的恢宏气象。有关辽阳城的繁华景象,朝鲜使臣多有记载。隆庆六年(1572)八月,朝鲜使臣许震童途经辽阳城,目睹城中繁华景象后,对这位朝鲜使臣心理造成不小震撼,感叹之

1. 〔朝鲜〕权近:《奉使录》,见林基中辑:《燕行录全集》第1册,韩国东国大学校出版部2001版,第163页。
2. 〔朝鲜〕丁焕:《朝天录》,见林基中辑:《燕行录全集》第3册,韩国东国大学校出版部2001版,第71页。
3. 〔朝鲜〕丁焕:《朝天录》,见林基中辑:《燕行录全集》第3册,韩国东国大学校出版部2001版,第71页。

余，许震童更是将辽阳城与朝鲜国都对比一番："辽城之周，虽未及我京城，城池之高深，门楼之壮丽，殆有过也。居民亦极稠庶，俨然如一大都矣。"[1]万历二十三年（1595）四月，朝鲜使臣闵仁伯途经辽阳城，"出入境一里许，民家敞豁，原野旷远，始见地方中原气象"。[2]万历二十七年（1599）朝鲜使臣赵翊途经辽阳城，根据其记载辽阳城内官署衙门不计其数，"城中栉比，小无空隙，大小衙门并无数，路旁诸处牌楼相接"，[3]"出西城以还，则邑居极盛，人物骈阗，实东边一大镇也"。[4]万历三十八年（1610）六月朝鲜使臣黄士祐途经辽阳城，黄士祐所见城中物阜民丰，呈现一片繁华气派，城郭也非常雄伟，"城中人物之繁华，城郭之雄壮，自广宁以东辽为之甲焉"。[5]朝鲜使臣的记述客观地反映出辽阳城经济极大发展。

对辽阳城再次进行大规模系统性维修，是在明末辽东战局紧张时期。万历末年，后金政权强势崛起，攻城略地，所向披靡，明朝在辽东地区统治风雨飘摇，大厦将倾。"萨尔浒之战"后，明朝派遣熊廷弼经略辽东。熊廷弼在辽东亲督军兵浚壕池、筑城墙、制火器，进行了一系列军事准备。辽东在经略熊廷弼的经营下一改颓势，官兵士气大振，人心稳固。"督军士造战车，治火器，浚濠缮城，为守御计。令严法行，数月守备大固。"[6]此时的辽阳城即使在辽东局势云诡波谲的背景下，还是呈现出一片祥和安定，城内依然人口稠密、市肆林立。万历四十七年（1619）五月，朝鲜使臣李弘胄途经辽阳城，作为辽东首府的辽阳城仍然给人一种浑厚雄壮的感觉。李弘胄等人登上辽阳城内的崇文阁，"俯瞰城中，则方城延袤各数里许，万家烟火，人物繁庶，真巨镇也"。[7]在他的眼中，辽阳城仍然固若金汤。李弘胄对辽

1. ［朝鲜］许震童：《朝天录》，见林基中辑：《燕行录全集》第 3 册，韩国东国大学校出版部 2001 版，第 278 页。
2. ［朝鲜］闵仁伯：《朝天录》，见林基中辑：《燕行录全集》第 8 册，韩国东国大学校出版部 2001 版，第 15—16 页。
3. ［朝鲜］赵翊：《皇华日记》，见林基中辑：《燕行录全集》第 9 册，韩国东国大学校出版部 2001 版，第 142 页。
4. ［朝鲜］赵翊：《皇华日记》，见林基中辑：《燕行录全集》第 9 册，韩国东国大学校出版部 2001 版，第 143 页。
5. ［朝鲜］黄士祐：《朝天录》，见林基中辑：《燕行录全集》第 2 册，韩国东国大学校出版部 2001 版，第 479 页。
6. （清）张廷玉等撰：《明史》卷二五九《列传一四七·熊廷弼传》，中华书局 1974 版，第 6692 页。
7. ［朝鲜］李弘胄：《梨川相公使行日记》，见林基中辑：《燕行录全集》第 10 册，韩国东国大学校出版部 2001 版，第 40 页。

阳城的评价是山海关以东城市中最为繁盛的城市，"其大不下于永平府，人民、物货之盛虽不及北京，而山海关以东最为殷盛，真是东洛之根柢"。[1] 更为可贵的是，《梨川相公使行日记》中还记载了李弘胄一行目睹正在修筑中的辽阳城防御工事和军队布防，"往观西营近处则内外重壕及土墙极深且固，军兵皆土炕而居，兵势堂堂似无可虞矣""由壕岸而行到东营，则川兵二万分守于四营。引太子河水注入重壕。城之四面皆筑土墙，工役未完，而措置规画，井井堂堂"。[2] 这与《明史》中记载的熊廷弼亲督军兵浚壕池、筑城墙内容可相印证。由此亦可知，熊廷弼经略辽东驻守辽阳时，规划还是非常完善得当的。

无独有偶，朝鲜使臣李廷龟途经辽阳时也有相同的记载。根据《庚申燕行录》记载，万历四十八年（1620）三月朝鲜使臣李廷龟一行因未拿到回咨及未派发给车马，一直滞留在辽阳城内。滞留期间，李廷龟一行目睹辽阳城备战情况："经略锐意城守，亲督军兵，计日董役，大凿壕池，方引入太子河，燔砖筑墙，修堞增埠。"[3] 在此期间李廷龟也有诗作，均提到辽阳城修建的防御工事连通太子河的"壕水"，即护城河。而且在大战将临的前夕，辽阳城外更是出现"重壕"，即多重护城河。李廷龟记载的辽阳城备战情况，也客观反映了辽东经略熊廷弼固守辽东的具体实施情况。

辽东经略衙门将官等求诗书于其扇

李廷龟

幕府军声振海波，辽阳城观郁嵯峨。

墩台北压单于垒，壕水西通太子河。

1.［朝鲜］李弘胄：《梨川相公使行日记》，见林基中辑：《燕行录全集》第 10 册，韩国东国大学校出版部 2001 版，第 101–102 页。

2.［朝鲜］李弘胄：《梨川相公使行日记》，见林基中辑：《燕行录全集》第 10 册，韩国东国大学校出版部 2001 版，第 101 页。

3.［朝鲜］李廷龟：《庚申燕行录》，见林基中辑：《燕行录全集》第 11 册，韩国东国大学校出版部 2001 版，第 36 页。

龙武阵开金鼓壮，碧油幢贮俊贤多。

辕门邂逅仍相别，东阁何时得再过。[1]

辽阳行（节选）

李廷龟

辽阳壕水何壮哉，远引长河缭城曲。

长河之水流不已，洪波浩淼壕反窄。

更作重壕分水势，掘开平陆为深壑。

经年大众不暂休，千人荷锸万人凿壁。[2]

　　明朝与后金辽阳城大战前夕，辽阳城的火药库非常离奇地发生爆炸，这场突如其来的事故对辽阳城墙建筑尤其是西门造成了很大破坏。《明实录》记载："经略熊廷弼奏：贼兵压境，辽城火药全焚。冲碎城楼、民房及死伤军民人等。乞敕工部速发硝黄前来接济。"[3] 朝鲜使臣李廷龟此时在辽阳城恰巧经历了这非常恐怖的一幕，为我们留下更为翔实的记载：

　　十七日未时，更有炮声震动天地，火云撑塞半空，令译官韩厚信走马入城探问，则城西门内李成梁庙堂，有大梗空家，经略定委官制造火药于其处，今已半载，积蓄火药约有六七万斤，造药军丁研药火出，庙堂集空家，随焰腾空，四邻房屋燃烧打坏者百数十家，西门亦坏半边，屋梁柱椽瓦砖飞冲四五里，委官王崇角、造药军丁四十余名，行路人民家男妇，城

1. [朝鲜] 李廷龟：《庚申朝天录上·下》，见林基中辑：《燕行录全集》第 11 册、韩国东国大学校出版部 2001 版、第 169 页。

2. [朝鲜] 李廷龟：《庚申朝天录上·下》，见林基中辑：《燕行录全集》第 11 册、韩国东国大学校出版部 2001 版、第 201 页。

3. 《明神宗实录》卷五百九十二，万历四十八年三月壬寅条。

内外掘筑城军人，触伤打死者不计其数，或云几至千余云。经略监军以下诸将官俱到其处，至于涕泣慰抚而哭声满城，惨不忍闻。此是数百年来所未有之灾，经略经年积蓄火药一时烧尽，多云细作所为，而未知其详云。[1]

第二节　望京楼

辽阳是明代辽东地区乃至东北地区的政治中心，所修建城池异常壮观，在城四角修建有角楼，"东南曰'筹边'，东北曰'镇远'，西北曰'平胡'，西南曰'望京'"。[2]四座角楼中尤以西南望京楼最为雄伟，明代辽阳八景之一"望京结构"即指望京楼。望京，顾名思义，即遥望西南方向的明朝京师，以示尊崇，充满政治意义，"望京之名，凛凛乎神京在焉，天威不违颜咫尺矣"[3]，当然建筑雄伟气派也是意料之中。望京楼修建于何时，正史、方志语焉不详。嘉靖十五年（1536），辽东巡按御史"直隶开州人，进士"史褒善，[4]主持重修望京楼使其面貌一新。"直隶上海人，进士"[5]，时任辽东行太仆寺少卿李翔，在《重修望京楼记》中记载此事。根据《重修望京楼记》记载，"惟望京一楼，距今百六七十年"。嘉靖丙申（嘉靖十五年，1536）冬季开始维修望京楼，按此计算辽阳城望京楼应该修建于1366—1376年此时间段。该时间段也正是洪武五年（1372）马云、叶旺修建辽阳城之时。由此推测望京楼应修建于马云、叶旺修筑辽阳城时。

1.（明）李辅等纂修：《全辽志》卷一《图考·辽阳城》，辽沈书社1984年版，第501页。

2.（明）李辅等纂修：《全辽志》卷一《图考·辽阳城》，辽沈书社1984年版，第501页。

3.（明）李辅等纂修：《全辽志》卷五《艺文志》，辽沈书社1984年版，第650页。

4.（明）李辅等纂修：《全辽志》卷三《职官·巡按》，辽沈书社1984年版，第580页。

5.（明）李辅等纂修：《全辽志》卷三《职官·辽东行太仆寺少卿》，辽沈书社1984年版，第583页。

重修望京楼记

辽东太仆寺少卿　李翔

辽阳之城，肇于洪武壬子，而城隅四楼因之。筹边，建于巽方；镇远，起于艮隅；平胡，植于乾位；望京，构于坤轴。望京之名，凛凛乎神京在焉，天威不违颜咫尺矣。规模宏丽，制作工巧，若有非人力所能为者，溯前三楼，或毁于回禄，摧于风雨。惟望京一楼，距今百六七十年，岿然如灵光之独存，不与三楼同渐泯焉。其间，土形木质，不无朽腐倾圮之虞，然而大势犹卓然也。得非名义重，而呵护有鬼神耶？嘉靖丙申冬季，澶渊驼村史公持斧按辽，弛张宪政，咸有次第，闲尝陟降兹楼，见其形制回异，名义攸关，日就隳颓，慨然有图新之志。召都司刘、徐二子，命指挥宋赟、王镇二官，财不费公，工惟雇募，不匝月而功告成。危梯曲槛，陟者忘倦，飞阁层檐，见者快观，而不知其非谪仙沤酒之楼也、庾氏玩月之楼也，则夫驼村今日修楼之意何在哉？我知之矣。陟岵岵者望父母，观云物者望亲帏，彼独非臣子耶？吾侪文

考古发现的明代辽阳城角楼遗址

武济跄，事事兹土，独不能体望京之意而移孝以为忠哉？修文事者，思饰簠而奠黎元；修武事者，思饬干城而抚士卒。期无负于天朝，斯无愧于兹楼矣。不宁惟是，间有豪杰之士文武兼济者，奋乎其间，算无遗策如唐之陆宣公，边不足筹矣；锁钥北门如宋之寇莱公，远不足镇矣；俨薄伐如周之尹吉甫，胡不足平矣。审若是，一望京足矣，三楼不作可也。此又驼村公独拳拳于

京楼之意也。[1]

辽阳望京楼堪称辽阳胜景之一，让人向往。根据《全辽志》记载，明代京官郭登庸、薛廷宠、朱篪、史褒善等人公干辽阳时留下不少诗篇佳作，[2]登高望远辽野广阔，边陲之地远离中原，近忧远虑，很容易思绪万千，诗作均给人以苍茫惆怅之感。

登望京楼有感

巡按御史　郭登庸

雨洗沙场杀气收，天涯秋暮独登楼。

一方烟井闻鸡犬，百里晴郊散马牛。

断垄黄云依占戍，孤城斜日射寒流。

沧冥寂寞鱼龙伏，回首西南望帝州。

和　韵

给事中　薛廷宠

辽阳亦是先王地，落日孤城独倚楼。

南望青齐隔沧海，北看豺兽遁沙丘。

珠帘绣柱秋堪眺，宿雾残云晚未收。

回首蓬莱双阙迥，使差何事尚淹留。

又

监察御史　朱篪

望穷京国二千里，步上边城百尺楼。

1.（明）李辅等纂修：《全辽志》卷五《艺文志》，辽沈书社 1984 年版，第 650 页。

2.（明）李辅等纂修：《全辽志》卷六《艺文下·诗》，辽沈书社 1984 年版，第 669 页。

暖暖苍烟横朔漠，荒荒败叶下林丘。

金兰契谊应难并，玉烛勋名早见收。

把酒凭栏思无限，不缘歌管故淹留。

又

巡按御史　史褒善

漫俯清郊物色幽，风尘荏苒共登楼。

云开绣幌碧连海，花映朱甍翠倚丘。

天畔客杯逸兴远，沙头樵唱晚霞收。

凭危极目燕山里，潦倒边城尚滞留。

望京楼不仅吸引明朝京官，朝鲜使臣路经辽阳城时也是多有观览，望京楼"危梯曲槛，陟者忘倦，飞阁层檐，见者快观"，如此宏伟壮观，独具匠心，在藩属国朝鲜使臣眼中实属少见，所以他们也颇有着墨记述这一壮观胜景。嘉靖年间郑士龙登望京楼，留下《登辽东望京楼用驼村史巡按韵》，云：

上轶层霄下九幽，一方形势控危楼。

神仙自昔虚疑诞，人物于今总作丘。

结构共惊心匠妙，品题聊用锦囊收。

向来眼力增恢壮，不患辽城久滞留。

云梯曲曲似穿幽，脚底冷然跨堞楼。

烟火万家联蚁垤，墩台几处障胡丘。

高风穴榻千秋凛，远略恢疆百战收。

徒倚览今仍吊古，被他料理重淹留。[1]

　　明代朝鲜使臣也将望京楼称为八角楼，朝鲜著名文学家柳梦寅出使明朝途经辽阳城，有《八角楼》诗作。柳梦寅精通中国文化，曾三次出使中国，不仅文学造诣深厚，而且有很深的中国文化情结，关于辽阳名胜典故也颇为熟悉，"太宗征辽，驻跸有山。敬德从征，建白塔寺"。[2]

八角楼

城南楼上望京题，结构环奇眼欲迷。

八角翩如鸾凤翥，五层高与尾箕齐。

燕山路人青霞外，龙漠天穷碧树西。

万里长风吹满袖，夕阳魂断百寻梯。[3]

　　使臣在异国他乡，且羁旅辛苦，登上望京楼后，思乡之情不禁油然而生。这类表达思乡之情的诗作以万历年间朝鲜使臣裴三益的《望京楼》为代表，其诗云：

高楼缥缈半空中，城郭郊原四望通。

万里孤臣回白首，不禁瞻恋五云东。[4]

　　在朝鲜使臣有关望京楼的诗作中，最有特点的当是万历年间朝鲜使臣李廷龟的

1. ［朝鲜］郑士龙：《甲辰朝天录》，见林基中辑：《燕行录全集》第 3 册，韩国东国大学校出版部 2001 版，第 12—13 页。
2. ［朝鲜］刘梦寅：《於于集》，《韩国文集丛刊》第 63 辑，韩国民族文化推进会，韩国东国大学校出版部 2001 版，第 508 页。
3. ［朝鲜］刘梦寅：《朝天录》，见林基中辑：《燕行录全集》第 9 册，韩国东国大学校出版部 2001 版，第 406 页。
4. ［朝鲜］裴三益：《朝天录》，见林基中辑：《燕行录全集》第 3 册，韩国东国大学校出版部 2001 版，第 511 页。

《次叔平登望京楼韵》，全诗充满夸张与浪漫主义色彩。前半部分以写实手法突出辽阳望京楼高大壮丽，五月天气炎热，但登上望京楼后顿觉凉爽无比。作者认为将辽阳望京楼与白帝城、黄鹤楼、岳阳楼这些充满人文色彩的历史建筑相比较也是毫不逊色。随后运用夸张手法，突出望京楼的高度，天上玉京"攀檐直可一蹴升"。随后又言玉京仙人呼唤李廷龟前去，他踟蹰于去或不去之间，颇具想象力。最后又回到现实，作者不禁感慨一番。

次叔平登望京楼韵

楼高高高几层，朱甍缥缈云间腾。

攀梯欲上危莫恻，竦然神骨何棱棱。

金榜辉煌晚日射，檐楹翼翼如搴鹏。

是时赤帝行夏令，辽城五月昏炎蒸。

登兹顿觉冰雪生，况此携手同佳朋。

白帝城楼应莫比，黄鹤岳阳势欲陵。

天上玉京十二楼，攀檐直可一蹴升。

玉京仙人呼我来，欲去未去空抚膺。

云车杳杳几时到，三清咫尺无由凭。

凄然日暮下尘界，天风吹发雪鬌鬌。[1]

朝鲜使臣中对望京楼记述比较详细的首推许葑。许葑于万历二年（1574）五月以书状官身份随团出使明朝，途经辽阳城参观望京楼，在其《朝天记上中下》中有详细记载。可知望京楼由于有八角，故又有八角楼之称，楼高三层，非常壮观。

1.［朝鲜］李廷龟：《甲辰朝天录》，见林基中辑：《燕行录全集》第 11 册，韩国东国大学校出版部 2001 版，第 95–96 页。

当时楼下有记载修缮望京楼碑刻两通，东面碑刻是由山东布政司左参议杜整弘治己未年（弘治十二年，1499）撰写，西面碑刻是由太仆寺少卿刘翔嘉于靖丁酉年（嘉靖十六年，1537）撰写。笔者怀疑许筬此处记载有误，太仆寺少卿刘翔当为李翔。如上文所述，太仆寺少卿李翔撰写的《重修望京楼记》记载，嘉靖丙申（嘉靖十五年，1536）冬季开始维修望京楼，不满一月就修缮完工，时间当为嘉靖十五年至嘉靖十六年之间，所以太仆寺少卿不是刘翔，而是李翔。只是让人无奈的是，"蝙蝠遗矢厚积寸余"，如此这般环境，确实有伤风雅，让人扫兴，不可久留。望京楼这一充满政治意义的建筑，内部无人清洁打扫，也从中可以窥见明代辽阳城官场纲纪松弛。

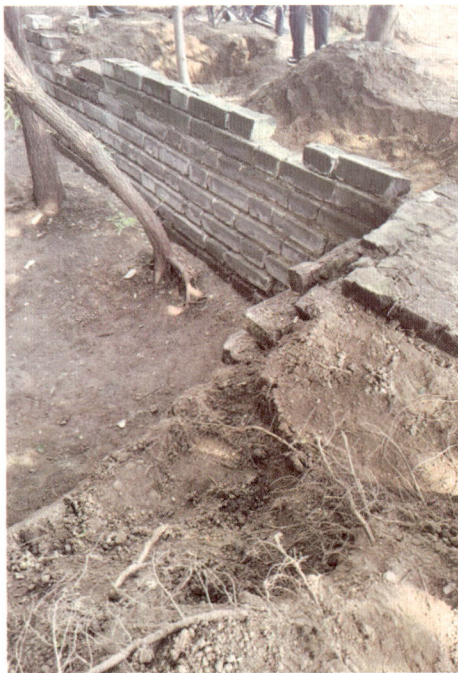
发现的明代辽阳城角楼遗址

又由述城门登望京楼，门即城之西门，楼有八角，故一名八角楼，三层高耸，势入云霄，俯视城中，城周可二十里。闾阎接连，馆廨闳衍。城之外，东南群山环拥，西北平芜，极目真壮观也。楼下有东、西两碑，东则山东布政司左参议杜整撰，在弘治己未；西则太仆寺少卿刘翔撰，在嘉靖丁酉。皆述缮修兹楼之筑焉。余登最上层，远视辽塞，窅有凌云之思，但蝙蝠遗矢厚积寸余，不可久留，深为怅恨。[1]

1. [朝鲜]许筬：《朝天记上中下》，见林基中辑：《燕行录全集》第6册，韩国东国大学校出版部2001版，第118—119页。

关于望京楼建筑共有几层，朝鲜使臣笔下则是出现不同记载，比较奇怪。万历二年（1574）许篈记载望京楼"三层高耸"，万历二年（1574）赵宪记载望京楼"人自西门，上望京楼，楼三层也"。[1]而万历十五年（1587），裴三益出使明朝途经辽阳城游览望京楼，"累五层，只登三层，其二层无梯，不可升也。楼之高不知几百尺也，周视四面，辽城及四野皆载目前，却疑去天不远也"[2]，可知望京楼有五层。万历二十三年乙未（1595）朝鲜使臣闵仁伯途经辽阳城记载望京楼，"二十四日由安定门入，又经一门到望京楼，其层六而甚高壮"[3]，可知望京楼有六层。万历三十年壬寅（1602），朝鲜使臣李民宬途经辽阳城记载望京楼，"入西城门登望京楼，楼五层，八角"。[4]万历三十七年（1609）朝鲜使臣柳梦寅记载望京楼五层，有诗云"八角翙如鸾凤翥，五层高与尾箕齐"。[5]许篈、赵宪记载望京楼共三层，裴三益、李民宬、柳梦寅记载共五层，闵仁伯记载则为六层，不知孰是孰非，让人疑惑。

明代朝鲜使臣所见望京楼层数统计简表

姓　名	时　间	望京楼层数	出　处
许　篈	万历二年（1574）	三层	《朝天记上中下》
赵　宪	万历二年（1574）	三层	《朝天日记》
裴三益	万历十五年（1587）	五层	《朝天录》
闵仁伯	万历二十三年（1595）	六层	《朝天录》
李民宬	万历三十年（1602）	五层	《壬寅朝天录》
柳梦寅	万历三十七年（1609）	五层	《朝天录》

1621年后金攻占辽阳，万历末年以后的中外文献中就都找不到有关辽阳望京楼的记载了。究其原因，望京楼这一充满艺术价值的建筑，不仅雄伟壮丽，而且政治

1. ［朝鲜］赵宪：《朝天日记》，见林基中辑：《燕行录全集》第5册，韩国东国大学校出版部2001版，第155页。
2. ［朝鲜］裴三益：《朝天录》，见林基中辑：《燕行录全集》第4册，韩国东国大学校出版部2001版，第22页。
3. ［朝鲜］闵仁伯：《朝天录》，见林基中辑：《燕行录全集》第8册，韩国东国大学校出版部2001版，第16页。
4. ［朝鲜］李民宬：《壬寅朝天录》，见林基中辑：《燕行录全集》第15册，韩国东国大学校出版部2001版，第20页。
5. ［朝鲜］刘梦寅：《朝天录》，见林基中辑：《燕行录全集》第9册，韩国东国大学校出版部2001版，第406页。

符号更是异常明显，其命名即寓意着明朝对辽东的统治。后金政权攻占辽阳城后打破旧有秩序，望京楼随之消失也在所难免。

第三节　辽东都司治

　　"以兵戍之"是明初统治者治理辽东地区的施政方略。辽东地区在明朝被整体划分为一个都指挥使司政区，实行都司统辖卫所的管理体制，这种制度层面的安排自明初一直延续至明末。洪武四年（1371），明朝派遣马云、叶旺率师自山东泛舟渡海登陆辽东。不久明朝军队挥师北上，先后攻占辽阳、沈阳等地。同年七月，"置定辽都卫指挥使司"，"以马云、叶旺为都指挥使，吴泉、冯祥为同知，王德为佥事，总辖辽东诸卫军马，修城池，以镇边疆"。[1] 洪武八年（1375）十月，"以在外各处所设都卫，并改为都指挥使司"，[2] 改"定辽都卫为辽东都指挥使司"，治所仍在辽阳。辽东地区管理体制模式从设置之初，就充满着浓厚的军事色彩，明显不同于明朝内地行省以及后来设立的布政使司制度。与内地"州县加卫所"的管理模式相比较，辽东地区并无直接管理民事的州县，也不设布、按二司。在辽东地区设立都司卫所制绝非偶然，有其复杂的历史原因及背景。明太祖朱元璋有过如下论断："昔辽左之地在元为富庶，至朕即位之二年，元臣来归，因时任之。其时有劝复立辽阳行省者，朕以其地早寒，土旷人稀，不欲建置劳民，但立卫，以兵戍之。"[3] 由此可见，明太祖朱元璋"以兵戍之"的论断，成为日后治理辽东地区的施政方略。

　　需要说明的是，明朝在辽东都指挥使司之下，曾经短暂设立府、州、县地方管

1.《明太祖实录》卷六十七，洪武四年秋七月辛亥条。

2.《明太祖实录》卷一百一，洪武八年九月癸丑条。

3.《明太祖实录》卷一百四十五，洪武十五年五月丁丑条。

理模式。洪武五年（1372）六月，明军占领辽东南部，"置辽东金、盖、复三州"。洪武六年（1373）六月，"定辽都卫请设辽阳府、县治，四川请设叙州府治，俱从之，命吏部铨官、铸印。寻罢置辽阳府、县"。[1] 关于设立辽阳府一事，《辽东志》提供了更为详细的信息，记载云："复设辽阳府、州、县，以千户徐便统署府事，安集人民，柔来绥附，众咸得所。已而，罢州、县，籍所集民为兵也。"[2] 在洪武初年，还曾设置海州，"海州卫，本海州。洪武初，置于旧澄州城。九年置卫。二十八年四月，州废"。[3] 通过辽东金、盖、复、海四州与辽阳府、辽阳县的设置，可以看到明初在辽东实行都司卫所制的同时，局部还保留着州县制。但是上述几个府、州、县存在时间皆很短暂，除去海州废于洪武二十八年（1395）外，其余府、州、县皆在洪武十年（1377）以前被废除。"洪武四年，置定辽都卫。八年，改为辽东都指挥使司。十年，革所属州、县，置卫。"[4] 最终因明太祖朱元璋"其地早寒，土旷人稀，不欲建置劳民"而废止。

洪武年间辽东边疆初定，诸事繁杂。作为辽东最高权力机构，辽东都司行使着军事镇戍和行政管理的双重职能，此时辽东都司也是辽东地区最高军政机构。洪武朝明军初入辽东时，辽阳特殊的地理位置使其成为军事攻防的核心城镇，同时基于降服纳哈出势力的考量，辽东都司驻于辽阳。明朝将辽东经略的支点设立于辽阳，辽阳遂成为当时辽东军事、政治的核心，担负着抵御故元势力、守备辽南门户等诸多职责。纳哈出归降后，辽东东部军事压力骤减。随着奴儿干都司的设立，辽东都司主要任务由作战变为经营。[5] 到了明代中期，辽东都司权力逐渐弱化，军事职能已被总兵取代。都司主要设三种官员：都指挥使，负责都司的全面工作，习惯称之为掌印都指挥使；掌印之下分设都指挥同知，负责管理都司境内的屯田，称之为管屯

1.《明太祖实录》卷八十三，洪武六年六月戊戌条。
2.（明）任洛等纂修：《辽东志》卷八《杂志》，辽沈书社 1984 年版，第 464 页。
3.（清）张廷玉等撰：《明史》卷四十一《地理二》，中华书局 1974 年版，第 953 页。
4.（明）任洛等纂修：《辽东志》卷一《沿革》，辽沈书社 1984 年版，第 353 页。
5. 姜维公、张奚铭：《试论明代辽东防御体系的演变及特征》，《史学集刊》2023 年第 3 期。

都指挥，也应该负责一般的行政管理；都指挥金事，负责管理都司境内治安，称之为局捕都指挥。都司下设机构有负责管理文移档案的经历司、负责处理司法案件的断事司、负责行政事务的都司、管理学校和教育的儒学等。显而易见，此时辽东都司的职能更侧重于地方行政事务管理。诚如学者所言，辽东都司的机构完全是为了行政管理而设置，其职能类似于地方州县，这与明初在辽东边疆地区设置都司的初衷已经相去甚远。[1]

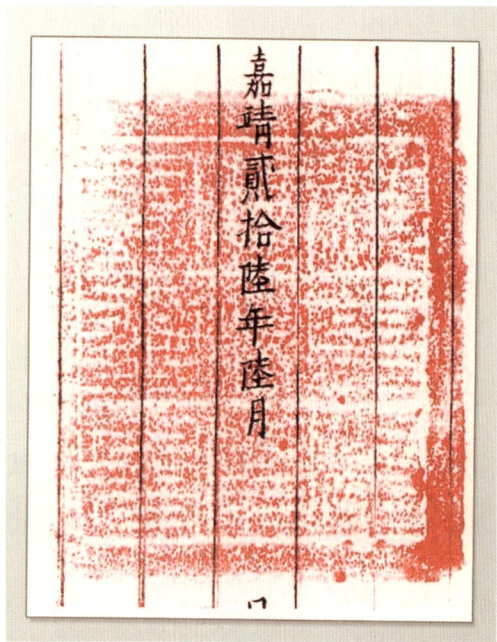

辽东都指挥使司之印

根据《全辽志》记载："都司治在城内。正堂七间，抱厦三间，左、右镇胡厅各三间，东、西更房各二十间，后堂七间，中厅三间，东掌印都司宅一，西金书都司宅一，仪门十三间，廊房四十间，东断事司内宅二，西经历都司宅，大门五间，榜房八十间，坊牌三，南曰'全辽阃寄'，东曰'振武'，西曰'扬威'，洪武四年都指挥马云、叶旺建。"[2]现存世有由苑马寺卿张承恩撰写的《辽东都司题名记》，全文如下：

辽东都司题名记

苑马寺卿　张承恩

辽之都司开设于国朝之初，称近畿之雄镇，西则曰宣大，东则曰辽左，隶卫廿有五、州二，幅员将千里，带甲几十万，生齿之繁，近代以来未有也。

1. 张士尊：《明代辽东都司军政管理体制及其变迁》，东北师大学报（哲学社会科学版）2002 年第 5 期。
2.（明）李辅等纂修：《全辽志》卷一《图考·辽阳城》，辽沈书社 1984 年版，第 501 页。

莅是司者，或起自世胄，或发身武科，或升自军功，皆由部推，圣天子曰可，然后得任是官。故前后相继者，咸期建功立业，为时名臣。永乐间，如文侯安，招安夷虏，抚恤军士。宣德间，如王侯真，劳绩懋著，两朝锡奖。正统间，如毕侯恭，禁革奸弊，开广屯田；王侯祥兴建学校，修筑城堡。天顺间，如刘侯英，廉能远播，恩惠浃洽。以上数公，经制立法，奋才奏功，其有裨于司政也，凿凿可考。虽古之历官于辽，如汉唐之祭肜、陈禅等，不得专美于前矣，其它俨然在右者，言行法楷，皆可称述。使弗勒名于石，标显当世，用垂永久，则英雄豪杰，将与草木同腐朽矣。京卫毅庵任侯视篆未久，滞焉以兴，弊焉以革，政通人和。而公有余闲，乃谋诸寮友山右杨近河、辽城郭侯松冈欲题名以垂不朽，咸以为宜。于是采石于山，鸠工于匠，树立丰碑窿然于本司二门之左。属予为记。时予任苑马寺卿，于毅庵有同寅之雅，且又知侯之深，夫岂容辞。予惟是举也，令典成于因循之久，观听新于励精之初。使人因名责实，有劝惩之法焉；景行仰止，有观感之道焉；思齐内省，有鉴戒之义焉。是可不记之乎？于是乎记。[1]

学者根据《全辽志》对辽东都司治所的记载，参考明代有关建筑资料，对辽东都司治所建筑布局做出了如下分析：辽东都司治所建筑组群坐北朝南，总体布局分为东、中、西三路，以中路为主轴线，设置等级最高的行政办公空间，东、西两侧设置官吏居住空间和次要的行政办公空间。中路建筑序列最南端起点是一座东西向的"全辽阃寄"牌坊，然后是跨立于街道上的两座南北向牌坊，东侧牌坊题字"振武"，西侧牌坊题字"扬威"。继续向北是都司治南墙外一字排开的八十间榜房，进入五开间的大门，后是一个略扁的院子，再通过一座十三开间的仪门，即是这组建筑群中最大的长方形的正堂庭院。正堂是建筑群中等级最高的建筑形制，具有三开

1.（明）李辅等纂修：《全辽志》卷五《文艺上·记》，辽沈书社 1984 年版，第 650 页。

间抱厦的七开间尺度。正堂东西各有三开间的镇胡厅，正堂后是三开间的中厅，最后是七开间的后堂。围绕三座主要厅堂的围廊中分布着四十间廊房。东路建筑群中记载明确的是南部二十间吏房，向北依次为两套断事司内宅和一套掌印都司宅。西路建筑群与东路格局相近，记载明确的是南部二十间吏房，向北依次是一套经历都司宅和一套金书都司宅。[1]

　　明朝藩属国朝鲜的使团出使明朝时，按照规定须经过辽东都司治所所在地辽阳城，在朝鲜使臣私人著述中也可窥探辽东都司的建筑以及其时的对外礼仪。朝鲜使团到达辽阳城外的朝鲜馆后，稍作休息，正使、副使、书状官等人则会亲自前往辽东都司行礼。见官当日，朝鲜正使、副使、书状、通事等由安定门入辽阳城，提前等候在辽东都司衙门外。辽东都司前竖高门，匾曰"全辽阃寄"。[2]辽东都司三员坐堂，俗称"一大人、二大人、三大人"或"大老爷、二老爷、三老爷"。所坐之堂《辽东志》《全辽志》中没有记载，只是以"正堂七间"简单概括。根据朝鲜使臣郑士信《梅窗先生朝天录》中的记载，"早食后率诸通事入城，行见官礼于'揆奋堂'"，由此可知"正堂七间"名曰"揆奋堂"。[3]"揆奋"是揆文奋武的简称，意为施行文教振奋武事，以此命名其中有美好寓意。"揆奋堂"的匾额，悬挂在司厅北壁。根据朝鲜使臣金中清《朝天录》中的记载，"司厅北壁楣上额揭'揆奋堂'"。[4]而且在正堂内"揆奋堂"匾额旁边左侧还有小牌，题写"盗用印信者律绞"[5]，以示训诫与警示。根据金中清记载，正堂左、右两侧还悬挂有"廉生威""公生明"匾额。[6]由此可知，辽东都司正堂无疑充满严肃气氛。朝鲜使臣一行从东夹门进入，由

1. 杨馥榕、王飒：《明代辽阳城主要建筑平面结构与布局探析》，《2016 年中国建筑史学年会论文集》，武汉理工大学出版社 2016 年版，第 397 页。
2. ［朝鲜］许筮：《荷谷先生朝天记》，见林基中辑：《燕行录全集》第 6 册，韩国东国大学校出版部 2001 版，第 468 页。
3. ［朝鲜］郑士信：《梅窗先生朝天录》，见林基中辑：《燕行录全集》第 9 册，韩国东国大学校出版部 2001 版，第 258 页。
4. ［朝鲜］金中清：《朝天录》，见林基中辑：《燕行录全集》第 11 册，韩国东国大学校出版部 2001 版，第 437 页。
5. ［朝鲜］金中清：《朝天录》，见林基中辑：《燕行录全集》第 11 册，韩国东国大学校出版部 2001 版，第 437 页。
6. ［朝鲜］金中清：《朝天录》，见林基中辑：《燕行录全集》第 11 册，韩国东国大学校出版部 2001 版，第 437 页。

镇抚引导站立在东侧台阶上等候接见，可推测"搀奋堂"应为高台建筑。辽东都司三员坐北朝南，都指挥使居中间，都指挥同知坐东，都指挥金事坐西。朝鲜使团通事跪地禀告"使臣见老爷"。朝鲜正使先走入厅堂南楹的设席处，行两拜作揖礼，辽东都司三员答揖礼。礼毕，朝鲜正使退立至堂西侧。朝鲜副使次入厅堂南楹的设席处，行两拜作揖礼，辽东都司三员答揖礼。礼毕，朝鲜副使退立至堂西侧，在正使之下站立。随后，书状官进入，行礼如前，辽东都司三员答揖礼如前。礼毕，书状官站立在朝鲜副使之下退后一步处。通事等最后行礼，通事等人站在堂下，行两拜作揖礼，辽东都司三员答揖。礼毕，通事一行人退立堂下西侧。[1]朝鲜使臣行见官礼后，辽东都司三员又行茶礼于一行人员。茶礼的具体仪制："通官……跪前跪处，告曰'蒙茶'，仍退立前立处。使臣及书状官则视三大人所为，若举手则举手，不举手则已，吃茶讫授执事钟。通事等又出跪前跪处，曰'谢茶'，行三叩头，又退立前立处。"茶礼完毕，朝鲜使臣如有催车马、免宴等诉求即令通事官禀告辽东都司三员。其后通事跪告"朝鲜使臣辞别老爷"。朝鲜使臣一行又依次行两拜作揖礼如前仪，辽东都司三员答揖如前。朝鲜使臣由东夹门离开。[2]明清衙署南侧沿街区域开设有寅宾馆，即客馆，学者所言辽东都司治南墙外一字排开的八十间榜房[3]，当为寅宾馆，其功能类似于外来公干人员休息的场所。朝鲜使臣至辽东都司行礼完毕后，"出就外次更入大门外人家厅事，脱服改着常服。厅事中先有其众交椅桌子等物"，朝鲜使臣"各处交椅列坐"[4]。"人家"当属口语，代指辽东都司，"厅事"应该就是都司大门外的榜房，在这里朝鲜使臣可以更换便服以及落座休息。

1. 〔朝鲜〕郑士信：《梅窗先生朝天录》，见林基中辑：《燕行录全集》第9册，韩国东国大学校出版部2001版，第258–259页。

2. 〔朝鲜〕佚名：《朝天日录》，见林基中辑：《燕行录全集》第20册，韩国东国大学出版部2001版，第76页。

3. 杨馥榕、王珑：《明代辽阳城主要建筑平面结构与布局探析》，《2016年中国建筑史学年会论文集》，武汉理工大学出版社2016年版，第397页。

4. 〔朝鲜〕郑士信：《梅窗先生朝天录》，见林基中辑：《燕行录全集》第9册，韩国东国大学校出版部2001版，第259页。

第
二
章

明
代
辽
阳

城
州
卫

明代辽东都司下辖二十五卫、二州，由于辽阳城是辽东都司治所所在地，因此战略地位十分重要，城内设有自在州、定辽中卫、定辽左卫、定辽右卫、定辽前卫、定辽后卫、东宁卫等州卫，[1] 其中，自在州、定辽右卫、东宁卫比较特殊。自在州设置于明永乐七年（1409），卫治原在开原，正统八年（1443）自在州迁治辽阳城。定辽右卫设置于洪武六年（1373），卫治原在辽阳，嘉靖四十四年（1565）迁治于辽东东部山区的凤凰城。东宁卫设置于洪武十九年（1386），在辽阳城的北城。对自在州、定辽右卫、东宁卫进行分析探究，可以了解明朝几位皇帝治国理念的巨大差异，以及辽东边疆势力此消彼长的历史现象。

1. （明）李辅等纂修：《全辽志》卷一《图考·辽阳城》，辽沈书社 1984 年版，第 501–502 页。

第一节　从明代辽东边疆形势变化分析自在州迁治辽阳城原因[1]

自在州是明代辽东都司下辖二十五卫二州之一，卫治原在开原。明永乐七年（1409）设置，以安置北方降人，隶辽东都指挥使司，治所在三万卫城，在今辽宁开原北，后迁治今辽宁辽阳市，与都司及定辽中卫等五卫同治一城。自在州从原先开原迁治辽阳城是明朝政府针对辽东地区民族管理结构上的一次重要调整，也是明代辽东边疆防御结构的一次重要调整。关于明代自在州的研究，学界多从民族安置政策、民族管理角度方面入手进行探讨，[2] 而对自在州迁治辽阳城这一历史现象产生的原因缺少深入探讨和研究。在诸多学界前辈研究基础上，笔者针对自在州迁治辽阳城这一历史现象结合辽东边疆形势变化进行尝试性分析，认为正统八年（1443）自在州迁治辽阳城的根本原因是明朝政府在坚持"招徕远人"这一国策下，根据辽东边疆地区女真、蒙古两大势力消长情况对该地区归附的少数民族人员在管理模式上进行的新尝试，其最终目的是维护辽东地区边疆稳定。本研究不足之处在所难免，敬请方家指正。

一、自在州的产生

朱元璋在南京建立明王朝后不久便命徐达、常遇春等领兵北伐攻占元大都（北京）。而此时的辽东地区处于战乱状态，残元势力各据一方"彼此相依，互为声

---

1. 此节内容曾发表于《辽宁省博物馆馆刊》（2014），辽海出版社2015年版，第376–381页。
2. 参看奇文瑛：《论明朝内迁女真安置政策——以安乐、自在州为例》，《中央民族大学学报》2002年第2期；张大伟：《明代辽东都司辖下安乐、自在二州之分析》，《北方文物》1998年第2期。

援"。[1] 洪武四年（1371）明朝政府正式设置定辽都卫，并以马云、叶旺为指挥使领军向北推进。明朝控制辽东地区后残元势力逐渐退出该地区，同时随着明朝国内政局稳定，明王朝为了宣扬国威、稳定边疆，施行"招徕远人"的政策，开始对东北地区少数民族有计划地进行大规模招抚活动，并对归附的少数民族进行安置。永乐时期该项政策更加制度化，从招徕、赏赐、待遇、安置和管理方面都有了比较具体的规定。随着明朝对东北地区招抚力度的不断加大，政府面临一个现实问题，即如何安置这些不断经过招抚而归附明朝政府的少数民族人员，明政府为解决这一问题而采取的办法是设置专门组织机构自在州、安乐州进行安置。

明自在州印

自在州的雏形是自在城。自在州是在原先开原城中自在城基础上设置的，关于这方面《明太宗实录》中有详细记载。永乐六年（1408）五月甲寅条记载："命于辽东自在、快活两城，设自在、安乐两州。"[2] 而自在城的产生又与东北少数民族内迁有直接关系，主要是用来安置内迁的女真部。"朕（朱棣）即位以来，东北诸胡来朝者多愿留居京师，以南方炎热特命于开原置快活、自在两城居之。"[3] 自在州第一次出现在史书记载中是永乐六年（1408）五月，明朝政府命设置"每州知州一员，吏目一员"；六月，又"添设辽东自在、安乐二州同知判定各一员"。[4] 关于自在城改名自在州的原因，奇文瑛老师认为自在城之所以改名自在州是明成祖迅速调整女真安置措施以适应女真归附形势急剧发展的需要。自在城的命名是优养内迁夷人来宣扬皇恩浩荡以吸引招徕未附者建立

1.《明太祖实录》卷六十六，洪武四年六月壬寅条。

2.《明太宗实录》卷七十九，永乐六年五月甲寅条。

3.《明太宗实录》卷七十八，永乐六年四月乙酉条。

4.《明太宗实录》卷八十，永乐六年六月乙酉条。

臣属关系。永乐六年，朝廷对边外的羁縻卫所统治已经确立。因此以招徕臣属为主要目的的明朝女真政策转变到巩固统治方面，安置政策的中心也相应转变为加强内迁管理。[1]

二、自在州迁治辽阳城的原因探究

自在州迁治辽阳城缘于辽东地方长官曹义的奏请：

> （正统八年三月）甲戌，辽东总兵官都督佥事曹义奏：永乐间，开原城设立安乐、自在二州，每州额除官吏四员名，专令抚安三万、辽沈二卫归降达官人等，其东宁卫归降达官人等，原无衙门官员管属，乞并自在州达官人等于安乐州管属，其自在州官吏徙于辽东都司，在城设立衙门，抚安东宁卫并附近海州、沈阳中等卫归降达官人等庶为两便。章下吏部移文，左副都御史李浚覆审，乞如义言，从之。[2]

对原文分析可知自在州迁治辽阳城的表面原因是明朝政府就归附的"达官"安置地点进行重新调整。从文中也不难看出此时的辽东地区归降的达官人数众多，至少在辽东地区的三万卫、辽沈卫、自在州、东宁卫以及辽阳附近的海州卫、沈阳中卫等地都有归降达官，面对这种局面，明政府迫切需要对其管辖进行统一调整，最终决定将自在州迁至辽阳城，所以才有了正统八年（1443）自在州迁治辽阳一事。日本学者河内良弘在《关于明代辽阳的东宁卫》一文中认为，自在州迁治辽阳与东宁卫的改组密切相关，在其文中也有较详细的论述。[3] 国内学者认为，正统八年辽东总兵曹义的奏折中有"其东宁卫归降达官人等，原无衙门官员管属"的记载，由此

1. 奇文瑛：《论明朝内迁女真安置政策——以安乐、自在州为例》，《中央民族大学学报》2002年第2期。
2.《明英宗实录》卷一百二，正统八年三月甲戌条。
3. ［日］河内良弘：《关于明代辽阳的东宁卫》，杨旸、梁志忠译，《黑河学刊》1988年第4期。

可知东宁卫早期无汉官管理归附达官，自在州官吏又具有管理少数民族事务的丰富经验，明朝决定把位于开原的自在州迁至辽阳，"抚安东宁卫并附近海州、沈阳中等卫归降达官人等"。[1] 但笔者认为，自在州迁治辽阳与东宁卫改组问题只是两个相互关联现象，并非根本原因所在，所以本文不讨论东宁卫改组问题。

那么，自在州迁治辽阳城的根本原因是什么？这个问题应该结合明朝初年辽东地区边疆形势变化进行分析和探讨。明朝洪武、永乐两朝对蒙古残元势力连续征讨基本肃清了明朝北部边疆威胁，而当时明朝国力强盛，对辽东周边地区少数民族部落施行的"招徕远人"民族政策又十分有效，所以这一历史时期辽东边境地带较为安全。在"招徕远人"政策下明政府对归附的达官给予行动上的充分自由。归附达官可以自相统属其原先下属并可以探望自己原先部落和亲友，而且明政府明确要求辽东地区官员对达官这种行为不可随意阻止。

> 上谓兵部臣曰：朕即位以来，东北诸胡来朝多愿留居京师，以南方炎热特命于开原置快活自在二城居之。俾部落自相统属，各安生聚，近闻多有思乡土及欲省亲戚者，尔即以朕意榜之，有欲去者，令明言于镇守官员勿阻之。[2]

由此可知明初归附明朝被安置在开原的达官享有充分自由。但到了明正统初年辽东边疆危机开始出现。正统元年（1436）蒙古瓦剌部开始崛起并逐渐向东蒙地区发展，对邻近辽东地区的兀良哈三卫以及女真部落影响日益强大，甚至一度威胁到明朝藩属朝鲜，由此造成明朝北部边疆地区特别是辽东地区危机日益严重。在这里仅举《明实录》中正统初年史书记载内容以说明问题。"正统二年（1437）十月壬

1. 孙军：《明代辽东都司所辖安乐、自在二州的初步研究》，大连大学硕士学位论文2008年，第30页。
2. 《明太宗实录》卷七十八，永乐六年四月乙酉条。

午，敕宣府总兵官都督谭广等曰：比闻瓦剌脱欢聚兵饮马河，又遣人交通兀良哈女直部"。[1] 瓦剌部进入辽东北部的饮马河流域联合女真诸部以及兀良哈三卫，准备南下寇边，辽东局势一时变得十分紧张。而明朝政府也采取相应措施进行积极应对，加强对边疆地区特别是辽东地区的守备。正统四年（1439）"甲申，敕沿边诸将近有自虏中来者言，瓦剌脱欢人马猎于近塞沙净州，此贼谲诈叵测，其意不专，在猎尔沿边诸将当豫为方略，振作士气以御之，毋视为泛常"。[2] 正统四年六月乙酉条："敕总兵官都督同知王彧曰：近闻兀良哈泰宁朵颜福余三卫与瓦剌脱欢等交通，累遣使臣朝贡，实欲觇我虚实。"[3] 蒙古瓦剌部势力在影响兀良哈部以及女真部同时，也对明朝藩属朝鲜进行胁迫。"正统七年（1442）冬十月甲午，朝鲜国王李祹遣陪臣崔士康等贡方物，初瓦剌密令女直诸部诱胁朝鲜，祹拒之而白其事于朝。"[4] 明政府为了加强应对北部瓦剌的威胁，对曹义、王翱等辽东地方官员守边不力行为进行了严厉斥责。"正统八年（1443）兵部奏辽东总兵官都督佥事曹义不严督边备，致贼累次入寇，右佥都御史王翱奉命整饬边务，到彼日久莫展一筹，及达贼入境又不具实奏闻，请治其罪。"[5] 通过以上引文，不难看出当时辽东边境危机日益严重，以及明王朝统治者对该地安全局势的严重关切，这也为明朝政府对辽东地区战略布局重新调整埋下伏笔。

在辽东边境危机日益严重的形势下，明政府对辽东地区归附的达官安置方式也出现了新变化。众所周知，明朝初年明政府对辽东地区归附的达官集中安排在开原自在州以及安乐州。但到了正统以后，边疆危机日益严重，经明王朝招抚的归附者一般被安排到辽阳、广宁、海州、盖州、复州、金州等地。[6] 关于这种安置并非明政

1.《明英宗宝训》卷三，正统二年十月壬午条。
2.《明英宗实录》卷六十，正统四年六月甲申条。
3.《明英宗实录》卷五十六，正统四年六月乙酉条。
4.《明英宗实录》卷九十七，正统七年十月甲午条。
5.《明英宗实录》卷一百，正统八年正月丙子条。
6. 张士尊：《明代辽东边疆研究》，吉林人民出版社2002年版，第161页。

府无意安排，笔者认为这是由于明政府担心归附自己的达官，特别是女真族达官与北部强敌瓦剌相互内应而进行分而治之的结果。如前文所述，归附的达官出入比较自由，与辽东周边地区少数民族部落存在千丝万缕的联系，而此时蒙古瓦剌部实力强盛，对兀良哈部以及周边女真部影响很大，也很难保证开原自在州以及安乐州归附的达官没有里通外敌的嫌疑，关于这种对归附者安排在辽东腹地现象，虽然史书中难查直接原因，但并非没有踪迹可寻。史实证明，归降明政府的辽东地区达官中确实存在与外敌相互勾结的人。"矧近日辽东安插靻人纠合谋叛出城，潜从虏寇者动至一二十，此正其验，不可不防者。"[1]

对归降达官内迁辽东腹地这一问题叙述更加详细的是寇深。"提督辽东军务副都御史寇深奏：开原等处安插来归夷人四百余户，恐后益多难以钤制，乞候边事稍息，移入腹里地方安住，自兹以后凡来归者宜迁内地。"[2]作为辽东地区重要官员，寇深奏请当中已经明显表现出对开原等处"来归夷人"问题的关注，而且这一问题并非一时出现，而是经过多年积累后才形成的。寇深担心"来归夷人"愈聚愈多难以管制，而建议明王朝将其移往内地进行分散管理，而这种建议的根本目的还是为了辽东边疆地区的稳定。从正统以后明王朝招抚的归附者安排来看，归附者一般被安排到辽阳、广宁、海州、盖州、复州、金州等地，史实证明明朝政府的确将新归附的达官安置在除开原之外其他地区。所以笔者认为自在州迁徙辽阳城的原因是明政府针对当时日益严重的辽东边疆危机这一客观情况，对现有民族政策在管理模式上进行新尝试，在保障归附达官行动自由的同时，为了杜绝归附明朝的达官与周边敌对势力相互联系而重新作出的战略调整。

需要指出的是，在分析自在州迁治辽阳城这一历史现象时，也必须考虑到明朝初年明政府在辽东地区"瓯脱"地带的城防设置以及对南下的女真族施行的"招徕

1.（明）严从简：《殊域周咨录》卷二十一《女直》，中华书局1993年版，第734页。
2.《明英宗实录》卷二百二十，景泰三年九月庚戌条。

远人"政策。明朝初年，明政府对辽东东部山区东南部采取的策略是在明朝国土上从鸭绿江到连山关留一段无人或人烟稀少的数百里"瓯脱"地区，在此不设防也不设治。随着正统年间辽东边外形势的急剧变化，原先居住在朝鲜北部图们江流域的建州女真不断南下，迁至辽东地区婆猪江（浑江）和苏子河流域，直接与辽东东部山区中朝之间"瓯脱"地带相邻近，对明朝辽东东部地区边防安全造成压力。而明初明政府在辽东地区的防御设置没有形成完整体系，此时辽东边墙尚未完全建成，明朝政府在辽河以东的东部山区地带缺少有效纵深的防御工事，而明朝藩属朝鲜通往明朝的驿路又经由此地，在邻近"瓯脱"地带唯一重兵防御的城池就只有辽阳城。作为镇城的辽阳城，建筑面积比较大，且从洪武初年起扩建维修不断。"洪武壬子，马云叶旺因遗址修筑，己未，都指挥使潘敬开展东城迤北土城，永乐丙申，都指挥使王真完砌周围二十二里二百九十五步。"[1] 特别是辽阳城北城一带较为空旷。而此时的开原城虽然是辽东北部边防重镇，但三面临边，华夷杂糅，边疆地区又危机不断，相对辽阳城而言，开原城城体建筑面积还比较小，自在州、安乐州、三万卫等多个卫州集中在一地，而"来归夷人"越来越多，确实难以容纳和管理。自在州迁治辽阳城必须考虑到明初辽东地区施行的民族政策。有明一代，政府根据女真、蒙古两大势力的力量消长情况推行"藉女直制北虏"策略，对女真一贯采取招抚为主的政策。[2] 辽阳城建筑规模雄伟，又邻近南迁女真部，在不改变"招徕远人"的国策下，明朝政府既可以对南迁女真部继续进行招抚活动，同时也可以对其就近安置进行监管，以隔断归附达官与敌对势力联系，因而将自在州迁治辽阳城，一举两得，不失为良计。

另外，自在州由开原迁治辽阳城也应该是充分考虑了地理交通方面因素。开原与辽阳均是明代辽东地区重要的军事重镇，同时也是重要的交通枢纽，明代东北地

1.（明）毕恭等纂修：《辽东志》卷二《建置·城池》，辽沈书社 1984 年版，第 369 页。
2. 李治廷主编：《清史》，上海人民出版社 2002 年版，第 43 页。

区除了以辽阳为中心通往各地的交通驿站以外，还有以开原为中心通往东北各地的交通驿路。明代东北各路驿站担负着繁重的接待和运输任务。[1] 因此这种便利的交通条件在当时缺乏现代化交通工具以及通信工具的古代社会，不仅有利于加强明朝政府对东北地区的经营管理，也有利于促进归附明朝各族人民之间的社会文化交流和社会经济的发展。

三、结语

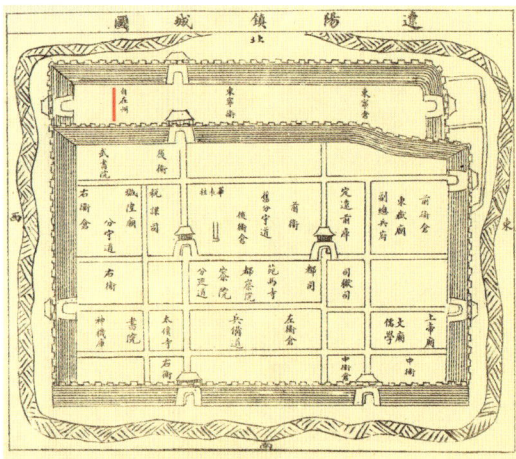

辽阳镇城图（特殊标记为自在州位置）

综上所述，自在州迁治辽阳城是明朝正统初年辽东地区边疆危机的一个历史缩影。自在州迁治辽阳城的根本原因是明朝政府针对边疆情况而做出的适时战略调整，同时也是明政府针对现有民族政策在管理模式上的新尝试，其最终目的还是要维护辽东地区边疆稳定。迁治辽阳城后的自在州吸收了一部分原隶属于东宁卫、海州卫、沈阳中卫的达官，其原先所辖的达官州民仍然住在开原，只是改归安乐州管辖。自在州位于明代辽阳城北城，与东宁卫邻近，[2]"正堂五间，东西吏房各五间，中堂五间，后堂五间，仪门一间，大门三间"，[3] 建筑雄伟。与此同时，在明政府"招徕远人"这一国策之下，自在州继续承担安置归降达官以及从征戍边的任务。史书记载："时遣使往招诸夷，有愿降中国者，于开原设安乐州，辽阳设自在州居之。皆量授以官，任其耕猎，岁给俸如其官。当时，各卫夷人每入

---

1. 王绵厚、李健才：《东北古代交通》，沈阳出版社 1990 年版，第 299 页。

2.（明）李辅等纂修：《全辽志》卷一《图考·辽阳城》，辽沈书社 1984 年版，第 502 页。

3.（明）李辅等纂修：《全辽志》卷一《图考·辽阳城》，辽沈书社 1984 年版，第 502 页。

贡，赍赐殊厚，以故凡迤北征讨，皆听调遣，无敢违越。"[1] 正是当时的实际情况。

第二节　明代定辽右卫迁治凤凰城探析[2]

定辽右卫是明代辽东都司二十五卫之一，卫治原在辽阳。据《明实录》记载：洪武六年（1373）十一月，明朝正式设置定辽右卫"于辽阳城之北"，立五个千户所，"命定辽都卫指挥佥事王才等领原将山东诸卫军马屯守"。[3] 以"莱州土军五千人并本卫军七百九十四人属定辽右卫"。[4] 定辽右卫设置以后，与其他各卫一样，有经历司、镇抚司、军器局、军储仓、预备仓、盐场百户所和铁场百户所，同时承担辽东地区的防务。如成化年间，"以建州夷人遮杀朝鲜贡使"，朝廷命"于辽东之东八站南别开新道，添设城堡，以便朝鲜往来"。[5] 弘治初年，凤凰城、镇东、镇夷各堡，以及二墩台均已完成，朝廷抽调军士镇守，其管理完全由定辽右卫负责。[6] 嘉靖四十四年（1565），根据山东巡按御史李辅的建议，辽东都司对东部山区的防御进行调整，"改置右卫于凤凰城城堡，添设左右中所，及以金州卫所辖黄骨岛堡割隶右卫"。[7] 这样，最初设置于辽阳城的定辽右卫，便把卫治迁徙到了东部山区的凤凰城。

对于定辽右卫为何迁治凤凰城，明朝兵部给出的理由是："本镇东南一带，地

---

1. 潘喆、孙方明、李鸿彬编：《清入关前史料选辑》第一辑《抚安东夷记》，中国人民大学出版社 1984 年版，第 5 页。
2. 此节内容曾发表于《鞍山师范学院学报》2011 年第 1 期。
3.《明太祖实录》卷八十六，洪武六年十一月癸酉条。
4.《明太祖实录》卷八十七，洪武七年春正月甲戌条。
5.《明孝宗实录》卷三十，弘治二年九月壬申条。
6.《明孝宗实录》卷三十，弘治二年九月壬申条。
7.《明世宗实录》卷五百五十三，嘉靖四十四年十二月癸酉条。

僻海隅，为四方通寇数，势难控制。又险山新军多逃伍，勾补不便。而朝鲜贡道实从此入，人烟荒凉，无以威远。"[1] 具体来看，定辽右卫这次迁治与如下几个因素密切相关：

第一，建州女真各部对辽东东部的压力逐渐加大。明朝初年建州女真主要活动在松花江中下游，后来南迁到图们江两岸。永乐初年，明朝政府在其活动地区设置建州卫和建州左卫，但在朝鲜政府的压力下，建州女真被迫迁入辽东东部山区，定居在浑江和浑河流域。宣德年间，因为卫印之争，明朝政府又在建州左卫中分设建州右卫，这样就形成了建州三卫。为加强对建州各卫的统治，明朝政府在抚顺开设"马市"，通过朝贡贸易的形式，扩大其与内地的经济文化交流。由于靠近辽东，更因为马市贸易的刺激，建州各部逐渐强大起来。正统年间，建州酋长李满住纠集毛邻、海西各部不断侵掠东部山区，"盗边无虚月"，结果引来明朝政府大规模的讨伐。景泰元年（1450），据提督辽东军务王翱奏报："海西、建州贼徒李满住、刺塔等累入境肆掠，臣等议调官军分三路，先擒剿满住、凡察、董山三寨，然后发兵问罪海西。"[2] 成化三年（1467），明军出境，结果建州遭到惨重的损失，一千余人被杀，财产损失更是难以计数，建州诸卫酋长李满住等人也先后被杀。成化十四年（1478），明军再次出边。成化十五年（1479）和成化十六年（1480），明军连续深入建州各部居住腹地，刚刚恢复的建州女真部又一次遭到重大打击。经过这次打击，在以后的半个多世纪里，建州女真各部对辽东的压力有所缓解。到嘉靖中后期，建州女真大规模入边劫掠事件时有发生。如嘉靖二十一年（1542），侵掠凤凰城，杀守备李汉、指挥佟恩等官员；[3] 嘉靖二十三年（1544），杀明都指挥康云、千总都指挥赵奇、佟勋以及把总王镇，死者二百余人。[4] 建州女真屡次内侵给明王朝辽

1.《明世宗实录》卷五百五十八，嘉靖四十五年五月甲辰条。

2.《明英宗实录》卷一百九十三，景泰元年六月癸未条。

3.《明世宗实录》卷二百六十八，嘉靖二十一年十一月辛亥条。

4.《明世宗实录》卷二百八十六，嘉靖二十三年五月丙午条。

东地区造成了巨大的压力。

第二，流民大批涌入东部山区，迫切需要管理和控制。明朝初年，辽东地区人口稀少，政府在连山关设立把截，连山关以东地区成了无人区。明朝弘治年间，流民开始潜匿东部山区，到正德九年（1514），朝鲜史料中开始出现辽东潜住人口逼近鸭绿江西岸记载，此年八月，平安道观察使向朝鲜国王报告说："义州西距十五里许，有婆婆堡古基，唐人渐有造家来居者，鸭绿江十余里之地亦立标造家，不无后弊。"从此，明朝与朝鲜双方为驱逐潜住于鸭绿江西和鸭绿江中各岛的人口往来交涉不断，达百余年时间，直到明朝与朝鲜政府都承认这种现实为止。鸭绿江边如此，其东部山区更甚。嘉靖年间，东山流民问题日益严重，而且已经不局限于开荒种地，还出现了流民越界贸易现象。至嘉靖五年（1526），在鸭绿江边居住的流民越来越多。根据朝鲜特进官金克呈报："臣前任平安道监司时，观之义州鸭绿江越边唐人来居者甚众，冬月合冰，则与义州居民交通买卖。龙川、铁山等地居民，牛马盗卖无忌。"嘉靖十年（1531）十二月，御史谢兰条上辽东边防事宜："辽东东南多金银穴，口内流民诱亡命盗矿，甚者肆出虏掠。"[1]明朝对东山潜住的流民虽然也采取禁止政策，但是屡禁而不止，流民经过几十年的斗争，终于迫使明朝政府改变了单纯的限制政策。

第三，保护朝鲜驿路"东八站"安全。朝鲜通往明朝的驿路从辽阳到鸭绿江一线设有八站，从西向东依次为头馆站、甜水站、速山站、龙凤站、斜烈站、开州站、汤站、东昌驿站。有明一代承袭前朝将该条驿路称为"辽左八站"。明朝初期从连山关以东至鸭绿江边几百里地区沿途崇山峻岭，道路难行，驿路沿线地区不仅人烟稀少，而且缺少有效的军事防护设施，以致朝鲜使臣来往其间多有不便。洪武二十八年（1395），朝鲜在给明朝礼部的咨文中称："窃见小邦鸭绿江西至辽东甜水站，其间人烟断绝，草木丛茂，若无护送，虑恐盗贼劫掳，虎狼侵害。"

1.《明世宗实录》卷一百三十三，嘉靖十年十二月辛丑条。

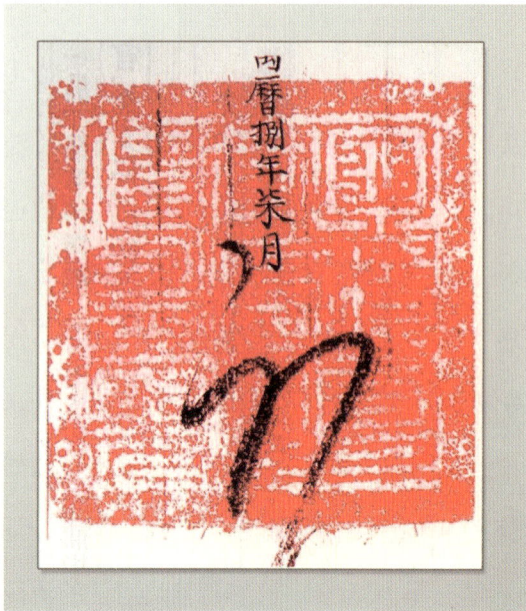
明定辽右卫指挥使司印

正统元年（1436）十二月，朝鲜派通事金玉振向明朝提出："在先本国使臣来往于东八站一路，自来山高水险，一水弯曲，凡八九渡，夏潦泛涨，本无舟楫，冬月冰滑雪深，人马多有倒损。又有开州龙凤等站，绝无人烟，草树茂密，近年以来猛虎频出作恶，往来人马，实为艰苦。"[1] 在这条道路上，不仅自然条件恶劣，而且不时受到南迁后建州女真各部的威胁。如正统二年（1437）和天顺四年（1460）朝鲜先后两次出兵征讨建州女真李满住部，引起建州各部的不满，扬言要对朝鲜朝贡使臣进行报复："结怨本国，现已对敌""若于汝国边境未得侵掠，当于东八站一路往来使客，拦截报复"[2]。李满住被杀后，其子"不思伊父罪恶，志欲报复"。在这种情况下，朝鲜政府向明朝提出把朝贡路线南移的请求。为此，明朝政府派遣官员实地踏勘后，否决了朝鲜政府南移朝贡道路到刺榆寨的要求。但为了保证属国使臣的安全，维持与朝鲜半岛正常的经济和文化交流，从成化年间开始，明朝廷不断加强对东八站沿线的建设。

应该说，明朝这次行动是很迅速的，到天顺八年（1464）四月，朝鲜使臣回国向朝鲜王汇报见闻时说，明朝辽东"自伯颜洞至通远堡列置候望，臣到通远堡，见指挥刘英问之，答曰：'候望则居民布散，昼则候望，有变则放炮。'"[3] 很明显，为了加强对东八站驿路的保护，如同其他明朝北部边疆地区一样，辽东都司开始在东八

1.《朝鲜世宗大王实录二》，十八年十二月乙巳条。

2.《朝鲜世宗大王实录二》，二十年正月丙午条。

3.《朝鲜世祖惠庄大王实录二》，十年四月庚子条。

站沿边沿途修筑墩台城堡，以加强防御，同时辽东的军民也逐渐东迁。可以说，明朝对东八站进行实质性建设在此时开始。

成化五年（1469），辽东都司开始在东八站北部修建边墙，以保护东八站交通安全，但女真各部的侵掠仍时有发生。成化十五年（1479），建州约三百骑，"南下来寇刺榆寨、沙川等处，焚荡庐舍，杀掠甚众"。[1] 成化十六年（1480），据朝鲜方面报告说，朝鲜使团于十月"初四日东八站路上遇野人，遮截相战，我卒四散，独甲士崔义成、译学许顺等脱来"。[2] 这次朝鲜方面损失有三十余人。因为女真各部南下骚扰，明朝决心彻底解决这一问题。"凤凰山西北约十五里许，筑立一堡名凤凰城，屯驻马步官军一千名；凤凰山以西相去约有六十里，地名斜烈站，筑立一堡，名为镇宁堡；斜烈站西北相去约有六十里，地名新通远堡，之南筑立一堡，名宁夷堡，各屯驻马步官军五百名，以为凤凰城之声援。如此则朝鲜使臣往回皆有止宿之处，而无被劫之患。"[3] 到弘治二年（1489）九月，"凤凰城及镇东、镇夷二堡，已如原拟筑完，其余二十二墩台次第修筑，瞭望操守之人，止可就招集军内摘发，不宜抽调屯军，凤凰城该拨军六百名，镇东镇夷各三百名，俱属定辽右卫代管"。到弘治五年（1492）九月，明朝在凤凰城东设汤站，把防御前沿进一步延伸。虽然东八站交通安全得到了基本保证，但女真各部一旦大规模南下，中朝交通仍然有被切断的危险，而把定辽右卫东移至凤凰城，则对这条交通线的长治久安起到重要作用。

定辽右卫迁治凤凰城，是明朝辽东边疆结构的一次重要调整。明朝初年，由于辽东人烟稀少，故人口主要居住在辽东半岛，千山山脉分水岭以东、辽河以西，几乎是无人区。辽东都司在连山关、刺榆关和片岭关设立把截，稽查人员往来。洪武二十年（1387）后，明朝政府开始在辽西设置卫所，但由于人口很少，其居住区只限于辽西沿海走廊地区，而辽东的情况依然如故。所以后来辽东修筑边墙，就形成

1.《朝鲜成宗康靖大王实录一》，十一年九月乙酉条。
2.《朝鲜成宗康靖大王实录一》，十一年九月乙酉条。
3.《朝鲜成宗康靖大王实录一》，十二年十月辛酉条。

一个奇怪的"凹"字形状。成化末年和弘治初年，随着建州各部的南迁，出于东部山区安全的考虑，明朝开始在辽东山区北部修筑城堡、边墙，安排卫所军人屯垦驻防，其防御前沿延伸到凤凰城以东，辽东边疆结构发生了很大的变化。嘉靖时期，中原地区流民问题严重，辽东也不例外，众多流民挣脱中原统治，进入东部山区，开荒种地，采矿冶炼，其脚步一直前进到沿海各岛和鸭绿江边。原来明朝政府所设定的人为障碍已经不复存在，这就迫使明朝政府正视现实，定辽右卫迁治就是这样认识的表现。

这次迁治的结果首先使辽东东部边疆得到了巩固。此后辽东防御前沿继续前推到鸭绿江畔，一系列的城堡和墩台都陆续建立起来，如鸭绿江西岸的江沿台堡和镇江城。万历初年，在辽东巡抚张学颜的主持下，又向北开拓了宽甸六堡，其主要的人员都来源于定辽右卫。这样，辽东的防御前沿已经不限于凤凰城一线，而是向北推进到宽甸，向东推进到鸭绿江，宽甸和镇江都成为重要的军事重镇。在这样的格局下，原来的东八站贡道几乎相当于内地，与过去相比要安全许多，故朝鲜政府再也没有提出南迁贡道的要求。同时，定辽右卫的迁治也给移民的进入提供了更为安全的环境。此后，明朝文献中再也见不到驱赶东山移民的记载，事实上，正由于东山设治，移民才大量涌入，万历初年，仅宽甸就迁入移民数万人。因此，从某种意义上说，定辽右卫迁治为辽东都司开发东部山区提供了前提和保障。

第三节　关于明代辽阳东宁卫几个问题浅谈[1]

　　明代辽阳东宁卫是辽东都司所辖二十五卫之一，由于其特殊的历史地位，故使其有别于辽东都司的其他卫所。关于东宁卫研究，早期以日本学者河内良弘先生的《关于明代的辽阳东宁卫》一文为代表。[2] 河内良弘先生大作发表较早，其文章更多的是以传世史籍文献相关内容为对象，进行学术层面的研究。由于受客观条件所限，国内辽阳等地区陆续出土的与明代东宁卫有关的墓志文物，河内良弘并未能在其大作中引用，颇显遗憾。2011 年 11 月，辽宁省辽阳市地区出土"东宁卫指挥使司之印"，省内相关媒体以及地方内部刊物多有报道和讨论，其后王成科曾撰文《明代辽阳东宁卫——以新出土的东宁卫指挥使官印为例》。[3] 实事求是地说，该方官印文物价值虽有，但并非如王成科文中所说的文物价值和历史研究价值巨大，其说颇有夸张溢美之嫌。而且笔者对王成科文中部分观点也并不赞同，其文也并未引用相关学者现有研究成果。另外，作者仅以出土官印为中心，而欲研究整个明代东宁卫历史发展脉络，确实颇显材料不足。特别是其中围绕明代东宁卫的几个重要学术观点问题，即东宁卫早期人口结构、东宁卫人的生活方式、自在州南迁与东宁卫改组等方面，还是有必要再进行深入研究探讨。笔者不避愚陋，结合史料以及出土石刻文献对东宁卫相关几个问题进行尝试性研究，不足之处敬请方家指正。

---

1. 此节内容曾发表于《辽宁省博物馆馆刊》（2015），辽海出版社 2016 年版，第 285–291 页。
2. ［日］河内良弘：《关于明代辽阳的东宁卫》，杨旸、梁志忠译，《黑河学刊》1988 年第 4 期。
3. 王成科：《明代辽阳东宁卫——以新出土的东宁卫指挥使官印为例》，《北方文物》2015 年第 1 期。

一、东宁卫早期人口结构

在论述明代东宁卫早期人口结构时，人们大都认为其中无外乎是女真人、高丽人与汉人，这种观点应该是受到《辽东志》记载内容"华人十七，高丽、土著、归附女直野人十三"影响。[1] 笔者浅薄之见，由于受《辽东志》成书时间所限，其说法并非完全符合明初客观史实。王成科甚至曾认为洪武十九年明朝廷将起初五个千户所其地的高丽、女真人迁徙至辽阳，整合成左、右、前、后四个千户所，另以关内调来的汉族人组成中所，设立东宁卫。[2] 受笔者学识所限，不知这种观点出自何处、依据何在，其说缺少史料支撑和细致分析确实让人不敢苟同。其实在梳理明代史料以及出土石刻文物时，不难发现，在东宁卫早期人口构成中还有鞑靼人、辽东本地前元官员以及山后人，只是以往未加注意而已。例如，曾担任东宁卫指挥一职的康旺，我们更多关注了为"壬辰"的是其出使奴儿干内容，根据史料记载其祖先就是鞑靼人。史载：

> （宣德六年冬十月）乙未，命奴儿干都司都指挥使康旺致仕，以其子福代为本司都指挥同。旺本鞑靼人，洪武间以父荫为三万卫千户，自永乐以来频奉使奴儿干之地，累升至都指挥使。至是复命往奴儿干设都司，旺辞疾乞以福代，故有是命。[3]

另外，史料中也有永乐时期东宁卫鞑靼头目啖哈来朝受到明朝封赏记载："鞑靼都督马儿哈昝弟也力帖木儿及东宁卫鞑靼头目啖哈等来朝各赐钞币及文绮龙

1.（明）毕恭等纂修：《辽东志》卷一《地理志》，辽沈书社 1984 年版，第 363 页。
2. 王成科：《明代辽阳东宁卫——以新出土的东宁卫指挥使官印为例》，《北方文物》2015 年第 1 期。
3.《明宣宗实录》卷八十四，宣德六年冬十月壬辰条。

衣。"[1] 此处的鞑靼人应指明朝初年北方草原地区蒙古部落之人，能赐予"文绮龙衣"这种高档精美织品，历史上确实并不多见。

明朝初年，辽东地区前元归降的官军由于奉事皇明新朝，因而可以继续在本地驻守，这个群体是早期辽东军户的重要来源，其中一部分也入籍东宁卫。根据史料记载，明洪武四年（1371）辽阳行省平章刘益等奉表来降，大量前元官军归附明朝。其后，洪保保等杀刘益，辽东局势出现变动，不久故元右丞张良佐、左丞房嵩等就平息叛乱。为酬其功，朱元璋任命张良佐、房嵩为辽东卫指挥佥事，"其余将校从本卫定拟职名具奏闻，检注军人俾隶籍"，[2] 这样不仅使大批辽东地区降明前元将校得到了提拔任用，并且也促使前元士兵改编入籍。曾有学者认为，洪武十九年（1386）于辽阳设置的东宁卫中左、右、前、后四所，是以故元、高丽、女直来归官民五丁抽一组成，只有中所为汉军。[3] 但这又与"以辽阳高丽、女直来归官民每五丁以一丁编为军"一说明显不符。河内良弘在研究东宁卫人口结构这一问题时阐述得非常详细，特别是关于东宁卫中所汉军的构成，就颇有预见性地认为是以降民中的汉人编成，芮恭所统领的只是中所的汉军。[4] 虽然史料中没有明确记载，但从现在来看，河内良弘的推测还是有一定道理的。

明东宁卫指挥使司之印

1.《明太宗实录》卷二百三十三，永乐十九年春正月丁卯条。
2.《明太祖实录》卷六十六，洪武三年六月壬寅条。
3. 奇文瑛：《明代卫所归附人研究——以辽东和京畿地区卫所达官为中心》，中央民族大学出版社 2011 年版，第 48–49 页。
4.［日］河内良弘：《关于明代辽阳的东宁卫》，杨旸、梁志忠译，《黑河学刊》1988 年第 4 期。

在文献史料记载不明确的情况下，地下出土文物对这一问题的解决提供了新的途径。从对辽阳地区出土的《昭勇将军高公墓志》分析可知，东宁卫人高宝祖先应为明初归附明朝的辽东地区前元官员。[1] 根据墓志记载，墓志主人东宁卫昭勇将军高宝祖父曾为元代官员，先世为辽阳本地石城梁家庄巨族，高氏当为辽阳本地土著居民无疑，"祖尝前任枢密院客省副使"，后于明朝洪武初年归附，"连以忠义化谕顽民，归慕我太祖高皇帝"，因军功授以昭信校尉。[2] 高宝出生于永乐庚子年（1420），去世时任职东宁卫。按照明代卫所武职世官管理体制以及墓志中"诰命之荣，传至于今"的记载，可推知其祖父洪武初年归附时应加入了东宁卫军籍。结合历史背景以及志文内容分析判断，高宝祖父应为洪武初年归降的辽东地区前元官员。由此可知，辽东本地归降元军群体成员也应有参与东宁卫军籍的情况。另外，早期东宁卫人口中还应有一定数量的山后人。山后移民是明朝洪武初年北方移民中数量庞大的群体，主要居住在今太行山以北、北邻沙漠地区，洪武初年为了防御蒙古而陆续迁移。辽阳地区出土的《骠骑将军杨公墓志铭》记载，墓志主人杨五典祖先就是世代居住在山后地区山后人，其始祖杨德归附明朝，"世裔山后人，始祖德，自北山归附，任东宁卫，实授百户"。[3] 结合历史背景以及志文内容，从时间上判断杨五典始祖杨德应是在洪武时期归附明朝后最终到东宁卫任职的。

二、东宁卫人的生活方式

众所周知，东宁卫人口构成中有一部分为高丽人和女真人，这些人员除了《辽东志》《全辽志》记载的与辽东都司其他卫所人员一样，从事戍边、屯田、养马，以及煮盐、炼铁等基本事务之外，由于其固有的民族特色，他们依然保留着其传统生活方式，这在辽东边陲之地与其他卫所相比有其自身鲜明特点。关于该方面内

1. 王晶辰主编：《辽宁碑志》，辽宁人民出版社 2002 年版，第 365 页。
2. 王晶辰主编：《辽宁碑志》，辽宁人民出版社 2002 年版，第 365 页。
3. 邹宝库辑录：《辽阳碑志选编》，辽宁民族出版社 2011 年版，第 110 页。

容，河内良弘、王成科文中虽已有论述但还有不足之处，在此进行重新归纳总结，以求勾勒出东宁卫人主要生活方式和活动信息。

（一）进献马匹与方物

明代东宁卫女真人经常来朝进献马匹和方物，因而受到朝廷封赏的记载不绝史书。特别是东宁卫著名人物亦失哈就先后多次来朝贡献马匹，如"东宁卫指挥千百户亦失哈等来朝贡马赐之钞币"[1]"辽东东宁卫女直指挥使亦失哈等来朝贡马"[2]"辽东东宁卫女直指挥佥事亦失哈等来朝贡马。"[3]究其原因，明朝初期连年在漠北用兵，作为重要战略资源的马匹显得格外重要，在当时边境互市没有完全开放背景下，东宁卫女真达官的进贡成为马匹的重要来源。根据史料记载东宁卫达官也曾进贡方物，"辽东东宁卫指挥木庆哥等十四人来朝贡方物"。[4]他们所贡的方物在史料中虽然没有明确记载，但推测应是当时东北地区特产参、貂、皮毛之类。另外《全辽志》中记载东宁卫有供参内容，与辽阳地区出土明代《钦差陈保御去思碑记》中记载的东宁卫采参岁贡内容相符合。[5]后因建州女真频繁入寇，民不聊生，赋无所出而停办。

（二）安置归附人

东宁卫设立之初，就有重要的安置归附人功能。特别是到了永乐时期，在国力强盛背景下优厚的封赏吸引了东北内陆地区卫所女真人纷纷内附，其中有一部分被安置在东宁卫，他们除受到相应赏赐之外，辽东都司还为其提供房屋、器皿等生活必需品。"敕答河千户所镇抚弗理出、忽儿海卫所镇抚火罗孙皆自陈愿居东宁卫从之。命礼部给赐如例。"[6]"奴儿干喜申卫吉列迷车卜来朝奏愿居辽东东宁卫，命为百

1.《明太宗实录》卷二百六十七，永乐二十二年春正月己丑条。
2.《明宣宗实录》卷七十八，宣德六年夏四月壬子条。
3.《明宣宗实录》卷六十七，宣德五年六月乙卯条。
4.《明太宗实录》卷二百七十二，永乐二十二年六月戊申条。
5. 王晶辰主编：《辽宁碑志》，辽宁人民出版社 2002 年版，第 466 页。
6.《明太宗实录》卷九十三，永乐七年六月丁未条。

户，赐金织袭衣、钞、布，仍命辽东都司给房屋器物如例。"[1]

（三）对外招抚

明朝初期在对东北内陆地区以及邻近朝鲜进行招抚，需要专门从业人员，以东宁卫为代表的辽东地方官员起到很大作用，相关情况在《明实录》以及《李朝实录》中多有记载，在此仅举数例以作说明。永乐元年（1403），东宁卫官员王得名因到朝鲜招抚辽东散漫军士复业而受到朝廷赏赐，记载云：

（永乐元年五月）乙巳赐东宁卫千户王得名钞百七十六锭、彩币七表里、纱衣二袭. 得名先往朝鲜招抚辽东散漫军士复业男妇来归者万五百二十五口，故嘉之。[2]

东宁卫官员金声曾跟随康旺王肇舟等出使奴儿干诏谕，受到朝廷封赏，记载云：

辽东都指挥同知康旺为都指挥使，都指挥佥事王肇舟、佟答剌哈为都指挥同知，东宁卫指挥使金声为都指挥佥事，旺等累使奴儿干招谕，上念其劳故有是命。[3]

（四）官方专职翻译

明朝政府在对东北内陆地区以及邻近朝鲜地区进行涉外交流沟通时，由于语言差异需要专职翻译人员。东宁卫特殊的地理环境，使其居民不仅通晓汉语，而且懂女真语言以及朝鲜语言。根据《辽东志·人物志》记载："辽东例有朝鲜、女直通事，送四夷馆以次铨补鸿胪官。旧止用东宁卫人，盖取其族类同语言习也。"《辽东

1.《明宣宗实录》卷一百五，宣德八年闰八月乙亥条。
2.《明太宗实录》卷二十下，永乐元年五月乙巳条。
3.《明宣宗实录》卷三十一，宣德二年九月丁亥条。

形胜之区：辽阳市境内明代城、堡、台、墙探寻

志·人物志》中还附列了自成化至嘉靖间被铨补升官的 34 名翻译的姓名、籍贯和官职。在 12 名朝鲜语翻译中有 9 人是东宁卫人，22 名女真语翻译中有 19 人是东宁卫人，东宁卫人所占比例很大。[1]

（五）信仰佛教与尊崇孝义

明代东宁卫人的精神生活难以全面考证，在有限的史料中不难看出其中显著的信仰佛教与尊崇孝义。根据辽阳地区出土的铜碑、塔铭以及《辽东志》中的记载，东宁卫籍圆公禅师道圆以及行荣担任过广佑寺住持。圆公禅师道圆本为海洋女真人，洪武十六年（1383）归附明朝，注籍东宁卫。永乐六年（1408），接任辽阳僧纲司副都纲兼任广佑寺住持。他上任后重修广佑寺和白塔，并积极传播佛法，在当时的辽东地区产生了很大影响力。《辽东志·人物志》记载"有僧人法名行荣，东宁卫人，住广佑禅林"[2]。个人推测，圆公禅师道圆很有可能与行荣是师徒关系。根据《圆公禅师塔铭》记载，圆公禅师嗣法弟子均为"行"字辈，而且塔铭中镌刻有"广佑寺住持行□"，笔者怀疑"行□"即为"行荣"。

与此同时，传统孝义文化对东宁卫居民影响也很大。《全辽志》记载，东宁卫人刘鼎在京为官时，闻听后母去世的消息，当其未赶回辽阳时其后

明永乐二十一年《重修辽阳城西广祐寺宝塔记》铜碑

---

1. 此处内容可以参见［日］河内良弘：《关于明代辽阳的东宁卫》，杨旸、梁志忠译，《黑河学刊》1988 年第 4 期；王成科：《明代辽阳东宁卫——以新出土的东宁卫指挥使官印为例》，《北方文物》2015 年第 1 期。
2.（明）毕恭等纂修：《辽东志》卷六《人物志》，辽沈书社 1984 年版，第 453 页。

母已经下葬，刘鼎便结庐坟前侍奉去世后母，孝行颇有古人风范。东宁卫人高原昌妻金氏因亲夫婚后不久亡故，不听亲人改嫁劝告而选择自缢则是颇显悲怆。另外，还有东宁卫人徐氏、屈氏为亡夫守节而不改嫁的事迹。由于刘鼎、金氏、徐氏、屈氏等人的行为符合封建传统礼教，而被朝廷推崇，从而享受"旌表"待遇。[1]

综上所述，明代辽阳东宁卫的设置与变迁可以说是明朝经略辽东的一个历史缩影，由于其历史地位特殊性而不同于辽东都司的其他卫所，其中也折射出明朝几位皇帝治国理念的巨大差异以及辽东边疆势力的此消彼长。传世文献史料对东宁卫情况的记载并不是十分详细，所以地方出土碑志文物释读与研究成为重要补充，从而可以进一步探究东宁卫历史的原貌。拙文只是就目前学界对东宁卫研究颇有争议部分内容进行了尝试性研究，观点未必正确，也非常希望学界有识之士能早日对明代东宁卫展开全面系统的研究。

1. （明）李辅等纂修：《全辽志》卷四《人物志》，辽沈书社 1984 年版，第 628–629 页。

第三章

辽阳市辽阳县境内明代长城、堡城、站城及烽火台明代有二百多年的长城修筑史，从洪武至万历几乎从未停止修筑长城。明朝的北方有着漫长的边防线，蒙古骑兵南下严重威胁其国防安全，而明朝又无能力消灭蒙古势力，只能采取"固守封疆"、筑边以守的策略，这是明代大修长城最根本的原因。因此，明朝君臣对修筑长城极其重视，如明成祖曾对大臣言："修边，国之重务，其军政不可不肃。"明人魏焕也认为"镇戍莫急于边墙"。虽然明代当时及其后世均有诸多对长城的非议，但修长城是明朝统治者在全面分析明蒙双方军事形势之后采取的代价最小、成效最高的措施。[1] 明代辽东都司管辖范围东至鸭绿江，西至山海关，南抵旅顺口，北达开原，因其邻近京师，素有"京师左臂"之称，可见其地理位置十分重要。明正统以降，国力衰退导致对边疆控制力逐渐减弱，少数民族南下劫掠时有发生，导致辽东边疆危机加重。此时明王朝因缺少有效应对手段，也一改初年以进攻为主的边疆策略，而趋于保守。职此之故，自正统至万历年间，明朝在辽东地区修筑长城亦称边墙，并广设城堡及烽火台进行防御，以达到北控蒙古、东制女真的目的。经过近二百年的经营，逐步形成了"城、堡、台、墙"完整的防御体系。辽阳市境内明代长城属于辽河套段，主要分布于辽阳市辽阳县西部邻近辽河套地区。辽阳县境内还存有多座堡城、站城及烽火台遗址。本章结合《辽宁省明长城资源调查报告》《明辽东镇长城及防御考》《辽阳县文物略》、"二普"档案、"三普"档案等基础资料，主要介绍辽阳县境内明代长城、堡城、站城、烽火台。

1. 马维仁：《明代"长城"与"边墙"称谓考辨》，《中国边疆史地研究》2022 年第 4 期。

第一节　辽阳市辽阳县境内明代长城

　　辽东边墙大体分为三段：辽西段，西起山海关北六十里的吾名口台，东北行，止于镇远关（今黑山白土厂乡）；辽河套段，西起镇远关，东南行，经三岔关，再东北行，止于镇北关（今开原威远堡镇）；辽东段，西起镇北关，东南行，至鸭绿江西岸的老边墙（今宽甸虎山乡老边村）。《九边图说》曾对明代辽东战略重要性有深入介绍：

　　　　辽东全镇，延袤千有余里，北拒皆胡，南扼朝鲜，东控福余、真番之境，实为神京左臂。自大宁失险、山海以东，横入虏地，宁前、高平诸处一线之余，声援易阻，识者有隐忧焉。南通溟渤，倭警虽稀，而金、复、盖三卫，僻在海滩，号称沃壤。三岔河冻，虏数垂涎，故河东惟冬防吃紧也。近奉诏旨，每值严寒，总帅移驻海州，似亦得策。惟河西零窃，剽掠无时，疏通来往，将领尚矣。浚路河，增台圈、防御之略，兹其可已乎？大段辽地丁寡，招垦孔艰，而又征调频修，士马日耗，欲其利爪牙，以卫腹心，不可以为之所也。[1]

　　烽火，古称烽燧，俗称烽堠、烟墩、墩台、烽墩，是我国古代军事警备与通信的一种重要制度与防御设施，为防止敌人入侵而建。如遇有敌情发生，则白天施

烟，夜间点火，台台相连，传递消息。[1] 明代辽东地区在没有修筑边墙之前，最先修筑的是烽墩。烽墩的起源甚早，至晚在秦代已经成为军事预警的一个设施，特别是在长城沿线。其后，历代亦多仿行，明代亦不例外。明朝立国之初，烽墩归属兵部职方部管辖。如洪武十三年（1380）三月，复位六部官制，兵部职方部"掌天下地图及城隍、镇戍、烽墩之数，关防、路引、火禁之设，四夷归化之类"。洪武二十六年（1393）成书的《诸司职掌》也记载："凡边防去处，合设烟墩并看守墩夫，务必时加提调整点，须要广积秆草，昼夜轮流看望。遇有警急，昼则举烟，夜则举火，接递通报，毋致损坏，有误军情声息。"[2] 到了永乐时期，明朝在辽东地区继续遵循修建烟墩的策略。永乐十一年（1413）十二月，辽东都司"置辽东铁岭卫红泊、喜鹊窝、暗了、下塔、清河口烟墩五所"。[3] 学界公认这是《明实录》中关于在辽东建设墩台的最早记录。永乐年间辽东地区到底修建了多少座烟墩，已无法准确考证。但可以确定的是，在辽东北部铁岭、西部广宁地区战略要地，曾修建有大量烟墩。永乐十二年（1414）十月，"废辽东铁岭卫流星塔、双城、古城，广宁右屯卫大凌河、十三山、塔山六烟墩"。[4] 永乐十七年（1419）正月，"罢铁岭卫辽河西、双城等处烟墩，筑鹊窝等处烟墩三所"。[5] 弘治六年（1493）巡按御史李善所言"宣德年间本镇初无边墙时，唯严瞭望，远烽堠"[6]，则直接体现了明初在辽东地区一直施行修建烟墩的策略。由于军事实力的下降，正统之后的明朝统治者采取以守为主的边防策略，依靠不断增加修筑墩台与长城形成系统性防御工事，防止外敌入侵，以维持内地安全。

1. 本书关于烽火台的定义，取刘谦先生的说法，即明代辽东镇防御体系中利用烽火传递报警信息的设施为台子，台子分为三种：建在长城沿线上的边台、建在长城内侧的腹里接火台、建在驿路两侧的路台。参见刘谦：《明辽东镇长城及防御考》，文物出版社 1989 年版，第 170 页。

2. 邱仲麟：《边缘的底层：明代北边守墩军士的生涯与待遇》，《中国边疆史地研究》2018 年第 3 期。

3.《明太宗实录》卷一百四十六，永乐十一年十二月乙亥条。

4.《明太宗实录》卷一百五十七，永乐十二年十月戊戌条。

5.《明太宗实录》卷二百八，永乐十七年正月辛酉条。

6.（明）李辅等纂修：《全辽志》卷五《艺文上》，辽沈书社 1984 年版，第 656 页。

明代辽东镇长城最早修建的是辽河套段，辽阳市境内明代辽东镇长城主要分布于辽阳县西部临近辽河套地区。但需要说明的是，辽东地区沿边防御设施一开始并不是土墙。其防御设施历经初期埋木栅成墙，后又挖掘壕沟，但依然抵挡不住外敌侵袭，最后才选择修筑土墙，即为长城。史料载："我国初立边，始而埋木为栅，已而掘坎为壕。又其后也，为小小土墙。"[1]辽河套段长城始建年代，学界一般认为是在明正统二年（1437）。根据《明孝宗实录》记载，弘治六年（1493）二月辛亥，巡按山东监察御史李善奏："臣见辽东边墙，正统二年始立。"[2]又据《明英宗实录》记载，正统二年（1437）三月，定辽前卫指挥佥事毕恭向朝廷提出五项建议，其一："自海州卫至沈阳中卫，宜于其间分作四处，量地远近置堡墩，调发官军往来巡哨，于要路布撒钉板铁蒺藜。绝贼归路，汇合追击，庶得防护屯种。"[3]经过明朝中枢的允许，由毕恭亲自设计并主持修建从广宁（白土厂关）到开原（镇北关）之间的边墙、堡、墩，这段毕恭首次主持修筑的长城，即现今辽河平原地区呈"U"字形的边墙。此事在《全辽志》中也有详细记载："国初毕恭守辽东，始践山因河，编木为垣，久之乃易以版筑，而墩台城堡稍稍添置。"[4]毕恭此时修筑的边墙起初是"编木为垣"，即木栅边墙，而非土筑边墙。《辽东志》记载毕恭"开设边堡、墙壕、烽堠"[5]，这与前文所引"我国初立边，始而埋木为栅，已而掘坎为壕"[6]多有印证。那么何为"墙壕"？笔者推测，墙壕当指由木栅边墙以及木栅边墙之外的壕沟所构成的防御体系。即便如此，却依然抵挡不住外敌侵袭。正统四年（1439）十二月，由于守备不严，兀良哈部众在辽东近郊用火烧毁木榨一千余丈并掳掠军人，"木榨"即为木栅边墙。史料记载：

1. （明）贺钦：《医闾先生集》卷一《言行录》，辽沈书社 1984 年版，第 52-53 页。
2. 《明孝宗实录》卷七十二，弘治六年二月辛亥条。
3. 《明英宗实录》卷二十八，正统二年三月乙卯条。
4. （明）李辅等纂修：《全辽志》卷二《边防》，辽沈书社 1984 年版，第 553 页。
5. （明）毕恭等纂修：《辽东志》卷六《人物》，辽沈书社 1984 年版，第 449 页。
6. （明）贺钦：《医闾先生集》卷一《言行录》，辽沈书社 1984 年版，第 52-53 页。

辽东总兵官都督金事曹义、巡抚左副都御史李浚劾奏：都指挥使裴俊、都指挥同知夏通、都指挥金事胡源等，守备不严，致兀良哈达子猎我近郊，火延烧木榨一千余丈，又掠去军人。乞皆置诸法。上命姑记俊等罪罚俸三月。[1]

正统八年（1443）十一月，王翱到任辽东之后，由于沿河木栅边墙不修，官军瞭望守备不严，导致外敌从辽河口入境劫掠，被明英宗斥责。史料记载：

敕提督辽东军务左副都御史王翱、总兵官都督金事曹义等曰：得奏闻达贼从辽河口入境剽掠，盖因沿河墙柞不修，官军了备不严，是以为贼所窥。尔等平昔设施果安在哉。[2]

后来的辽河套段长城依河为险进行修筑。只是以前为木栅，后来改为土筑而已。[3] 辽河套段之后所筑长城就地取材，以当地泥沙为主要建筑材料，虽经版筑，但坚固性十分一般。加之此区域水系发达，地势低洼，经过河水、雨水冲刷，长城损毁比较严重。辽东地区一度也曾有将辽东长城包砖的设想，主政官员为此曾询问辽东地区非常有影响力的著名人物贺钦的看法。贺钦认为此举耗费巨大，会导致民不聊生，无疑与当年秦始皇修长城时残暴相同："嘻，是欲为秦皇之长城者矣。审如是，边人死亡无日矣。"[4] 主政官员将辽东长城包砖的设想也就此作罢。在毕恭之后，辽河套段长城经过多次修筑。正德年间辽东总兵韩辅修筑辽河套段长城，从广宁到开原绵延千里。史料记载：

1.《明英宗实录》卷六十二、正统四年十二月丙戌条。
2.《明英宗实录》卷一百十、正统八年十一月甲戌条。
3. 张士尊：《明代辽东边疆研究》，吉林人民出版社 2002 年版，第 70 页。
4.（明）贺钦：《医闾先生集》卷一《言行录》，辽沈书社 1984 年版，第 52—53 页。

癸亥，修筑清河等十一堡，建屯堡百十座，耕守应援相依，升署都督佥事，镇守辽东。设高平驿，以便行旅，修镇宁、镇夷二堡，筑边垣，起广宁至开原，长亘千里。[1]

嘉靖初年，辽东边备废弛，墙堡墩台圮毁严重，辽东巡抚李承勋对辽河套段长城进行了大规模修筑，《明史》中有详细记载：

以右副都御史巡抚辽东。边备久弛，开原尤甚，士马才十二，墙堡墩台圮殆尽。将士依城堑自守，城外数百里悉为诸部射猎地，承勋疏请修筑。会世宗立，发帑银四十余万两。承勋命步将四人各一军守要害，身负畚锸先士卒。凡为城堑各九万一千四百余丈，墩堡百八十有一。招一逋逃三千二百人，开屯田千五百顷。又城中固、铁岭，断阴山、辽河之交，城薄河、抚顺，扼要冲，边防甚固。[2]

此事在《全辽志》中也有记载："修筑边墙，自辽阳三汊河北，直抵开原，延亘五百余里，崇墉深壕，虏莫敢犯。"[3]

根据《辽宁省明长城资源调查报告》显示，目前辽阳市境内明代辽东长城主要分布于辽阳县西部临近辽河套地区，是明代辽东长城辽河套段重要组成部分。辽阳县明长城总长 39800 米，可分为 4 段。

1. （明）李辅等纂修：《全辽志》卷四《人物·韩辅》，辽沈书社 1984 年版，第 626-627 页。
2. （清）张廷玉等撰：《明史》卷一九九《列传第八七·李承勋传》，中华书局 1974 年版，第 5264 页。
3. （明）李辅等纂修：《全辽志》卷四《宦业》，辽沈书社 1984 年版，第 612 页。

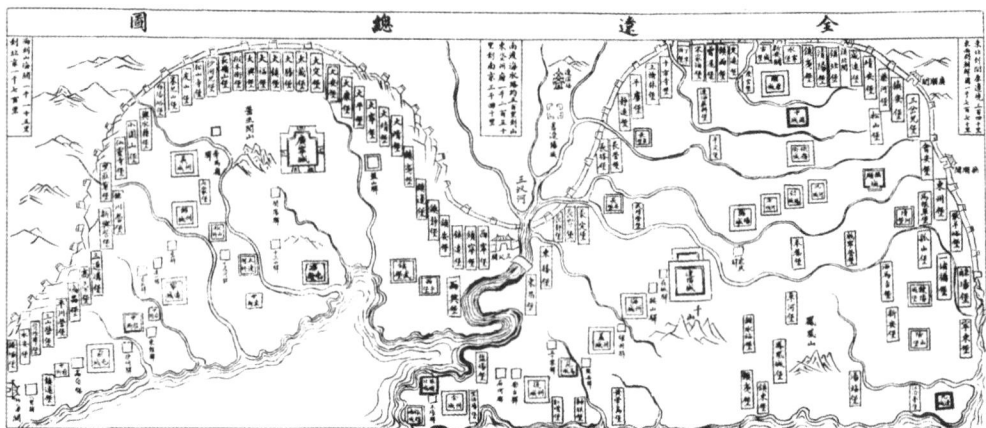

全辽总图（出自《全辽志》）

1. 兴隆台长城

起于小北河镇兴隆台村北1800米，止于黄泥洼乡西800米。起点高程19米，止点高程15米。走向西北—东南。北接辽中县境内的茨榆坨长城，南连黄泥洼长城。兴隆台1号烽火台、兴隆台2号烽火台、胡家台烽火台、北台子烽火台、河公台烽火台位于该段墙体内侧。北侧有浑河，中部有沙河，南侧有太子河。该段全长9200米，墙体地表已无存。

2. 黄泥洼长城

起于黄泥洼乡西800米，止于柳壕镇南边墙子村东北1500米。起点高程15米，止点高程4米。走向东北—西南。北接兴隆台长城，南连南边墙子长城。二弓台烽火台、三弓台烽火台、四弓台烽火台、五弓台烽火台、六弓台烽火台、八弓台烽火台位于该段墙体内侧。北侧有太子河，南侧有柳壕河。该段全长9000米，墙体地表已无存。

3. 南边墙子长城

起于柳壕镇南边墙子村东北1500米，止于柳壕镇南边墙子村内。起点高程4米，止点高程5米。走向东北—西南。北接黄泥洼长城，南连高力城子长城。南边墙子烽火台位于该段墙体南端内侧。北侧有太子河，南侧有柳壕河。该段全长1600米，墙体地表已无存。

4. 高力城子长城

起于柳壕镇南边墙子村内，止于穆家乡大台子村东南500米（辽阳、鞍山界）。起点高程5米，止点高程9米。走向东北—西南。北接南边墙子长城，南连鞍山市海城市境内长城。高力城子烽火台、谷家台烽火台、乔家台烽火台、陈家台烽火台、喜鹊台烽火台、二台子烽火台、大台子烽火台位于该段墙体内侧。西侧有太子河。该段全长20000米，墙体地表已无存。

第二节　辽阳市辽阳县境内明代堡城、站城

明代辽东地区修筑的堡城众多，是当时抵御临近少数民族南侵的重要防御工事。堡城是保卫长城沿线主要基层军事机构，每座堡城负责邻近一段长城及其附属的烽火台防务。堡城多设在长城内侧邻近外敌入侵区域，常选择既能够设伏兵，又能够攻击敌人的有利地形进行修筑。正统年间兀良哈三卫南迁，经常袭扰劫掠辽东，给辽东地区人民造成了巨大的损失，辽河套长城沿线堡城主要是抵御兀良哈三卫。辽阳县共调查堡城三座，即长安堡、长定堡、长宁堡，站城一座，即甜水站城。

1. 长安堡

长安堡亦称黄泥洼城，城址位于今辽宁省辽阳县黄泥洼镇黄泥洼村中心，为2级台地，城址处在地势较高的西侧台地，今为张姓及宗姓等村民（11组）住宅区。城中间是一条东南至西北向的壕沟，深2—3米，宽4—30米。东侧台地地势较低，

1. 参见辽宁省文物局编著：《辽宁省明长城资源调查报告》，文物出版社2011年版，第95-96页。

今为陈姓村民（12组）等住宅区。由于是居民区，其地文化层堆积混乱，在壕沟内有明代青砖残块，也有现代生活垃圾及砖瓦等，在陈姓村民家院子内地面上及周围墙上有很多明青砖，都是从西侧台地拆搬过来的。城址范围及地下情况不详。根据对该城址采集标本及《辽东志》《全辽志》、"二普"档案等资料分析，该地为明代辽阳境内长城主要驻军城堡之一，名为"长安堡"。堡城整体保存差，地面遗迹无存，城内格局不清，地表散见青砖残块。刘谦先生1979年曾对此地进行过调查，言："（长安堡城）又叫黄泥洼城，位于今辽阳市黄洼公社所在地，往年曾与罗哲文同志一起调查过这座城。城已毁，据当地人介绍，长安堡城就在现在的黄泥洼中学地方。在调查中，确实发现了该城的城角平台。在村后街，还发现有明砖。其城原来的规模，据《盛京通志》卷之十五《城池》条记载：'黄泥洼城，城（辽阳）西五十五里，周围二里。一门。'与《读史方舆纪要》记'长安堡在司（辽阳）西北五十里'相合。又据《辽阳县志·古迹·名胜》条记载：'黄泥洼城，城西北五十九里，九区界黄泥洼村，故址尚存，已平夷。'"[1]

《辽东志》《全辽志》对长安堡有详细记载，云：

长安堡，官军四百九十一员名，堡东地势平漫，临境李首中屯可按伏。菱角泊、孙家庄通贼道路，辽阳城兵马可为策应。袋儿湾南空、打鹰泊空、孙家庄南空、袋儿湾大墩、菱角泊小墩、孙家庄南小墩、沙窝儿小墩、段家桥、黄泥洼大墩、河南岸小墩、河北岸小墩、团湾儿小墩、大虫泊小墩、龙台虎伯大墩、虎伯南空墩、菱角泊南空小墩、打鹰泊小墩、团湾儿南空小墩、于家桥小墩、沙窝儿小墩。[2]

长安堡，原额官军四百二十员名。本堡原系提调四堡，嘉靖四十年抚按

1. 刘谦：《明辽东镇长城及防御考》，文物出版社1989年版，第106-107页。
2.（明）任洛等纂修：《辽东志》卷三《兵实志》，辽沈书社1984年版，第396-397页。

会题准改备御，议添兵马五百名。堡东地势平漫，临境李首中屯可按伏。菱角泊、孙家庄通贼道路。辽阳城马兵可为策应。虎北大台、虎北南空小墩、团湾儿小墩、团湾儿南空墩、大虫泊小墩、河北岸小墩、大虫泊南空墩、河南岸小墩、黄泥洼大台、黄泥洼南空墩、于家桥台、沙埚儿小墩、沙埚儿南空墩、菱角泊小墩、菱角泊南空。[1]

《辽东志》《全辽志》记载长安堡下辖多个带有"空"字样的"空墩"。辽东长城屯守防御系统中的"空"，指与"台"可以策应的堡城以下的"台空"，多设于山川或交通要隘处，统称为路口空和水口空。明代辽东辽河套段长城所经区域水网密集，这种"空墩"其实就是"河口空"。在外形上与一般的烽火台无大的区别，它的独特之处在于其空台位置，多置于河谷的交通要津，或长城墙体穿过的河谷要处。[2] 长安堡下辖烽火台中最为有名的是"黄泥洼大墩"，在《三朝辽事实录》中有多次提及，是军事要冲，现其地仍用其名，并以黄泥洼城代替长安堡之名。明代黄泥洼邻近兀良哈福余卫，"由黄泥洼逾沈阳、铁岭至开原迤西曰福余"。[3] 由于邻近兀良哈，长安堡在明代还一度开设有马市。史料记载："一复马市言辽东长安堡旧有马市，默存驭虏之权，且资戎马之利。后以叛服不常，诱而歼之，市遂以罢。"[4] 长安堡地处"通贼道路"，战略地位很高，设有备御一员。[5] 在明代长安堡屡遭外虏侵犯，《明实录》对此多有记载。弘治十五年（1502）九月，"虏五千余骑犯辽东长安堡掠杀人畜"。[6] 弘治十六年（1503）十月，"虏入辽

1.（明）李辅等纂修：《全辽志》卷二《边防》，辽沈书社 1984 年版，第 559 页。
2. 王绵厚、熊增珑：《关于明辽东镇长城防御体系的再探索》，《文化学刊》2011 年第 1 期。
3.《明神宗实录》卷四十六，万历四年正月丁未条。
4.《明穆宗实录》卷十一，隆庆元年八月庚子条。
5. 明兵部编：《九边图说》，《玄览堂丛书》，台北正中书局印行 1981 年版，第 8 页。
6.《明孝宗实录》卷一百九十一，弘治十五年九月甲午条。

东长安堡等处大肆杀掠"。[1]隆庆元年（1567）三月，"虏犯辽阳长安堡，备御指挥王承德引兵力战，中流矢死，官军多被创"；[2]万历九年（1581）四月，"虏克石炭、以儿邓、小歹青等聚众从长安堡深入。辽阳副总兵曹簠领兵驰追至堡东陷虏伏中。杀伤千总陈鹏、把总曹汝楫，阵亡官军三百一十七员名，射死马四百六十四匹，掳去男妇二百九十八口，牲畜粮米数百"；[3]天启元年（1621）三月，"西虏秒花陷长安堡"；[4]到了明末河东辽阳城失陷后，由于黄泥洼一带战略位置重要，临近三岔河，可通往河西广宁城，所以此地也是明与后金争夺的战略重点。史料载："广宁虽稍成城镇，然实不及江南一中县也。城在山隈，可俯首而窥聚族几何，可屈指而尽。所恃三岔河而黄泥洼，可褰裳而渡。"[5]又："辽抚王化贞言：虎墩兔憨因催兔捧黄台吉未到，先差黄把都儿领精兵一万堵往黄泥洼。"[6]

刘谦先生在《明辽东镇长城及防御考》中认为："该堡下属的长城，其西北部靠近太子河，西起南甸大队第五生产队一带地方，向东与长定堡北边的长城相衔接。长城经过的地点有七号台、六号台、五号台、四号台、三号台、二号台、黄泥洼台（即西坨大队）。这一段长城，都已倾颓，比平地略高出 1 米余，其墙基宽约 6 米。这段长城都是土筑。"[7]

2. 长定堡

长定堡城址亦称大川城城址，位于今辽阳县柳壕镇高力城村大川城自然屯。城墙已不存在，大川城 100 户村民都居住在城内，许多村民住宅就建在原城墙基上，从地势上看，城址区明显高于周围耕地。据"二普"档案资料记载："城分内城和外

1.《明孝宗实录》卷二百四，弘治十六年十月戊午条。

2.《明穆宗实录》卷六，隆庆元年三月乙酉条。

3.《明神宗实录》卷一百一十一，万历九年四月乙巳条。

4.《明熹宗实录》卷八，天启元年三月壬午条。

5.《明熹宗实录》卷十，天启元年五月己酉条。

6.《明熹宗实录》卷十六，天启元年十一月癸卯条。

7. 刘谦：《明辽东镇长城及防御考》，文物出版社 1989 年版，第 107 页。

城，内城墙上都是居民住宅，内城墙基基本完好，外城墙遭严重毁坏，东西夷为平地。西北可辨，遗迹有残墙址，城中出土过铜镞、铠甲片、明砖、绳纹砖，暴露遗物有砖、瓦残片、白灰渣，外城南北长500米，东西宽470米，内城南北长300米，东西宽270米。"目前，在南、北外城墙基上都被居民建了住宅，许多村民以明青砖砌筑围墙。城址周围都有明青砖散布，东外城地面堆积大量残破明青砖，据当地居民介绍，内城是以外城东南角为基点在城内筑墙而成的。《奉天通志》记载"高丽营子村为明边堡长定堡故址"，又根据采集的明青砖标本及查阅《辽东志》《全辽志》及"二普"档案，确认该城址即为明代驻兵城堡之"长定堡"。

长定堡遗址现状

另据刘谦先生1979年调查，长定堡"位于今辽阳市柳壕公社高力城大队第三生产队所在地。城西1.5公里尚有汉城遗址，明长城从此处经过，建立了传烽台，叫船厂大台。它附近尚有一大平台（今大队办公室所在地），是元代的养鹰所"。

《辽东志》《全辽志》对长定堡均有记载：

1. 刘谦：《明辽东镇长城及防御考》，文物出版社1989年版，第104—105页。

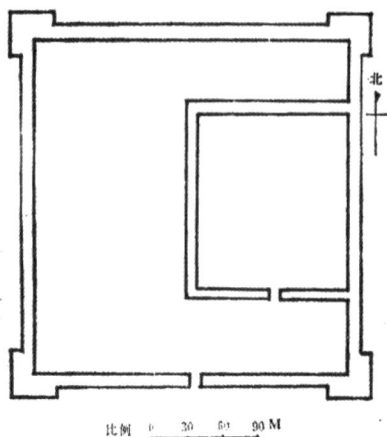

刘谦《明辽东镇长城及防御考》所绘长定堡
平面图

长定堡，嘉靖八年添设官军五百一十五员名，于得胜营及安、宁、静三堡分拨。菱角泊小墩、新麻泊小墩、旧麻泊小墩、新打鹰小墩、大打鹰小墩、小打鹰泊小墩、南水口小墩、袋儿沟大墩、孙家庄小墩、船城大墩、北水口小墩、平泊小墩。[1]

长定堡，官军四百一十一员名，于得胜营及安、宁、静三堡分拨。孙家庄小墩、北水口小墩、火儿湾大台、南水口小台、小打鹰泊小墩、刘刚口小墩、大打鹰泊小墩、新打鹰泊小墩、旧马泊小墩、新马泊小墩、船城大台、沙沟儿小墩、菱角泊小墩、平泊小墩。[2]

长定堡虽然只是明辽东长城一座普通堡城，但历史上有名的"长定堡杀降邀功"事件，却让其名声大噪。万历六年（1578）三月，车营游击陶承誉向朝廷奏报他率将士浴血奋战斩杀入侵的土蛮士兵之事。捷报送到朝廷，万历皇帝更是率领群臣祭祀宗庙，感谢上天和祖宗的护佑，认为是朝野上下和前方将士共同努力的结果，随后大肆封赏。《明史》对此记载云："三月，游击陶承誉击敌长定堡，献馘四百七十有奇。帝已告谢郊庙，大行赏赉。"[3] 结果不久真相大白于天下。"有言所杀乃土蛮部曲，因盗牛羊事觉，惧罪来归，承誉掩杀之。给事中光懋因请治承誉杀降罪，御史勘如懋言。兵部尚书方逢时，督抚梁梦龙、周咏先与承誉同叙功，力为

1.（明）任洛等纂修：《辽东志》卷三《兵实志》，辽沈书社 1984 年版，第 396–397 页。

2.（明）李辅等纂修：《全辽志》卷二《边防》，辽沈书社 1984 年版，第 559 页。

3.（清）张廷玉等撰：《明史》卷二三八《列传第一二六·李成梁传》，中华书局 1974 年版，第 6185 页。

解。卒如御史奏，尽夺诸臣恩命。"[1]原来，陶承誉所杀为土蛮部阿丑哈等人，他们因偷窃土蛮牛羊，事情被发觉而害怕被治罪，所以率众投降明朝。陶承誉假意犒劳他们而趁机将他们屠杀，但陶承誉向朝廷虚报为斩杀入寇土蛮军队，即所谓"长定堡大捷"。《明神宗实录》中对此有详细记载，云：

> 命勘定长定堡杀夷功罪，兵科给事中光懋追论辽阳车营游击陶承誉往日长定之捷邀功生事。谓所杀夷人阿丑哈等，原近边属夷，后为土蛮部落。因偷土蛮牛羊，事觉惧罪，于六年三月十四日率众来降。十七日，陶承誉假以犒赏，号召掩其不备，而捶杀之，宜坐以杀降之罪。[2]

"长定堡杀降邀功"闹剧之后，万历皇帝最终追回对兵部尚书及蓟辽总督、辽东巡抚、总兵，包括辽东地方众多官员的封赏，"卒如御史奏，尽夺诸臣恩命"。辽阳地区出土有《明海盖左参将镇国将军李澄清墓志铭》，经研究考证，墓志铭主人海盖参将李澄清当年也参与其中，最后也因此事被惩处撤职[3]。虽然志文闪烁其词，多有隐讳，但《明神宗实录》记载详细，云：

> 先是万历六年十二月，虏犯耀州虎獐屯等处，杀虏甚多。巡按御史安九域参原任辽东车营游击、副总兵因被参长定堡杀降邀功，革任陶承誉。彼时策应有违法当重拟。海盖参将李澄清、守备徐维翰等一十三员当分别治罪，部覆奉旨提问。[4]

1.（清）张廷玉等撰：《明史》卷二三八《列传第一二六·李成梁传》，中华书局 1974 年版，第 6185 页。

2.《明神宗实录》卷八十四，万历七年二月丁丑条。

3. 李智裕：《〈明海盖左参将镇国将军李澄清墓志铭〉考释》，《旅顺博物馆学苑》，科学出版社 2021 年版，第 46 页。

4.《明神宗实录》卷八十七，万历七年五月戊午条。

《明辽东镇长城及防御考》记载："该堡下属的长城，南起该村小学校南部的大田地之中（当地人称之为老边），向西距长定堡城15公里至高力城大队所在地，与船城大台相衔接；东北至长安堡（黄泥洼）止。这里长城城墙多坍塌，仅存土基。基宽约6米。长城外的堑沟多不存在。"[1]

3. 长宁堡城

长宁堡城，又为唐马寨城址，位于辽阳县村唐马寨镇镇政府地下，南接运粮河，西侧为唐马寨村公路。根据《奉天通志》记载："唐马寨村堡……明时为长宁堡地。"20个世纪刘谦先生调查认为，长宁堡城位于今辽阳市西唐马寨公社所在地，也叫唐马寨城。城为方形，原用砖修筑，拆除的城墙砖尚堆积在当地住户的墙下。就墙基观察，每边各长约250米，基宽约3米。唐马寨学校东南的小河就是唐马寨城的北护城池。据《盛京通志》卷十五《城池·辽阳州城池》条记载："唐马寨城，城西五十五里，周围二里四十步，南一门。"这与现在城址规模相似。为什么说唐马寨城是长宁堡城呢？据《全辽志》卷二《边防·长宁堡》条下的边台中记有"塔马寨大台"，此处"塔马寨"就是唐马寨的早期名称（塔、唐音近）。按，笔者在调查义州卫的六堡时，就曾遇到边堡的改名问题。塔马寨名称存在于长宁堡相关的记载中，说明长宁堡城有可能是唐马寨城的改称（清乾隆时《盛京通志》的相关记载中，也只写唐马寨城，而不写长宁堡城），唐马寨城是长宁堡城的早期名称。该堡下属的长城，大部分被太子河水所冲掉（因长城筑于太子河东岸附近），现仅存部分遗址，如南边墙等。长城上的边台，有的名称尚存在，如喜鹊台（见《全辽志》卷三《边防·长宁堡》），此也为唐马寨城即长宁堡城做了佐证。[2]

据"二普"档案资料记载，唐马寨城址是在1982年"二普"调查时发现的，城墙已不存在，城址现已成为村落及公社机关房屋所在地，城址长120余米，宽80

1. 刘谦：《明辽东镇长城及防御考》，文物出版社1989年版，第105页。
2. 刘谦：《明辽东镇长城及防御考》，文物出版社1989年版，第104页。

余米，大量灰色大砖和白灰露于地面，大砖有的被住户用来砌围墙、小仓房等。此城址为明代城堡，当地群众传说为唐太宗征东时养马的寨子。目前，经实地调查，测量城址东西长200米，南北宽180—200米，城址接近方形，地势明显较周围高，在城址周围散布大量明青砖残块，青砖被村民用于砌墙或建房，另外城北残存东西方向长150米、宽约13米的护城河。[1]

《辽东志》《全辽志》中对长宁堡有详细记载，云：

> 长宁堡，官军四百一十九员名。堡东地势平漫，临境平佃堡屯可按伏。清泥湖、宫猪泊、菱角泊通贼道路，辽阳城兵马可为策应。塔麻大墩、清泥湖小墩、通江泊小墩、喜鹊窝墩、蟹儿泊小墩、宫猪泊小墩、燋柴湖墩、鸭子泊小墩、新清泥湖小墩、白羊泊墩、马蹄泊小墩、旧打鹰泊小墩。[2]
>
> 长宁堡，官军三百员名。堡东地势平漫，临境平佃堡可按伏。清泥湖、宫猪泊、菱角泊通贼道路，辽阳城兵马可为策应。旧白羊小墩、鸭子泊大台、烂柴湖小墩、宫猪泊小墩、蟹儿泊小墩、塔马寨大台、通江泊小墩、旧清泥小墩、新清泥小墩、喜鹊窝小墩、马蹄泊小墩、老鸦庄台、李七堡台。[3]

由于长宁堡位于"通贼道路"，战略位置重要，在明代其地曾发生多次激战，《明实录》对此多有记载。弘治十六年（1503）二月，"辽东东宁卫指挥佥事刘本，坐贼入长宁堡失防御，下巡按御史逮问"；[4] 隆庆二年（1568）七月，"升赏辽东前屯三道沟等处获功阵亡官军一百四十人，长宁堡获功阵亡官军七十八人"；[5] 万历九

1. 刘化天、李崇新、何向东编著：《辽阳县文物略》，沈阳出版社2021年版，第57页。
2.（明）任洛等纂修：《辽东志》卷三《兵实志》，辽沈书社1984年版，第396页。
3.（明）李辅等纂修：《全辽志》卷二《边防》，辽沈书社1984年版，第559页。
4.《明孝宗实录》卷一百九十六，弘治十六年二月庚戌条。
5.《明穆宗实录》卷二十二，隆庆二年七月辛亥条。

年（1581）正月，"虏出境。初九日虏二百余骑犯辽阳长宁堡"；[1]万历九年（1581）六月，"论锦州等处及辽阳长宁堡失事罪"；[2]万历九年（1581）七月，"录辽东锦州大福堡、辽东长宁堡，有功阵亡员役熊全等一百九十二名，升赏追赠有差"；[3]万历四十七年（1619）十二月，"西虏五万结聚养膳木。昨又近至长宁堡边外"。[4]

4. 甜水站城

甜水站城，为"东八站"之一，明、清两代朝鲜使臣出使中国需经行此处站城。其址位于今辽阳市辽阳县甜水满族乡甜水村1、2、5组居民区及耕地中。根据咸丰七年（1857）《岫岩志略》记载："甜水站，城西一百八十里，周围三里九十步，南北二门，南曰甜水堡，有塔。"[5]"塔"当为今天的塔湾塔，甜水站城附近有甜水河，也叫兰河。民国修撰的《辽阳县志》记载："城东南九十里甜水站有土城。城四门，方里许。今已颓，仅存遗迹。"[6]

《燕行录全集》中对明代甜水站城多有记载和描述。洪武年间朝鲜使臣权近出使明朝途经甜水站，守堡百户王礼设酒款待，权近有诗道："我行来自远，今日见王官。白阁临青野，丹枪映碧峦。迎门如旧识，设酒便同欢。四海皆兄弟，须知帝度宽。"[7]建文年间，朝鲜使臣李詹在此住宿，也曾留有诗句："男儿弧矢日，始有四方心。天地谁知大，江河要识深。孤云政在留，寒鸟已依林。行远未投馆，斜阳问路深。"[8]学者认为，甜水站是元代留下的驿站，明朝初年加以利用，后来进行过维修，但由于缺少记载，具体维修时间很难确定。从记载来看，此城比一般的站城要

1.《明神宗实录》卷一百八，万历九年正月癸酉条。
2.《明神宗实录》卷一百一十三，万历九年六月丁酉条。
3.《明神宗实录》卷一百一十四，万历九年七月丁丑条。
4.《明神宗实录》卷五百八十九，万历四十七年十二月甲寅条。
5.（清）台隆阿：《岫岩志略》卷三《舆地志》，辽宁民族出版社1999年版，第8页。
6. 裴焕星等撰：《辽阳县志》卷六《古迹名胜》，奉天第二工科职业学校印。
7.［朝鲜］权近：《奉使录》，见林基中辑《燕行录全集》第1册，韩国东国大学校出版部2001版，第162页。
8. 杜宏刚等辑：《韩国文集中的蒙元史料》下册，广西师范大学出版社2004年版，第688页。

甜水站城遗址

大，可能因元代即如此，也可能明代在这里设铁场百户所，故面积要大些。[1] 1958年辽阳县甜水站出土金代铜官印"勾当公事龙字号之印"，[2] 据此推测甜水站在金代也是通往辽东东部地区的重要交通驿站。

明嘉靖年间甜水站城曾遭受屠戮劫掠。根据朝鲜使臣赵宪《朝天日记》记载，万历二年（1574），"站旧城差广，嘉靖丙辰年，有达贼来围，竟屠其城，杀戮殆尽，贼去后不能守城，退筑而小之。有一老人创痕甚大，问何以免死乎？曰积尸身上，贼来以剑触之，疑皆死人，故得免也"。[3] 朝鲜使臣许篈也在《荷谷先生朝天记》中记载，万历二年，"（甜水站）旧则极大，嘉靖辛酉五月二十七日，达子陷其城，尽抢人民，教今狭小，其制令其易守"。[4] 嘉靖丙辰年为嘉靖三十五年（1556），嘉

1. 张士尊：《纽带——明清两代中朝交通考》，辽宁人民出版社 2012 年版，第 190 页。
2. 李智裕、高辉：《辽阳博物馆馆藏两方金代铜印考释》，《辽金历史与考古国际学术研讨会论文集》，辽宁教育出版社 2011 年版，第 499–500 页。
3. [朝鲜] 赵宪：《朝天日记》，见林基中辑《燕行录全集》第 5 册，韩国东国大学校出版部 2001 版，第 149–150 页。
4. [朝鲜] 许篈：《荷谷先生朝天记》，见林基中辑《燕行录金集》，韩国东国大学校出版部 2001 版，第 463–464 页。

勾当公事龙字号之印

靖辛酉年为嘉靖四十年（1561），两者相差五年。查阅《明实录》，嘉靖丙辰年和辛酉年均没有关于甜水站遭到屠戮的记载，这一情况不禁让人疑窦丛生，或许是《明实录》疏漏未记所致。根据《明实录》记载，嘉靖四十五年（1566）五月，外虏由西平方向进犯，掳掠碱场、甜水站等处，甜水站损失惨重。"壬辰，虏自辽东西平出边，转掠河东碱场、甜水站等处。清河守备郎得功引兵扼之于张能峪口，大战斩首七十五级，驱还。虏掠甚众。"[1]据此推测朝鲜使臣赵宪、许葑对这一事件的发生时间记载有误，甜水站惨遭掳掠很有可能发生在嘉靖四十五年（1566）五月。

经过嘉靖末年掳掠屠城之后，到了万历年间甜水站城人口已经恢复。根据朝鲜使臣裴三益《朝天录》记载，万历十五年（1587），甜水站"城中人居稠密"。到了万历末年，根据朝鲜使臣记载，甜水站生齿日繁，而其城外老松颇为奇绝，让人印象深刻。万历四十七年（1619），朝鲜使臣李弘胄《黎川相公使行日记》记载："甜水站，当于路周，城制则与前站一样，穿过堡中，城外有关王庙。卸轿升庙，庙屋三间，各设塑像。庙前有一株松，虬枝蟠屈，荫庇一庭。庙宇嵬设于甃筑之上，其下作虹门，地位高绝，自然清爽，松枝悬一古钟，撞之声甚清亮。"[2]万历四十八年（1620），朝鲜使臣黄允中《西征日记》记载："甜水站城内人家，比连山倍多。西门外别筑小城方正，上种老松为游观之所，颇奇绝。"[3]

1.《明世宗实录》卷五百五十八，嘉靖四十五年五月壬辰条。
2. [朝鲜] 李弘胄：《黎川相公使行日记》，见林基中辑《燕行录金集》第 10 册，韩国东国大学校出版部 2001 版，第 29 页。
3. [朝鲜] 黄允中：《西征日录》，见林基中辑《燕行录金集》第 16 册，韩国东国大学校出版部 2001 版，第 24 页。

第三节　辽阳市辽阳县境内明代烽火台

在辽阳市辽阳县境内主要分布有三条明代烽火台传递路线：一条是通向西部辽河套长城沿线的烽火台群体；一条是通向旅顺口、山海关方向的南部烽火台群体；一条是通向东部的东八站驿路烽火台群体。万历三十八年（1610），朝鲜使臣郑士信在《梅聪先生朝天录》中对烽火台有详细记载，云："自此（首山铺）至山海关，必五里每设烟台一二处，相望为式，在在一样云。烟台者瞭望详息，出烟气通报，兼筑高堞，使行旅仓促得避凶锋抢掠者也，其制之倒真奇哉。"[1] 其中记载的是通向南部山海关方向的烽火台群体。民国时期《辽阳县志》记载："陆路出城东，由鹅房分二支，南支由枯榆树、高丽村、望宝台、大小石门岭至汤河沿。经头关站、金宝湾、逾马蹄岭循河东南至浪子山。再东经二道河、青石岭、三道岭至甜水站。又东越摩天岭，计行百二十里入本溪界连山关。"[2] 此条路线方位与明代东八站辽阳段大体相同，其沿途也分布有烽火台群体。初步统计辽阳县共发现烽火台28座。

1. 首山烽火台遗址

首山烽火台遗址位于辽阳县首山镇马伊屯村东首山顶部。民国时期《辽阳县志》记载："（首山烽火台遗址）踞首山之巅，四周以砖石，高广方二丈有余。"[3] 据"二普"档案资料记载，首山烽火台是由解放军同志交送发现资料，并于1981年5月"二普"队员调查，烽火台残高5米，是明代烽火台，采集有铁箭头一件。目前，

1. ［朝鲜］郑士信：《梅聪先生朝天录》，见林基中辑：《燕行录全集》第9册，韩国东国大学校出版部2001版，第266页。

2. 裴焕星等撰：《辽阳县志》卷二《山川》，奉天第二工科职业学校印。

3. 裴焕星等撰：《辽阳县志》卷六《古迹名胜》，奉天第二工科职业学校印。

烽火台台体尚存，呈正方形，底边长12米，顶部坍塌，残高5米，西侧及西南、西北侧坍塌较严重，东侧保存较完整，从东侧观看，由底向上2.9米用山石垒砌，再向上用青砖砌筑，最高处残存7行青砖，青砖长40厘米、宽20厘米、厚11厘米。北侧偏东是近代修建的砖混结构槽式通道。烽火台是外罩砖石、内为夯土的结构。顶部建有航标三脚架及航标灯，东30米为中华人民共和国成立后修建的三层小楼，是东北电网监测站。此烽火台位于辽阳城南首山山顶，居高临下便于瞭望，是辽东南向驿路与辽阳城之间的烽火台之一。首山烽火台作为明代辽阳城外围烽火台，所处位置十分重要。另据《辽东志》"辽东都司治卫山川地理图"以及《全辽志》"辽阳镇境图"所示，在首山山顶位置绘制有墩台建筑，标记有"首山墩"字样[1]，推测

首山烽火台遗址现状

1.（明）毕恭等纂修：《辽东志》卷一《辽东都司治卫山川地理图》，辽沈书社1984年版，第353页；（明）李辅等纂修：《全辽志》卷一《辽阳镇境图》，辽沈书社1984年版，第499页。

"首山墩"即为今首山烽火台遗址。

2. 首山站烽火台遗址

首山站烽火台遗址，位于辽阳县首山镇首山站村馒头山东40米。此烽火台残存高度为3米，底径8米，西侧被毁坏，能清晰看到由山石砌成的基础，高为1.3米，上面为青砖砌筑，青砖残留4层，高0.5米。从层次关系看，烽火台外包砖，内为夯土。从遗留的青砖及烽火台结构分析，此烽火台为明代军事建筑设施。明代朝鲜使臣出使明朝时，也有关于首山站烽火台记载。万历三十八年（1610），朝鲜使臣郑士信经过此地，其记载道："发行过首山堡，驻跸山南，逾首山岭，岭亦平地而别无高峻之处，岭下路右始见烟台。"[1] 其中所言"岭下路右始见烟台"，推测即为首山站烽火台，此台也是辽东南向驿路与辽阳城之间的烽火台之一。

首山站烽火台遗址现状

---

1. ［朝鲜］郑士信：《梅聪先生朝天录》，见林基中辑：《燕行录全集》第9册，韩国东国大学校出版部2001版，第266页。

3. 魏家沟烽火台遗址

魏家沟烽火台遗址位于辽阳县首山镇马家庄村魏家沟，北100米为台沟后山。据"二普"资料记载，魏家沟台址是一个突出地面的高台，外用不规则石块垒砌，内填土，残存高度5米、长10米、宽10米，是明代瞭望台。当地群众介绍说，此台同沟里的古墓葬是同期建筑物，古墓有陵园，尚存墙基、门柱础石、墓碑座等，其地俗称"将军坟"。目前此台址呈三层台分布，一层为玉米地，二层为山石垒砌方型平台，三层也是山石牟砌平台，平台顶部四周为山石，中间为黄土作为耕地，烽火台外包山石，内为夯土，现残高3米，顶部呈不规则方形，南北残长7米，东西残长5米。此台址应为明代腹里接火台，推测此台是连接辽河套段长城与辽阳城之间的烽火台之一。

魏家沟烽火台遗址现状

4. 响山子烽火台

响山子烽火台遗址位于辽阳县首山镇响山子村（原兰家乡响山子村）西北600

米处的响马山顶部。据"二普"档案资料记载："响山子台址是1980年4月7日'二普'调查时发现，城堡位于响马山顶，呈方形，长30米，宽33米，域堡中间地面凹向下，深2米至3米，城墙只存墙基，墙宽1.5米，墙外半山腰围绕壕沟，原深4米，上宽2米，现几乎填平。城堡为明代军事建筑，当地传说古时响马镇守此城。"目前，响山子烽火台址与"二普"时相比无太大变化，环半山腰的壕沟是解放战争时期修筑的战壕，山顶凹向下城堡是战争期间拆毁原建筑修建的防御工事，山顶与半山腰共两层战壕，山顶原军事建筑疑为明代烽火台。

响山子烽火台遗址现状

5. 东堡烽火台遗址

东堡烽火台遗址位于辽阳县刘二堡镇东堡村东南1.5千米处，台址尚存，在博丰苗圃四工区，北205米为202国道。台址残存高度为5米，台体南部坍塌，台顶与底都呈不规则圆形，顶径为3米，底径为8米，台址周围散布明砖残块，以及辽、金瓷片等，采集的标本有残破明砖、明万历通宝铜钱1枚，辽、金瓷片、勾纹砖残块等。据采集标本、"二普"档案及《辽东志》《全辽志》记载分析，此台址应为明代腹里接火台。推测此台是连接辽河套段长城与辽阳城之间的烽火台之一。

东堡烽火台遗址现状

6. 北台烽火台遗址

北台烽火台遗址位于辽阳县柳壕镇蛤蜊坑村2组李、刘两姓居民住宅下，面积约2000平方米，两家住宅都是厢房，面向西南，方向是南偏西40度，在李姓居民住宅前院及东侧院墙上有许多明砖，明砖规格不同，有长38厘米、宽18厘米、厚11厘米和长31厘米、宽14.5厘米、厚10厘米等规格青砖。据当地村民介绍，这些青砖都是建房时挖基础挖出来的，有很多，此地以前是一个方型台子，俗称"北台子"。根据采集的标本、地面遗留的明青砖及《辽东志》《全辽志》记载分析，该遗址应为明辽东长城内侧烽火台。

北台烽火台遗址现状

7. 二道河山城遗址

二道河山城遗址位于辽阳县寒岭镇二道河村西北 400 米处的大背山东起第三座山峰峰顶。据"二普"档案资料记载："二道河山城为 1980 年 4 月 15 日'二普'调查时发现，山城保存基本完好，为明代所建，此城是砂岩石砌筑，椭圆形，墙宽 1 米左右，城外看高约 2 米，西部有二级台阶好像是城的出口，在离二级台阶西侧，人工断开近 2 米宽，1 米深的山沟，是战略防御用的，城内几乎用乱石填满，山城始建于明代，当地群众传说此山城为高句丽建造。"目前，山城保存基本完整，同"二普"调查时相比没有多少变化，山城呈西南至东北走向，经测量，山城长 17 米、宽 3.7 米。南部城墙残高 2.2 米、宽 1.8 米。西南端城墙向外为两层台结构，一层台较高，宽 3.1 米，二层台较低，宽 3.5 米，再向外为人工开凿成的宽 2 米、深 1 米的山沟。东北部城墙向下为陡峭山崖，二道河山城可能是明代一处烽火台。此处城址邻近通往本溪境内蒿甸子古道。根据《辽阳县志》记载，此条古道为明、清时期通往本溪的驿路。[1] 推测二道河山城烽火台与蕨窝水库西岸的弓长岭区南沙烽火台、朴沟烽火台等构成群体，由此推测蒿甸子古道西与"耿家屯—小屯"一线相连抵达辽阳老城，从而构成完整交通线。

8. 古城子城遗址

古城子城遗址，位于辽阳县隆昌镇隆昌村9组。据"二普"档案资料记载："古城子城堡是1980年3月12日'二普'调查时发现，为明代城堡，早已颓塌，仅存2米高的高台。"目前，古城遗址仍高于周围地势，西北角比较明显，残存高度2米，土墙周围为倒塌的乱石，有一段石墙保存较好。土台上面有隆昌村9组的五家住宅。遗址范围为南北长70米、东西长70米。

9. 张家烽火台遗址

张家烽火台遗址位于辽阳县河栏镇张家村姜家堡台山顶，南俯视距离260米为河栏至青石岭公路，公路南侧为兰河（2006年始建引兰人汤工程）。烽火台坐北朝南，用山上灰色页岩垒砌，呈不规则圆形，残高17米，顶径2.8米，底径6米。页岩已经风化破碎向下堆积，从烽火台东南方向能辨别出人工垒砌痕迹。据《辽阳县志》相关记载及对页岩垒砌方式的分析，可判断为明代烽火台。此处烽火台位于汤河水库南岸，地理位置险要。毗邻明代辽东交通孔道"东八站"中"青石岭—浪子山"一线，此区域也是明代朝鲜使臣出使明朝经行之地。

根据《明宪宗实录》记载，朝鲜使臣为了躲避建州女真劫掠，向明朝请求开辟新的贡道路线。最后根据巡抚辽东都御史王宗彝等人建议，于凤凰山等处修建凤凰城等多处城堡，以防止建州女真在此区域的劫掠从而保护朝鲜使臣往来安全。史料云："如此，则自辽阳直抵朝鲜烽燧联络，首尾相应"，[2] 颇有意义。不难看出从辽阳至朝鲜"东八站"贡道沿线，明朝修建辽东烽火台群体已成为体系。张家烽火台与

---

1. 裴焕星等撰：《辽阳县志》卷二《山川》，奉天第二工科职业学校印。
2.《明宪宗实录》卷二百十六，成化十七年六月辛未条。

山咀子烽火台、辽阳四方台烽火台、蛮子沟山城共同构成烽火台群体，对此条交通路线起到保护作用。

张家烽火台遗址现状

10. 山咀子烽火台遗址

山咀子烽火台遗址位于辽阳县河栏镇后台村（当地称"山咀子"）村民住宅西70米处山顶。烽火台呈方形，残高1.2米，东西残宽4米，南北残长5米，以山上黄绿色页岩垒砌，从烽火台南面看有明显垒砌痕迹，北面为缓坡。据《辽阳县志》相关记载及对垒砌方式分析，认为此烽火台为明代烽火台。此处烽火台位于汤河水库南岸，毗邻明代辽东交通孔道"东八站"中"青石岭—浪子山"一线，此区域也是明代朝鲜使臣出使明朝经行之地。

11. 高力城烽火台遗址

高力城烽火台遗址位于辽阳县甜水满族乡王家村寒河公路西侧高力山顶部。据"二普"档案资料记载："王家村高力城为1980年4月'二普'调查时发现，此山城建于高力山顶部，是一个防御山城，城廓不规正，把石头凿成一个高1.7米，宽70厘米的城门，西墙和北墙用乱石堆砌而成，北借一石山，东、南两侧利用断崖，此山与其他山相接处凿一道沟槽设障。"目前，此山城与"二普"调查时高力城烽火台城门相比无明显变化，在山城东8米处山顶有一株古油松，古松主干周长1.7米，高6.5米，树冠半径为5米。根据城址位置、筑城方式，王家村高力城可能是一处明代烽火台。

高力城烽火台遗址现状

12. 蛤蜊坑村烽火台遗址

蛤蜊坑村烽火台遗址位于辽阳县柳壕镇蛤蜊坑村1组任姓及韩姓居民住宅下，面积约2000平方米，两家住宅当地属于正房，方向南偏东40度，在任姓居民住宅后与韩姓居民住宅交界处的砖墙上和周围，散布有明青砖。据村民介绍，这些青砖是建房时挖基础挖出的，现在住房下面还有很多这样的青砖，以前此地是一处方形土台。根据采集的标本、地面遗留的明青砖及《辽东志》《全辽志》项关键记载分析，该遗址应为明辽东长城内侧烽火台。

蛤蜊坑村烽火台遗址现状

13. 长大台烽火台遗址

长大台烽火台遗址位于辽阳县柳壕镇高力城村村委会所在地，台址为土台，地势明显高于周围，土台下面西、北为耕地，北160米为柳壕河，东北方向67米为5组村民住宅区，东侧为5组村民住宅，东南130米为团大台遗址，西南接5组李姓村民宅院。

据"二普"档案资料记载："长大台遗址为1982年4月14日'二普'调查时发现，台址长90米，宽50米，地表散布绳纹砖、瓦当残片、铁镖、灰陶片等。1963年建变电所时将台体推去3米，北部因村民取土损毁严重。"目前，该遗址残存高度为7米，长与宽和"二普"时一致，台上有新建的高力城村委会，在台顶及台址周围散布有明青砖、汉绳纹砖及汉瓦残片，并于西南的李姓村民住宅围墙上发现汉绳纹砖，从地面遗物、收集到的标本及《辽东志》《全辽志》相关记载分析，该土台应为明代军事设施遗址，并与一汉代聚落址部分叠压。

14. 团大台烽火台遗址

团大台烽火台遗址位于辽阳县柳壕镇高力城村西北 130 米处。据"二普"档案资料记载："团大台遗址为 1982 年 4 月 14 日'二普'调查时发现，台体呈圆形，基本完好，直径 18 米，高 12 米，周围已遭破坏，夯土层清晰可辨，台体顶及周围散布砖、瓦、陶器残部等。"目前，台体与"二普"时基本一样，顶部有航空坐标铁架，台体残高 10 米，顶部东西长 9 米、南北宽 6 米，底部东西长 24 米、南北宽 16 米，北部由于取土暴露明显夯土层，每层约 10 厘米，在台址周围散布大量明代青砖，北边的明姓村民用明代青砖砌院墙、铺地，地表采集标本有明青砖，面饰绳纹、里饰布纹的瓦当残片，灰陶残片，灰陶陶器口沿等。据采集标本特征分析及《辽东志》《全辽志》、"二普"资料的相关记载，此台址为明代烽火台遗址，台址周围有汉代遗物。推测此台是连接辽河套段长城与辽阳城之间的烽火台之一。

团大台烽火台遗址现状

15. 黄青堆子烽火台遗址

黄青堆子烽火台遗址，位于辽阳县穆家镇黄青堆村。据"二普"档案资料记载："黄青堆子台址为1982年4月17日'二普'调查时发现，占地面积为长20米，宽15米，仅存一座高出地面1米左右的圆形土堆，遗存有青砖残块及白灰渣。此台址为明代夯土墩台，当地传说此台址原为杂草丛生的大土台子，后来成为高于地表的耕地。"目前，遗址分布面积100平方米，地势较周围高，地面遗存有5块山石，村民介绍是墩台基础石，现圆形土堆已消失成为耕地，无其他遗物遗迹。黄青堆子烽火台遗址临近明代长宁堡城（唐马寨城址），推测是明代腹里接火台，此台是连接辽河套段长城烽火台之一。

黄青堆子烽火台遗址现状

16. 古家台烽火台遗址

古家台烽火台遗址，俗称古台子。位于辽阳县唐马寨镇刘家村。据"二普"档案资料记载："古家台烽火台遗址为1982年4月16日'二普'调查时发现，占地面积为长35米、宽30米，墩台上部已不存在，仅存在从墩台上挖出的大青砖、大石块等堆积在南面民房的北墙根，此台址为明代墩台。据说在此台南300米处还有一台，现为民房所占，已看不出痕迹。"目前，该遗址处在三层台地之上，东、南方向为1组村民住宅，西侧为一层台地，属于耕地，北为二层台地，原第三生产小队队部坐落在此二层台地上，再向北为一层台地属于耕地，一层台地北接南沙河左岸大堤，遗址南北长41米，东西宽35米，残存高度为3米。遗址四周散布明青砖，东、南方向村民的院落围墙是用明青砖砌筑，采集标本有明代青砖。据采集标本及《辽东志》《全辽志》相关记载分析，确认该遗址为明代辽东长城内侧烽火台遗址。

古家台烽火台遗址现状

17. 乔家台烽火台遗址

乔家台烽火台遗址位于辽阳县唐马寨镇南坨村李姓村民住宅下，据当地村民介绍，此地原来有一高台，俗称乔家台，后来有人在上面建房，其高度变矮，李姓村民住宅房为南偏东10度的厢房，南坨村部分村民住宅分布在一条由东北至西南走向的高岗之上。据当地村民介绍，这条高岗俗称"边墙"，即辽东长城城基，比周围地势要高，居民住宅朝向基本一致，台址现残存高度为5米，东西长33米，南

北宽 18 米，在李姓村民住宅前后散布少量明青砖碎块，据采集的明代青砖标本和《辽东志》《全辽志》的相关记载，确认此台址为明代辽东长城内侧烽火台遗址。

乔家台烽火台遗址现状

18. 南甸子城遗址

南甸子城遗址位于辽阳县黄泥洼镇南甸子村娘娘城屯东 300 米处，东北 1.7 千米为黄泥洼镇政府所在地。据"二普"档案资料记载："南甸子城堡，遗迹范围为长 60 米，宽 50 米，该处有少量黑灰土及明代青色砖瓦残块，以前修梯田时曾挖出大量青砖运往别处使用。"目前，遗址为两块土台，土台南北长 75 米，东西宽 22 米，存高 0.9 米，东、南、北三面是水田，西侧是一块坟地，东边 60 米处还有一块长满荒草面积较小的土台。在土台地表发现一些青砖块。从地面遗物及"二普"档案的相关记录，判断该处应是明代驻军城堡遗址。

南甸子城遗址现状

19. 西坨子烽火台遗址

西坨子烽火台遗址位于辽阳县黄泥洼镇西坨子村孟姓居民住宅下，东800米为黄泥洼镇政府所在地。该遗址南北长40米，东西宽35米，在居民住宅后地面，有许多明青砖残块，并据该宅院主人介绍，在挖房基础时曾挖出许多完整的和残破的青砖，此处地势比周围要高。从收集到的标本及《全辽志》相关记载分析，可知此遗址为辽东长城内侧烽火台遗址。

20. 二弓台烽火台遗址

二弓台烽火台遗址位于辽阳县黄泥洼镇南甸子村二弓台屯姜姓居民住宅后面。遗址范围南北约40米，东西约30米，姜姓居民宅后是砖墙及其邻居栅栏，在墙及栅栏下面分布许多明代青砖残块，据宅主人介绍，这些砖块都是挖围墙及栅栏基础时挖出来的，当时此处地势比周围高。通过对采集标本分析及《辽东志》《全辽志》的相关记载，判断此处为明辽东长城内侧烽火台遗址。

二弓台烽火台遗址现状

21. 三弓台烽火台遗址

三弓台烽火台遗址位于辽阳县黄泥洼镇南甸子村4组三弓台屯孟姓村民住宅后。在西北方向远看遗址，明显比周围地势高，据孟姓村民介绍，在建房时从地下挖出许多青砖，后由于不断清理，地面遗留青砖越来越少。现地表仍有明代青砖残块。明代辽东长城内侧每隔500米至800米就有建一座烽火台，三弓台就是其中一座，结合《辽东志》《全辽志》相关记载分析，此遗址为黄泥洼段明辽东长城内侧烽火台。

三弓台烽火台遗址现状

22. 四弓台烽火台遗址

四弓台烽火台遗址位于辽阳县境内太子河左岸，据"二普"档案资料记载："对辽阳县境内辽东长城从1973年调查至1980年复查，从与海城市接界的小河口经杨柳河入辽阳县境，经穆家镇大台子、二台子、喜鹊台到唐马寨、乔家台、古家台到柳壕边墙子，经1—8号台至黄泥洼镇长安堡、河弓台，过太子河经小北河的北台、兴胜台到辽中七台子出辽阳县境，全长约80千米。城墙体已不存在，只遗存断断续续的长城墙基，墙基已被耕地和民房所占用，在村民建房和种地时经常挖出明青砖，有的村民用明青砖砌墙或建房。辽东长城为明代驻军所建之军事防线遗迹。"

目前，GPS 测点是在南甸子村四弓台屯，南距张姓村民住宅 30 米处的四弓台烽火台址上，南 20 米为黄泥洼至柳壕公路，在菜地与公路之间排水沟中有明青砖残块，公路对面张姓村民院墙上即有明代青砖砌筑痕迹，这些青砖都是从烽火台上拆迁过去的。

1988 年辽阳县政府公布辽东长城为县级文物保护单位。长城内线各烽火台台址都有明代青砖遗存，长城墙基同"二普"时相比越来越难辨认，为耕地和村民建房所占用。

四弓台烽火台遗址现状

23. 五弓台烽火台遗址

五弓台烽火台遗址位于辽阳县黄泥洼镇六弓台村东北与五弓台屯交界处。遗址所在地为六号台村 3 组鲁姓村民的耕地，地势比周围耕地高，南北长 45 米，东西宽 40 米。耕地东侧为公路排水沟，排水沟中有残存的明代青砖块，据当地村民介绍，这些青砖块是为了方便耕种地，从遗址上转移过来的。通过对采集的砖块标

五弓台烽火台遗址现状

本及《辽东志》《全辽志》相关记载的查阅分析，可以判断此地同西坨子烽火台（也称为一弓台或让台）到八号台每500米至800米左右就有一个烽火台，现同为明辽东长城内侧烽火台遗址。

24. 六弓台烽火台遗址

六弓台烽火台遗址位于辽阳县黄泥洼镇六弓台村中心（1组）王姓居民住宅地下，东4.6千米处为黄泥洼镇政府所在地，西南1千米为七号台屯，西北距太子河左岸大堤1.2千米。遗址范围，东西约40米，南北约40米。王姓居民宅院内和东侧邻居刘姓居民宅院内都留有建房挖基础时挖出的明代青砖，据宅院主人介绍，此遗址距北边明辽东长城遗址只有50米。

通过对采集的砖块标本及《辽东志》《全辽志》相关记载的分析，可判断此处为明辽东长城内侧的烽火台遗址。

六弓台烽火台遗址现状

25. 七弓台烽火台遗址

七弓台烽火台遗址位于辽阳县黄泥洼镇六弓台村李氏村民（1组）住宅围墙西南15米处耕地中。遗址地势比周围耕地高，东西长30米，南北宽15米，地边缘处有明青砖残块，据王姓村民介绍，曾在此处取

七弓台烽火台遗址现状

土时挖出许多青砖移作他用，其住宅处就是边墙（明长城）原址。通过对采集的青砖标本及《辽东志》《全辽志》中相关记载的分析，此处为明辽东长城内侧烽火台遗址。

26. 八弓台烽火台遗址

八弓台烽火台遗址位于辽阳县黄泥洼镇六弓台村（4组）太子河大堤内侧堤坡中心处，西北距太子河450米。遗址为太子河大堤所覆盖，地面无遗物。在大堤外侧30米处的李姓村民住

八弓台烽火台遗址现状

宅围墙上发现许多完整或残破的明青砖，据李姓村民介绍，这些青砖都是从遗址上拆搬过来的，后来建大堤，便将烽火台埋在了下面。从收集到的青砖标本及《辽东志》《全辽志》中的相关记载分析，此遗址为辽东长城内侧烽火台遗址。

27. 高台子烽火台遗址

高台子烽火台遗址位于辽阳县小北河镇高台子村中心。据"二普"档案资料记载："高台子烽火台是 1982 年 5 月 9 日'二普'调查时发现，占地面积长 10 米，宽 10 米，早期已被破坏，仅存一高台，暴露遗迹遗物有夯土层，砖、瓦残片，采集遗物为瓷器片、绳纹砖等，是明代礅台。"目前高台残存东西长 22 米，南北宽 17 米，残高 15 米。高台从上到下夯土层清晰可见，下部残存外包砖墙，存高 0.6 米，长 4 米。北部高台坍塌，形成长 19 米、宽 18 米、高约 6 米的土堆，从土堆中发现明代瓷器残片和包墙青砖，从这些遗物及《辽东志》《全辽志》、"二普"资料来看，该高台是明代烽火台遗址。

高台子烽火台遗址现状

28. 兴胜台烽火台遗址

兴胜台烽火台遗址位于辽阳县小北河镇兴胜台村5组遗址徐姓村民住宅后，此遗址俗称窟窿台。据宅主人介绍，建房之前，此地势较周围高，散布有青砖，遗址东西长20米，南北宽10余米，徐姓村民与东院吴姓村民住宅各占烽火台一半，建房时挖地基，挖出许多青砖，这些青砖后用于建宅院围墙。通过对这些青砖的分析及《辽东志》《全辽志》中的相关记载，确认此处应为明代辽东长城内侧的一处烽火台遗址。

兴胜台烽火台遗址现状

辽东镇是明代九边防御重镇，辽东地区烽火台的设置也并非一成不变。在明代不同历史时期，辽东地区烽火台也是因地、因时修建设置。嘉靖九年（1530）都察院右都御史江铉上奏，建议对沿边重镇墩台城堡防御做出调整，以逐渐形成"五里一墩，十里一堡"的形势，达到"大小相依远近相应，星列棋布"的效果。《明实录》中对此有详细记载，云：

都察院右都御史江铉言："国家于江北沿边各设重镇，如甘肃、延绥、宁夏、大同、宣府每镇官军不下六七万人。又设墩台城堡其为守御之计，似无不周。然每当虏入，卒莫能御，损伤官军动以千百计，此其故何也？盖墩台初无遏截之兵，徒为瞭望之所，而城堡又多不备所执兵器，不能及远。所以往往覆败。为今之计，当用臣所进佛郎机铳，小如二十斤以下远可六百步者则用之墩台，每墩一铳，以三人守之。大如七十斤以上远可五六里者则用之城堡，每堡三铳以十人守之。五里一墩，十里一堡，大小相依远近相应，星列棋布，无有空阙，贼将无所容，足可以收不战之功……"上然其言。命各边督抚诸臣务率所属尽心修举，勿虚应故事致误边防。[1]

嘉靖二十八年（1549），巡抚蒋应奎创置路台，从山海关到开原城一千四百余里广泛分布，"缓者五里一台，冲者二里或三里一台"。路台每台高三丈五尺，周阔十丈，最上方修有铺楼。路台外面用砖砌城，周阔四十丈。城外围修筑有土墙并开凿壕沟，配置有号旗、铳炮、火器、弓矢等。遇有急情，守台军兵进行传报，行旅居民可以躲避在路台之内，有效保障军民生命财产安全。由于路台功用性得到普遍认可，在蒋应奎之后，吉澄、王之诰、魏学鲁、张学颜等人历年进行增置。

自山海关至开原城，延袤一千四百余里，行旅居民，时罹虏害，乃创制路台，设兵瞭守，量地冲缓建置。缓者五里一台，冲者二里或三里一台。每台高三丈五尺，周阔十丈，上置铺楼、垛口，外用砖砌城，周四十丈，券门铁裹。又重筑土墙，劚品字濠堑，栽植柳林。瞭守军五名，共一千一百五名。各置号旗、铳炮、火器、弓矢，专守传报，行旅居民遇急，趋避于内。巡抚蒋应奎、吉澄、王之诰、魏学鲁、张学颜历年增置。[1]

此事在《全辽志》中也有详细记载，云：

> 嘉靖二十八年巡抚蒋应奎自山海直抵开原每五里设台一座，历任巡抚吉澄、王之诰，于险要处增设加密，每台上盖更楼一座，黄旗一面，器械俱全。台下有圈，设军夫五名，常川瞭望以便趋避。[2]

嘉靖四十二年（1563），辽东御史杨柏条上边事，其中涉及增修路台，"辽东所设路台每五里一座，猝遇贼至趋避无及。宜于其中各增设一座，务堪保障不嫌详密"，[3]如此，每二里半修建墩台一座，大大加强了辽东边防线上的墩台密度。

明代烽火台除了利用传统烽烟传递军情外，通常还采用火炮、号带、信旗、木梆等进行报警，并有严格规范制度。《明经世文编》《四镇三关志》中对此有详细记载：

> 烽堠有柴堆，有火炮，有旗帜。大举之来，其号何如？零骑之来其号何如？烟起于百里之外，炮响于塞外之墩，旗展于墩台之上，相传而下，可以得虏情于未战之先矣。[4]

随路各台置有狼烟、火炮、号带、信旗、木梆等项，旗带分东、西、北三方。所属颜色即知某方为某路警急，昼用旗带，夜用火炮，百里外传号一次，三十里又传一次。寇若入口，连传三次。闻警，一面传号，一面走报。

1.（明）刘效祖撰：《〈四镇三关志〉校注》卷七《经略考》，彭勇、崔继来校注，中州古籍出版社 2018 年版，第 235 页。

2.（明）李辅等纂修：《全辽志》卷二《边防》，辽沈书社 1984 年版，第 565 页。

3.《明世宗实录》卷五百二十三，嘉靖四十二年七月癸未条。

4.（明）陈子龙等辑：《明经世文编》，卷三百四《哨报》，中华书局 1962 年版，第 3214 页。

如传号闻炮无旗带，或无梆声，夜见火无炮，为他火他炮，不得误传。其接
应失时者，捆打割耳，误举及诈者，从军法重处。[1]

　　明代辽东地区烽火台采用火炮、梆子、旗帜、海螺等进行报警，与《明经世
文编》《四镇三关志》相关内容相互印证。万历九年（1581）三月，三万卫经历
司为"窃贼"捕掳，永宁堡哨夜事给巡按山东监察御史的呈文中有关于辽东地区
烽火台采用火炮报警的内容，云："据本堡北方值瞭军人周云禀称：瞭见沿边空心
样台举放炮火。"[2] 万历九年（1581）四月，义州卫指挥使司为"窃贼"在大兴堡捕
捉墩军事给巡按山东监察御史的呈文中也有关于辽东地区烽火台采用火炮报警的
内容，云："据直楼夜不收王惟功禀称：堡西边台举放炮火。""本台与左右邻台一
齐举放炮火。"[3] 明代辽东地区烽火台还采用梆子报警。万历八年（1580），定辽右
卫指挥使司为窃贼捕远哨夜役事呈文中称："本月十五日亥时，据本堡松子岭台举
火发梆……又据王憨德呈，本月十六日酉时，据松子岭等台举火发梆……"[4] 明代
辽东地区烽火台也利用旗帜、海螺进行报警，万历九年（1581）三月初十，辽东
都司经历司为虏贼犯边官军斩获首级等事给巡按山东监察御史的呈文中称："据守
长胜堡百户古大相禀，据本堡瞭火军人王好汉禀报，从堡南挨台扯举单旗，吹掌
海螺。"[5]

　　关于明代辽东地区长城沿线每个边台"瞭守官军"的准确人数已无法考量。但

1.（明）刘效祖撰：《〈四镇三关志〉校注》卷六《经略考·辽镇经略·今制·烽燧》，彭勇、崔继来校注，中
州古籍出版社 2018 年版，第 232 页。
2. 辽宁省档案馆、辽宁省社会科学院历史研究所编：《明代辽东档案汇编》卷八《民族》，辽沈书社 1980 年版，
第 871 页。
3. 辽宁省档案馆、辽宁省社会科学院历史研究所编：《明代辽东档案汇编》卷八《民族》，辽沈书社 1980 年版，
第 890 页。
4. 辽宁省档案馆、辽宁省社会科学院历史研究所编：《明代辽东档案汇编》卷八《民族》，辽沈书社 1980 年版，
第 868–869 页。
5. 辽宁省档案馆、辽宁省社会科学院历史研究所编：《明代辽东档案汇编》卷八《民族》，辽沈书社 1980 年版，
第 875 页。

从《全辽志》记载来看，今辽阳市辽阳县境内长安堡、长定堡、长宁堡及其附近的长静堡，"边台五十一座，瞭守官军二百五员名"，[1] 平均每台官军四人。万历四年（1570）修成之《四镇三关志》记载辽东镇之烽燧，"各边外总括要路，列置敌台，设兵专守，每台人役，缓者三名，冲者五名，遇警传报"[2]。然实际情况并非如此，墩军缺额普遍存在于沿边各镇。辽东地区更为严重，因为生存环境恶劣，守台墩军在辽军中最为凄苦，他们或逃亡，或被外敌掳掠。人员缺额也不按例增加，所以导致每台仅有一二人。由于烽火台通常建立在山巅之处，交通非常不便。守台墩军生活必需物资如柴薪、饮水等获取非常不易，导致守台墩军无法专注于瞭望警戒。万历十七年（1589），张萱在《西园辽东图说》中有明确记载：

> 按辽军之苦，无如守台者，以其粮与众同，而瞭望独苦。且一台之中，仅三四人，其间或有逃亡者，或为虏掳去者，不为勾补，致一台仅存一二人。其台之高者，在山之巅，而薪、水之苦，必竟日乃得一往还，则其人已倦于薪、水，岂有精神为之哨守乎？[3]

---

1. （明）李辅等纂修：《全辽志》卷二《边防》，辽沈书社 1984 年版，第 558–559 页。
2. （明）刘效祖撰：《〈四镇三关志〉校注》卷六《经略考·辽镇经略·今制·烽燧》，彭勇、崔继来校注，中州古籍出版社 2018 年版，第 232 页。
3. （明）张萱：《西园闻见录》卷五三《外编兵部二·边防前下·辽东镇·附〈西园辽东图说〉》，华文书局 1968 年版，第 4207 页。转引自邱仲麟：《边缘的底层：明代北边守墩军士的生涯与待遇》，《中国边疆史地研究》2018 年第 3 期。

本章根据"二普"档案、"三普"档案等基础调查资料，以及《辽东志》《全辽志》《辽阳县志》《灯塔市历史与文化》等古今地方志文献，主要介绍灯塔市、弓长岭区、宏伟区、文圣区、太子河区等区域内明代烽火台及城址情况。在明代，辽阳城是东北地区的交通枢纽，以辽阳城为中心的辽东都司驿路四通八达。从辽阳城北行是到开原的驿路，此条驿路经行今天灯塔市境内，沿线分布有明代烽火台及烂泥铺、山坳铺等急递铺遗址。明代辽东地区通向朝鲜驿路"东八站"经行今天弓长岭区境内。明代由辽阳城通往今本溪境内的北线交通要道经行今文圣区、弓长岭区，再由辽阳寒岭镇进入本溪境内。由于明代辽东地区史志稀缺，加之多记载简略，难窥交通路线全貌。结合民国时期《辽阳县志》记载，可以判定辽阳区域内有三条交通路线，即"陆路出城东北行渡太子河，至韭菜园子，经张台子、三界坝、烂坭铺、万宝桥、大路烟台、山药铺至十里河"[1]；"陆路出城东，由鹅房分二支，南支由枯榆树、高丽村、望宝台、大小石门岭至汤河沿。经头关站、金宝湾、逾马蹄岭循河东南至浪子山。再东经二道河、青石岭、三道岭至甜水站。又东越摩天岭，计行百二十里入本溪界连山关"；"北支由鹅房、峨眉庄经小屯子、石咀子、南雪梅、耿家屯至安平。再东越寒坡岭、松树沟、孤家子，又东五里逾老鹳岭，计行九十里，入本溪县界"[2]。此三条交通路线不仅方位清晰，而且路线附近留有不少明代烽火台及城址。

1. 裴焕星等撰：《辽阳县志》卷二《山川》，奉天第二工科职业学校印。
2. 裴焕星等撰：《辽阳县志》卷二《山川》，奉天第二工科职业学校印。

第一节　辽阳市灯塔市境内明代烽火台及城址

灯塔市位于今辽阳市北部，在明代是辽阳城北至沈阳城、开原城等地驿路、急递路线的经行区域。沿线分布有明代烽火台及烂泥铺、山坳铺等急递铺遗址。根据民国时期《辽阳县志》记载，可以判定该条交通路线大体方位，"陆路出城东北行渡太子河，至韭菜园子，经张台子、三界坝、烂坭铺、万宝桥、大路烟台、山坳铺至十里河"。[1] 初步统计辽阳市灯塔市境内现存12座明代烽火台遗址、3座城址，介绍如下。

1. 雅拔台村明代烽火台遗址

雅拔台村明代烽火台遗址为双烽火台，两台间距甚小，台址位于灯塔市西部平

雅拔台村明代烽火台遗址现状

原地区沈旦堡镇雅拔台村南 500 米农田地中。烽火台南 30 米有一条小河，北 500 米为雅拔台村，东、西、南三面为农田。二台址并列，呈东西走向，相距为 254 米，均为圆形夯土台。东侧烽

1. 裴焕星等撰：《辽阳县志》卷二《山川》，奉天第二工科职业学校印。

火台存高 6 米，占地 925 平方米；西侧烽火台存高 4 米，占地 513 平方米。烽火台上面，长满杂草树木，边缘有现代坟墓。在烽火台附近，发现陶瓷碎片。根据遗物等判断，双烽火台的时代为明代。两个烽火台在一地同时出现，较为罕见，对研究明代烽火台设置有重要意义。

2. 韭菜台村明代烽火台遗址

韭菜台村明代烽火台遗址位于灯塔市中部平原地区大河南镇韭菜台村西北 1 千米的农田中。遗址西北 2 千米是全家洼子村，北 2 千米是公路，北 3 公里是全家洼子水库，根据"二普"资料记载，韭菜台烽火台保存较好，为夯土筑成，虽已颓坍，仍很完整。遗迹散布面积较大，为长方形，长 40 米，宽 35 米，面积 1400 平方米，台存高 8 米。台上长满杂草树丛，周围已发现有汉代绳纹砖、碎瓦、灰色陶器残片。此台址保存较为完整，十分难得。

根据朝鲜使臣金昌集《燕行日记》记载，从辽阳至沈阳沿线多有"烟台"，即烽火台。"自辽东至沈阳，连有烟台而皆坏尽，仅存形址。"[1] 明代辽阳城不仅是辽东都司的政治中心所在，同时也是交通枢纽，以辽阳城为中心形成了向四周辐射的交通网络。从辽阳城北行是到开原的驿路，主要驿站有虎皮城驿、沈阳在城驿。韭菜台村明代烽火台遗址位于此条驿路附近，与沿线朝官寺村明代烽火台遗址、吕方寺村明代烽火台遗址、万

韭菜台村明代烽火台遗址现状

1. [朝鲜] 金昌集：《燕行日记》，见林基中辑：《燕行录全集》第 31 册，韩国东国大学校出版部 2001 版，第 335 页。

宝桥村明代烽火台遗址、前烟台村明代烽火台遗址、大三界坝村明代烽火台遗址等构成烽火台群体，对驿路、驿站起到一定的保护作用。

3. 朝官寺村明代烽火台遗址

朝官寺村明代烽火台遗址现状

朝官寺村明代烽火台遗址位于灯塔市中部丘陵地区万宝桥街道朝官寺村西北丘陵地上，地势较高。遗址东为朝官寺村，南4千米为小小线公路，北为周官村，遗址北侧有一红砖厂。

根据调查，该烽火台为一个平顶方形土台，高度为7—8米，面积为1200平方米，土台断层中有灰色砖瓦残片和一些灰渣暴露。经调查，该烽火台为土石结构，呈圆形，现已颓残。台顶直径为8.8米，台存高4米，占地面积634平方米。现台顶上有小碎石，四周长满荒草。根据烽火台的地理位置与结构特点等判断，为明代的烽火台。

4. 吕方寺村明代烽火台遗址

吕方寺村明代烽火台遗址位于灯塔市中部平原地区万宝桥街道吕方寺村内，遗址四周是村民住宅，其北500米是小小线公路。根据"二普"调查资料记载："该烽火台长20米，宽8米，存高4米。台上有灰色青砖和残碎瓦片。"现在台址存高0.2米，台的四周已接近地表，遗址颓坍严重，边界已不清晰，已看不出烽火台的原貌。在遗址上采集到半块青砖。从现场采集的青砖判断，遗址为明代烽火台。

5. 万宝桥村明代烽火台遗址

万宝桥村明代烽火台遗址位于灯塔市中部平原地区万宝桥街道万宝桥村北的万宝桥公园内，在万宝桥石桥南 15 米处。葛西河水从东向西在烽火台北面流过，遗址南 100 米为万宝桥村居民住宅，东 200 米为沈营公路。经考古调查，该台址呈圆形，当地群众称该台为高丽台。此台址为夯土结构，由夯土、白灰、青砖筑成。在台址周围曾发现过青灰色大砖、布纹瓦片、陶器口沿与白灰等。台址呈长方形，长40 米，宽 25 米，面积为 1000 平方米。此台址南端在 1958 年"农业学大寨"时期被开垦为农田。台址上部被削顶造田，但台址仍可明显见其轮廓。现台址西北侧被流水冲刷，已成不规则形。根据台址结构、夯土情况与遗物特征，可定其为明代烽火台。

万宝桥村明代烽火台遗址现状

6. 前烟台村明代烽火台遗址

前烟台村明代烽火台遗址位于灯塔市西部平原地区古城街道前烟台村村西的农

家菜地中，遗址西 20 米是南北流向的北沙河，北 300 米是小小线公路，东、南两侧是居民区，西侧 10 米是北沙河大坝。台址大体呈长方形，现存高为 1.7 米，南北长 85 米，东西宽 6.5 米，占地面积 552.5 平方米。台为砖石结构，外部包砌砖石，台内为夯土筑成。现在从外表看，烽火台是一个土堆，台上有果树及碎石，在烽火台上采集到青砖和一件石夯。石夯的发现，可证明烽火台内的夯土就是这种石夯打筑的夯层。根据东南侧外部包砌的砖石，可判断此烽火台为明代烽火台。

前烟台村明代烽火台遗址现状

7. 大三界坝村明代烽火台遗址

大三界坝村明代烽火台遗址位于灯塔市中部平原地区张台子镇大三界坝村东 50 米处，遗址南 100 米是马峰河，东侧是农田和树林，东 200 米是沈营公路，南 5 米为民宅，西侧是鱼塘，再往西 1 千米是沈大铁路。从外观看，此烽火台明显高出周边土地，台址呈圆形，现在东侧边缘为石头砌筑，西侧不见砖石的痕迹，露出部分为夯土。台存高 2 米，直径约为 18 米。烽火台上杂草丛生，在烽火台东侧采集到青砖标本。根据调查所见青砖等遗迹、遗物判断，此烽火台为明代军事设施。现

大三界坝村明代烽火台遗址现状

烽火台顶上有一个氨水库房。根据朝鲜使臣金昌集《燕行日记》记载，大三界坝村在清代称为"三道把"，此处有明代损坏的烟台，云："防虚所、三道把有坏烟台。自辽东至沈阳，连有烟台而皆坏尽，仅存形址，往往生连抱之木，见之可慨。"[1]《全辽志》记载"辽阳城地方"有"三道坝台"[2]，当指此烽火台。

8. 新生堡明代烽火台遗址

新生堡明代烽火台遗址位于灯塔市西部平原地区西马峰镇新生堡北农田地中。遗址西南3千米为太子河，东南1千米是沈大高速公路，南800米是西马峰镇粮库。

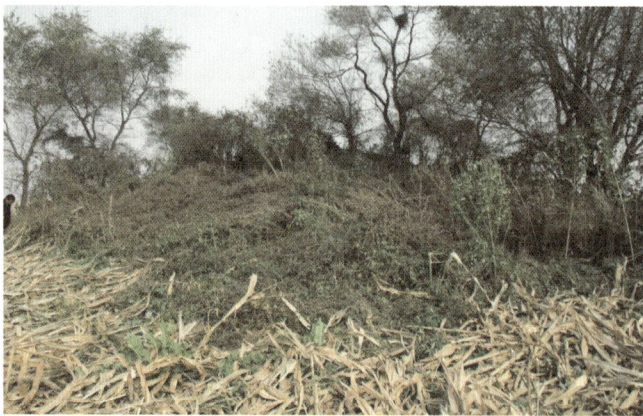
新生堡明代烽火台遗址现状

经调查，烽火台址呈圆形，夯土筑成。现存高约5米，直径为25米，占地约500平方米。台上长满树木及杂草，有动物洞穴多处。从采集到的明代青砖等遗物判断，这是一处明代的烽火台。

---

1. ［朝鲜］金昌集：《燕行日记》，见林基中辑：《燕行录全集》第31册，第335页。
2. （明）李辅等纂修：《全辽志》卷二《边防》，辽沈书社1984年版，第566页。

9. 松树沟村明代烽火台遗址

松树沟村明代烽火台遗址，位于灯塔市东部山区柳河子镇松树沟村东 100 米的山上。遗址南 200 米是柳河，南 600 米是小小线公路，西 100 米是松树沟村村民住宅，东侧为农田，北侧 100 米有一个养猪场。松树沟村烽火台依山势而建。台址夯土结构，呈圆形。西侧外部呈四级阶梯式。一层直径 22 米，二层直径 16 米，三层直径 10 米，四层直径 4 米，建筑面积约 300 平方米。调查时，据村民康庆仁说，1948 年"土地改革"时，烽火台北侧被人挖掘，盗走许多青砖，从而对烽火台造成一定损坏。现在烽火台已经颓圮，在顶部北侧有一挖掘的土坑，面积约 10 平方米，深约 2 米，在台址上采集到青砖残块。根据其建筑结构和出土遗物看，可定为明代烽火台。

松树沟村明代烽火台遗址现状

10. 沈家沟村明代烽火台遗址

沈家沟村明代烽火台遗址位于灯塔市东部山区铧子镇沈家沟村北小山上。台址的南侧是旱田地，南1千米是沈家沟村，北1千米为沟里村。此台已颓毁，原为夯土筑成，圆形台体，现在仅存直径约5米、面积约25平方米的夯土台址，现台址存高约为2米。在台址上发现有方形有孔草叶形青灰色砖块。经调查，烽火台呈圆形，为夯土结构，烽火台的东侧已被村民用土取走整个烽火台的约二分之一。剩余的西半部烽火台上，长有三棵直径15厘米粗的松树。根据灯塔市发现的多处明代烽火台情况，可判断此处也应为明代烽火台。

沈家沟村明代烽火台遗址现状

11. 双龙寺村明代烽火台遗址

双龙寺村明代烽火台遗址位于灯塔市东部山区铧子镇双龙寺村西北700米处的山顶上。遗址四周均为山谷，山下南侧有一片耕地，东南为双龙寺村，南2千米为小小线公路，北2.5千米是十里河。在当地，村民称此烽火台址为"点将台"，而将山下南面的平地称为"练兵场"。经考古调查，该台址顶部呈长方形，南北长6米，东西宽3米，现存高度约2米。此台为石土夯筑而成，西侧局部塌陷。台下路边遗存有明代茶色釉小缸底残片。烽火台主体保存较差，台上长有蒿草。根据上述遗存特点，可推断此台址为明代烽火台。

双龙寺村明代烽火台遗址现状

12. 花牛堡子村明代烽火台遗址

花牛堡子村明代烽火台遗址位于灯塔市东部山区铧子镇张海村花牛堡子自然屯的北山上。此台建于山的顶部，依山势而建，平面呈三角形。山顶的外围南侧有用石头垒筑的墙体。台址西侧长17米，南侧长31米，东北侧长22米。台址外围高、中间低，与外围墙体相较，最低处有2米。根据遗址建筑的结构、材料和形制等判断，此台为明代辽东军事防御设施中的烽火台。根据《辽阳县志》记载，达连沟、七台茨山、铧子岭、唐家堡、王高岭有交通路线可达本溪火连寨。[1]花牛堡子村明代烽火台址临近该交通线，可起到一定的保护作用。

花牛堡子村明代烽火台遗址现状

13. 前古城子村明代城址

前古城子村明代城址地处灯塔市西部平原地区，位于沈旦堡镇前古城子村西北部，现城址及其周边已为村民住宅，村外是水田地。城址东50米为乡级公路，西2米为村级路，南侧也是村级路。据考古调查，城址东西宽150米，南北长100米，面积为1.5万平方米。现城墙已不存，城址内有夯土台，夯土台距地平面有1.5米，明显高于周边地物，清晰可见。城址内挖掘出大量陶片、砖块、草木灰、残骨等，并且发现铁炮两门，颇为珍贵。目前，村民张振环住房为城址内最高点，沉积文化层厚为1.5米，地势明显高于周边地面，在张振环菜地下挖0.7米深处，发现有五

1. 裴焕星等撰：《辽阳县志》卷二《山川》，奉天第二工科职业学校印。

行砖砌墙体基础。从城址西缘向东 130 米处，即村民江厚永家大门墙，江厚永在建此大门墙时，曾下挖 1.5 米深，挖掘出大量陶片、砖头、草木灰、残骨等。此城址曾遭遇洪水，冲刷受损，近年因居民生产生活，城址又进一步遭到损坏。此城址系明代军事城堡，对研究明代辽东军事防御设施有重要价值。

前古城子村明代城址现状

14. 乱泥堡明代城址

乱泥堡明代城址位于灯塔市张台子镇乱泥堡村北旱田地里。该城址地处灯塔市中部平原地区，其南 800 米有一小河，河水由东向西流过，东 300 米为沈营公路，南 400 米为乱泥堡村民住宅。城址为高出周边土地 0.5 米的土台残垣，南北长 100米，东西宽 100 米，占地约 1 万平方米。这里是一处明代的军事城堡。城墙遗迹早年较为明显，后墙体逐渐颓毁。因自然因素及当地居民的生产需要平整土地等活动造成城址损毁，现已变为平整的旱田地，除地势稍高于四周外，没有明显的城墙结构，其周围也未采集到城墙的相关遗物。乱泥堡也称烂泥铺，其城址其实是明代称为"烂泥铺"的急递铺。明代在全国范围设置急递铺，其功能是传递地方公文。一般每个急递铺有一二名铺兵，辽东急递铺之间相隔距离大约是十里到二十里。《辽东志》"辽东都司治卫山川地理图"以及《全辽志》"辽阳镇境图"所绘辽阳城图中均标注有"烂泥铺"[1]，其地即今天的乱泥堡城址。"烂泥"，顾名思义，可知该地区位置低洼，烂泥遍地。清朝朝鲜使臣出使中国时，经行此地十分不便，对其状况有真实描述，云："盖天下沮洳之时，辽左最甚，而烂泥铺尤甚，每使行回还之际，春泥解冻，骡马没腹，终日行一二十余里，或经夜于泥海中。"[2]民国时期编写的《辽阳县古迹遗闻》记载："城址无存，惟村人掘土，当得古代瓦砾耳。"[3]据此推测，民国时期该急递铺城就已经无存。

15. 山岳堡明代城址

山岳堡明代城址地处灯塔市中部平原地区，位于灯塔市万宝桥街道山岳堡村的村内。四周是村民住宅，西1千米为沈营公路。此城址在平地之上，平面呈方形，边长约100米，城墙为砖、石、土修筑。由于城址为现代村庄所占用，城墙已被农舍宅院覆盖，仅可在其间隐约见城墙残垣迹象，并且可看出古城址仍明显高于周边地面。从考古调查看，尽管城堡墙体已不明显，但城堡的名称却沿用至今。山岳堡也称山药铺，其城址其实是明代的"山坳铺"，是一座急递铺。《辽东志》"辽东都司治卫山川地理图"以及《全辽志》"辽阳镇境图"所绘辽阳城图中均标注有"山坳铺"[4]，其地即是今天的山岳堡。民国时期编写的《辽阳县古迹遗闻》记载："（辽

1.（明）毕恭等纂修：《辽东志》卷一《辽东都司治卫山川地理图》，辽沈书社1984年版，第353页；（明）李辅等纂修：《全辽志》卷一《辽阳镇境图》，辽沈书社1984年版，第499页。

2.［朝鲜］朴思浩：《燕蓟路程记》，见林基中辑：《燕行录全集》第85册，韩国东国大学校出版部2001版，第260-261页。

3. 何景春：《辽阳县古迹遗闻》，辽阳县立第七小学1926年铅印本。

4.（明）毕恭等纂修：《辽东志》卷一《辽东都司治卫山川地理图》，辽沈书社1984年版，第353页；（明）李辅等纂修：《全辽志》卷一《辽阳镇境图》，辽沈书社1984年版，第499页。

阳）城北五十里有山药铺村，有古城旧址，不知建于何时，唯余颓垣瓦砾耳。"[1] 所谓"颓垣瓦砾"即是明代山坳铺的残余痕迹。

山岳堡明代城址现状

第二节　辽阳市弓长岭区境内明代烽火台

辽阳市弓长岭区境内的明代交通线主要有两条：一条是由辽阳城出发经行今天弓长岭区境通向朝鲜驿路"东八站"。民国时期《辽阳县志》记载："陆路出城东，由鹅房分二支，南支由枯榆树、高丽村、望宝台、大小石门岭至汤河沿。经头关站、金宝湾、逾马蹄岭循河东南至浪子山。再东经二道河、青石岭、三道岭至甜水站。又东越摩天岭，计行百二十里入本溪界连山关。"另外一条是由辽阳城出发经

1. 何景春：《辽阳县古迹遗闻》，辽阳县立第七小学 1926 年铅印本。

行今弓长岭区，再由辽阳县寒岭镇进入今本溪境内。民国时期《辽阳县志》记载："北支由鹅房、峨眉庄经小屯子、石咀子、南雪梅、耿家屯至安平。再东越寒坡岭、松树沟、孤家子，又东五里逾老鹳岭，计行九十里，入本溪县界。"[1] 这两条交通路线不仅方位清晰，而且沿途留有 7 座明代烽火台。

1. 四方台烽火台遗址

四方台烽火台遗址位于辽阳市弓长岭区汤河镇石四村村南山上。烽火台平面呈"凸"字形，北侧部分为方形实心墩台，南侧部分为铺房，铺房内设有石级，可登上墩台，现已损毁。墩台现存高 6 米，底宽 10.7 米，顶宽 8 米。墩台外砌石块，并向上内收。台芯由砾石、土混合夯实。铺房北墙借助墩台砌筑，南墙长 12.4 米，东墙长 9 米，西墙长 9.5 米，墙体厚度 1.5 米，存高 2.6 米。在铺房的位置长有三棵直径约 0.4 米的古松。根据该烽火台的构筑方法、使用材料及所处位置来看，四方台烽火台应是一处明代辽东边墙腹里烽火台，也是目前辽阳境内保存较好的烽火台之

四方台烽火台远景现状

1. 裴焕星等撰：《辽阳县志》卷二《山川》，奉天第二工科职业学校印。

一。四方台烽火台地处辽阳东南部山区，地理位置险要，其东北方向是辽东山地与辽河平原交界处的大石门岭，毗邻明代辽东交通要道"东八站"中"大石门岭—胡家沟王祥家族墓"一线，此区域也是明代朝鲜使臣出使明朝经行的路线。

根据《明宪宗实录》记载，成化十七年（1480）六月，朝鲜使臣为了躲避建州女真劫掠，向明朝请求开辟新的贡道路线。最后根据巡抚辽东都御史王宗彝等人建议，于凤凰山等处修建凤凰城等多处城堡，以防范建州女真在此区域劫掠，从而保护朝鲜使臣往来安全。其中言"如此，则自辽阳直抵朝鲜烽堠联络，首尾相应"，[1]说明凤凰城等处的城堡修建颇有意义。这也说明，明朝时从辽阳至朝鲜"东八站"贡道沿线修建的辽东烽火台群体已成为体系。辽阳四方台烽火台与张家烽火台、山咀子烽火台、蛮子沟山城共同构成烽火台群体，对此条交通路线起保护作用。

2. 姑嫂城烽火台遗址

姑嫂城烽火台遗址位于辽阳市弓长岭区安平乡姑嫂村北白石山南，遗址西面及东面有小河流过。从该烽火台的构筑方法、使用材料及所处位置来看，姑嫂城烽火台应是一处明代辽东边墙腹里烽火台，也是目前辽阳境内保存较好的烽火台之一。姑嫂城烽火台建于明代，姑嫂城虽称为"城"，其实为台，是明代辽东东部山区辽阳段上一处重要的军事建筑。它与辽阳境内众多边墩路台构成纵横交错的军事防御网络，保障以辽阳为中心的辽东都司的安全。该烽火台采用砬石砌筑，设主城及耳城，并互相连接成"凸"字形，城北两侧设有"凹"字形的石梯，可由此登城。遗址底边长 13.2 米，宽 10.55 米，并向上逐级内收，现存高 5.3 米，为实心台。台心由砾石及砂土混合夯实，采用大小、形状、薄厚不等的页岩、青石等包砌；台顶雉堞为近年人为堆砌，在台子的北侧凹进的台体处设有石梯，可由此达台顶。

1.《明宪宗实录》卷二百十六，成化十七年六月辛未条。

姑嫂城烽火台遗址东南侧现状

　　该烽火台修建位置地势相对较高，处于辽东山地与辽河平原过渡地带，视野开阔，利于发现敌情。其西面为耿家屯—小屯一线，方向可抵达辽阳老城。此路线曾发现耿家屯、南雪梅汉墓群。民国时期《辽阳县志》记载的"北支"线路即经过此地，明代由辽阳城到达今本溪境内即通此条交通路线。姑嫂城烽火台与南沙烽火台、朴沟石城山烽火台、南雪梅烽火台、参将峪烽火台、台子沟烽火台、虎头崖烽火台构成烽火台群体，对此条交通路线起到保护作用。

　　另外，民间传说此地得名于姑嫂二人抵抗外敌的故事。在明代，腹里烽火台守军可以携带家属，随军亲属在周围耕种土地。遇有战事他们可以躲进台中，然后封堵通道燃放烟火示警。民间传说中抵御外敌的姑嫂二人，很可能是明代腹里烽火台守军的随军家属。为了抵御外敌入侵，守台的姑嫂二人坚贞不屈，奋起抵抗，最后身亡。由于其故事悲壮感人，所以口耳相传至今，故以"姑嫂城"命名此台以示纪念。姑嫂城烽火台是辽阳境内保留较为完整的辽东镇长城防御体系军事建筑之一，对研究明代辽阳军屯制度及戍边情况具有重要的价值。

1. 裴焕星等撰：《辽阳县志》卷二《山川》，奉天第二工科职业学校印。

姑嫂城烽火台遗址登台通道

3. 朴沟石城山山城遗址

朴沟石城山山城遗址位于辽宁省辽阳市弓长岭区安平乡姑嫂村石城山山顶海拔520米处，遗址平面大致呈鞋底型，可分为两个部分，一部分东西最宽处达1.5米，另一部分东西最宽处达6米，山城南北最长处达15米。山城依山势而建，现墙体最高处残存为3.5米，矮处为1.5米。此城主要为石头垒砌，墙体依山而所建。根据筑城的材料、风格及其所处的位置，初步断定山城应是一处明代烽火台。

该烽火台修建位置地势相对较高，处于辽东山地与辽河平原过渡地带，视野开阔，利于发现敌情。该烽火台临近南沙烽火台、姑嫂城烽火台，与它们共同构成烽火台群体。该烽火台西面为耿家屯—小屯一线，由此方向可抵达辽阳老城。民国时期《辽阳县志》记载的"北支"线路即经过此地，[1]明代由辽阳城到达今本溪境内即通过此条交通路线。朴沟石城山烽火台与南沙烽火台、姑嫂城烽火台、南雪梅烽火

---

1. 裴焕星等撰：《辽阳县志》卷二《山川》，奉天第二工科职业学校印。

台、参将峪烽火台、台子沟烽火台、虎头崖烽火台构成烽火台群体，对此条交通路线起到保护作用。

朴沟石城山山城遗址

4. 南沙烽火台遗址

　　南沙烽火台遗址位于辽阳市弓长岭区安平乡沙土坎村村东侧烽火台山山顶。烽火台面积约450平方米，平面呈不规则形，依山势而建，三面为悬崖峭壁，一面可以攀登。现烽火台北侧存有一少部分用石块堆砌的台体，残高约3米。此烽火台居高临下、视野开阔，是一处重要的观察军事信息的烽火台。其时代初步断定为明代。

南沙烽火台遗址现状

　　该烽火台修建位置地势相对较高，处于辽东山地与辽河平原过渡地带，视野开阔，有利于发现敌情。该烽火台临近朴沟石城山烽火台、姑嫂城烽火台，与他们共同构成烽火台群体。该烽火台西面为耿家屯—小屯一线，由此方向可抵达辽阳老城。民国时期《辽阳县志》记载的"北支"线路，即经过此地，[1] 即明代由辽阳城到达今本溪境内即通过此条交通路线。南沙烽火台与朴沟石城山烽火台、姑嫂城烽火台、南雪梅烽火台、参将峪烽火台、台子沟烽火台、虎头崖烽火台构成烽火台群体，对此条交通路线起到保护作用。

5. 蛮子沟山城遗址

　　蛮子沟山城遗址位于辽阳市弓长岭区汤河镇柳河汤村蛮子沟西山山顶处，依山就势，此城西高东低，高差约2米，平面呈长圆形坑状，深约1.6米；东西长约35米，南北宽约13米，占地面积约450平方米。城内四壁多为土坡，并长满2米多

---

1. 裴焕星等撰：《辽阳县志》卷二《山川》，奉天第二工科职业学校印。

高的荆条和野草。遗址顶部西、南两面有断断续续的石残墙，西面一段墙残高1.5米、宽2.3米、长3米，南面东边则有2—4米长、1—2米高的三段残墙，其余部位均为碎石塌坡；东、北两面为土石堆筑，宽约2米。遗址北墙外为较陡山坡，东、南、西三面墙下约6米处则为一圈断断续续的弧状石墙围成的宽4—6米的台地和沟堑；西面的台地面积约50平方米，东、南为宽约4米的弧形台。推测此城为明代腹里烽火台。当地村民称此为"朝鲜城"或"山城子"，其他历史情况不详。

蛮子沟山城城址现状

蛮子沟山城遗址其东北方向是辽东山地与辽河平原交界位置大石门岭，邻近明代辽东交通孔道"东八站"中"大石门岭—胡家沟王祥家族墓—头馆站"一线，此区域也是明代朝鲜使臣出使明朝经行的路线。蛮子沟山城烽火台与四方台烽火台、张家烽火台、山咀子烽火台共同构成烽火台群体，对此条交通路线起到保护作用。

6. 参将峪烽火台遗址

参将峪烽火台遗址位于辽阳市弓长岭区尤吉村村西北约2千米处尾矿坝下，是一处明代墩台。根据《中国文物地图集·辽宁分册》记载："（此城）为花岗岩石块筑成，周长65.2米，宽2.3米，高4.6米。"1975年因存放尾矿矿泥，遂将参将峪村村民整体迁出此地，目前台址被埋在尾矿矿泥下。

该烽火台修建位置地势相对较高，处于辽东山地与辽河平原过渡地带，视野开阔，有利于发现敌情。民国时期《辽阳县志》记载的"北支"线路，即经过此地，[1]明代由辽阳城到达今本溪境内即通过此条交通路线。参将峪烽火台与姑嫂城烽火台、南雪梅烽火台、朴沟石城山烽火台、南沙烽火台、台子沟烽火台、虎头崖烽火台共同构成烽火台群体，对此条交通路线起到保护作用。

7. 南雪梅烽火台遗址

南雪梅烽火台遗址位于弓长岭区安平乡南雪梅村东南1.8千米的小山丘顶部，遗址东临小乱石沟，西南临大背山，北距本辽辽高速公路1.4千米。烽火台呈圆形，残高2.3米，底径为12米，顶部直径4米，为内夯土、外包石的土石结构。根据烽火台的构筑形式判断，应为明代修筑的烽火台。民国时期《辽阳县志》记载的"北支"线路，即经过此地，[2]明代由辽阳城到达今本溪境内即通过此条交通路线。南雪梅烽火台与参将峪烽火台、姑嫂城烽火台、朴沟石城山烽火台、南沙烽火台、台子沟烽火台、虎头崖烽火台共同构成烽火台群体，对此条交通路线起到保护作用。

南雪梅烽火台遗址现状

---

1. 裴焕星等撰：《辽阳县志》卷二《山川》，奉天第二工科职业学校印。
2. 裴焕星等撰：《辽阳县志》卷二《山川》，奉天第二工科职业学校印。

第三节 辽阳市宏伟区境内明代烽火台

辽阳市宏伟区境内初步统计有三座明代烽火台遗址，介绍如下。

1. 老达烽火台遗址

老达烽火台遗址位于辽阳市宏伟区兰家镇西喻村原前林子村委会北2千米，与石灰村交界处，面积约100平方米。根据"二普"档案资料记载："此望台长5米，土堆高3米，台顶已坏，用不规则的石头包砌，这是一处明代烽火台。"现烽火台东西长10米，南北宽10米，残高3米。目前烽火台位于前林子屯耕地中。

老达烽火台遗址现状

2. 鸭子沟烽火台遗址

鸭子沟烽火台遗址位于辽阳市宏伟区兰家镇石灰村鸭子沟管景堂家大门外西南约5米处。据调查，原墩台"东西长10米，南北宽10米，高约10米"。现墩台位于鸭子沟屯耕地中，东西残长约9米，南北残宽约9米，残高约5米。面积约81平方米。墩台内为夯土，外用不规则石块砌成。现墩台西北部已大面积坍塌。该烽火台时代为明代。

鸭子沟烽火台遗址现状

（3）孤家子烽火台遗址

孤家子烽火台遗址位于辽阳市宏伟区兰家镇石灰村泉水（孤家子）耕地中，在辽凤线公路东侧，其西面正对宏大公墓路口。据"二普"档案资料记载：土台尚存，并判定其时代为明代。目前此处已为耕地。墩台面积约 50 平方米，稍高于地面耕地。

孤家子烽火台遗址现状

第四节　辽阳市文圣区境内明代烽火台及城址

1. 台子沟烽火台遗址

台子沟烽火台遗址位于辽阳市庆阳街道唐户社区台子沟清泉路东侧 50 米处的龙鼎山脚下。民国时期《辽阳县志》记载："台子沟城东十五里，台在村东山。"[1] 又根据《中国文物地图集·辽宁分册》记载："台址位于山上，平面呈方形，边长 4 米、厚高 3 米。台外壁以平整石板砌成，并有梯道登望，时代为明代。"现台芯杂土堆

台子沟烽火台遗址现状

1. 裴焕星等撰：《辽阳县志》卷六《古迹名胜》，奉天第二工科职业学校印。

积，台址残高 3 米，顶部南北长 9.3 米，东西宽 6.7 米，部分台址上的石头已被当地居民用于盖房。从地理位置来看，该烽火台临近明代辽阳城，属于辽阳城外围重要的警戒瞭望烽火台。台子沟烽火台遗址临近耿家屯—小屯一线，由此经行可抵达辽阳老城。台子沟烽火台与虎头崖烽火台、南雪梅烽火台、参将峪烽火台、姑嫂城烽火台、朴沟石城山烽火台、南沙烽火台共同构成烽火台群体，对此条交通路线起到保护作用。

2. 虎头崖烽火台遗址

虎头崖烽火台遗址位于辽阳市文圣区小屯镇高城子村 7 组虎头崖屯西侧虎头崖山山顶，遗址南 720 米为二台沟屯村民住宅区，南 2 千米为本辽辽高速公路，西侧为山丘，北 1.2 千米为辽溪公路，1.7 千米为太子河。烽火台顶部已塌落，呈不规则椭圆形，长径 5 米，短径 4 米，残高 8 米，底座呈圆形，底径 28 米，为内夯土、外包石结构。据构筑形式和所用材料判断，此处应为明代烽火台。虎头崖烽火台遗

虎头崖烽火台遗址现状

址邻近耿家屯—小屯一线，由此经行可抵达辽阳老城。虎头崖烽火台与台子沟烽火台、南雪梅烽火台、参将峪烽火台、姑嫂城烽火台、朴沟石城山烽火台、南沙烽火台共同构成烽火台群体，对此条交通路线起到保护作用。

3. 接官厅村明代城址

接官厅村明代城址位于文圣区张台子镇接官厅村内。该城址地处灯塔市中部平原，其南 300 米为灯塔灌区排水线，西 800 米是沈大铁路，村级路从遗址东侧和北侧通过，东南 500 米是丁香村。城址略呈方形，南北长为 100 米，东西宽为 124 米。城墙由砖石砌筑，现已颓毁，仅存残垣，然东北角保存较好，城墙的最高点存高约 3.2 米。该地地势为北高南低，北城墙处植有槐树围绕。调查时，地表上仍可见到残坏青砖。目前城址内有五户农民宅院。1965 年，在城址中发现有明代的铜火铳等火器。由此，可判断此城址为明代辽东军事屯兵城堡。该城址为灯塔县 1983 年公布的"县级文物保护单位"，并立有保护标志石碑，现为"辽宁省第十批省级文物保护单位（长城类）"。接官厅在明代称为接官亭铺，其城址其实是明代"接官亭"，为一处急递铺。《辽东志》《全辽志》所绘关于辽阳城"山川地理图"中在辽阳城北均标注有"接官亭铺"地名，[1] 当指此地。努尔哈赤定都辽阳后，将其祖、父等人的陵寝迁至辽阳，努尔哈赤曾率众在此地迎接。清朝时，朝鲜使臣出使中国，经行此地，对其情况多有描述。康熙五十一年（1712）朝鲜使臣金昌集在《燕行日记》记载："路左筑数术砖台，其上有一间小阁。"[2] 雍正年间，朝鲜使臣金舜协记载："迎水寺十七里有接官厅，俗传唐人自中州接待朝鲜使臣之所，村外路上筑高台，台上有小庙堂。"[3] 乾隆二十年（1755）《燕行日录》中记载辽阳城北接官厅"以砖筑台，高可三四丈，方亦五六间"，[4] 其中所言"砖台""高台""以砖筑台"，就是指此接官厅。

1. （明）毕恭等纂修：《辽东志》卷一《辽东都司治卫山川地理图》，辽沈书社 1984 年版，第 353 页；（明）李辅等纂修：《全辽志》卷一《辽阳镇境图》，辽沈书社 1984 年版，第 499 页。
2. ［朝鲜］金昌集：《燕行日记》，见林基中辑：《燕行录全集》第 31 册，韩国东国大学校出版部 2001 版，第 334 页。
3. ［朝鲜］金舜协：《燕行录》，见林基中辑：《燕行录全集》第 38 册，韩国东国大学校出版部 2001 版，第 227 页。
4. ［朝鲜］佚名：《燕行日录》，见林基中辑：《燕行录全集》第 61 册，韩国东国大学校出版部 2001 版，第 21 页。

接官厅村明代城址现状（一）

接官厅村明代城址现状（二）

第五节　辽阳市太子河区境内明代烽火台及城址

辽阳市太子河区境内初步统计有 2 座明代烽火台遗址、2 座明代城址，介绍如下。

1. 前绣江烽火台遗址

前绣江烽火台遗址位于辽阳市太子河区沙岭镇前绣江村东南 700 米处的耕地中，其东 600 米为沈大高速公路，南 180 米为兵马屯村，西 280 米为 202 国道。该烽火台残存高度 3 米，占地面积 70 平方米。烽火台址上有汉绳纹砖残块、明砖残块，在周围耕地中有绳纹砖残块、陶片等，经过对所采集标本的分析，并结合

前绣江烽火台遗址现状

《全辽志》中的相关记载，可确定该台址应为明代烽火台遗址，且在烽火台周围耕地中有汉代墓葬存在。进一步推测此台应是连接辽河套段长城与辽阳城之间的烽火台群体之一。

2. 尤户屯烽火台遗址

尤户屯烽火台遗址位于辽阳市太子河区王家镇尤户屯村吴恩果住宅前100米处。遗址东西宽15米，南北长为17米，高4—5米，占地面积255平方米，烽火台台顶呈圆形，在台址上采集到半块青砖。烽火台上无外包砖，可视为土墩。根据其形状和结构，可初步判断定为明代烽火台。

尤户屯烽火台遗址现状

3. 西八里庄城遗址

西八里庄城遗址位于辽阳市太子河区东宁卫乡西八里村西。据1987年"二普"档案记载："城址南北长约193米，东西宽约220米，占地面积约42460平方米，平面略呈长方形。这是一座石城，用红褐色砂岩大石块垒砌，东墙中部突出一个宽

3.8 米、长 10.4 米的方台。城的南角有一寺庙建宁寺。城内居民在挖菜窖时，曾出土金元时期瓷雷。"现仅存西面城墙基残长 150 米、高约 1.7 米，东北角、东南角残高约 1.5 米，可判断其时代为明代。西八里庄城前身其实是明代邻近辽阳城的递运所。明代在全国范围内设置递运所，以运送物资。出辽阳城西门八里为八里铺，也称八里庄或八里堡，俗称西八里。《辽东志》"辽东都司治卫山川地理图"以及《全辽志》"辽阳镇境图"所绘辽阳城西南方位均标注有"递运所"[1]。根据《全辽志》记载："递运所，城西八里，洪武二十年设。右卫带管百户一员。"[2] 明朝和清朝初年，八里庄

西八里庄城遗址现状

1.（明）毕恭等纂修：《辽东志》卷一《辽东都司治卫山川地理图》，辽沈书社 1984 年版，第 353 页；（明）李辅等纂修：《全辽志》卷一《辽阳镇境图》，辽沈书社 1984 年版，第 499 页。

2.（明）毕恭等纂修：《辽东志》卷一《辽东都司治卫山川地理图》，辽沈书社 1984 年版，第 353 页；（明）李辅等纂修：《全辽志》卷一《辽阳镇境图》，辽沈书社 1984 年版，第 499 页。

是个非常重要的地方，因为朝鲜使臣所携带的物品都要由八里庄递运所的车辆运送。作为递运所，八里庄有城堡。根据清代《辽阳州志》记载，清朝初年城堡还在，"周围一里一百四十步，一门"。民国时期的《辽阳县志》记载："八里庄堡，在城西，有古墙一堵，村人掘土曾得蒺藜炮一窖，此堡盖古之营垒也。"[1]另外普查档案所言此城址曾出土"金元时期瓷雷"之说，很有可能来源于民国时期《辽阳县志》记载的"村人掘土曾得蒺藜炮一窖"，推测瓷雷年代应为明代，而不是金元时期。

（4）首山堡城遗址

首山堡城遗址位于辽阳市太子河区东宁卫乡首山堡村3组。据1987年"二普"档案记载："城址南北长50米，东西宽30米，地面散存砖瓦残片，同时采集到半月形滴水瓦及白釉瓷片。"首山堡是明代驿路上的堡城，沿用到清末。目前该城遗

首山堡城遗址现状

---

1. 裴焕星：《辽阳县志》卷六《古迹名胜》，奉天第二工科职业学校印。

址上为首山堡村民住宅，还有一段长约20米、宽约0.5米，高0.5米的石头残墙基。

其实，首山堡城遗址是明代辽东地区急递铺之一的首山铺，因位于首山脚下而得名。《辽东志》"辽东都司治卫山川地理图"以及《全辽志》"辽阳镇境图"所绘辽阳城西南方位均标注有"首山铺"。[1] 到了清代，首山铺改称为首山堡。《辽阳州志》记载首山堡有城，"城西南十五里，周围三百五十二步，二门"。《辽阳县志》记载："首山堡，首山下有村曰'首山堡'，清初设堡于此。"[2] 即指首山堡城址。明代朝鲜使臣出使明朝时，留下的文献中也有关于首山堡记载。如万历三十八年（1610），朝鲜使臣郑士信经过此地，记载道："已时发行过首山堡，驻跸山南。"[3] 从地理位置推断，所谓"首山堡"即是首山铺。

1. （明）毕恭等纂修：《辽东志》卷一《辽东都司治卫山川地理图》，辽沈书社1984年版，第353页；（明）李辅等纂修：《全辽志》卷一《辽阳镇境图》，辽沈书社1984年版，第499页。

2. 裴焕星：《辽阳县志》卷六《古迹名胜》，奉天第二工科职业学校印。

3. ［朝鲜］郑士信：《梅聪先生朝天录》，见林基中辑：《燕行录全集》第9册，第266页。

第五章

辽阳市地区出土与明代长城有关武将墓志铭、铜碑、圹志考释研究（上）

明代有多位辽阳籍将官修建明代长城防御系统，在《辽东志》《全辽志》《明实录》中有详细记载。巫凯"宣德间升左军都督府都督金事，充总兵官，镇守辽东，大破兀良哈，展拓广宁城，于辽西汤池奏设宁远卫"。毕恭"开设边堡，墙壕烽堠，至今赖焉"。王祥"调广宁、开原操备，修筑宁远、蒲河等城，皆祥经营区画"，其子王锴"在任展筑墙堑七十余里，增置烽堠四十九座"。韩斌"建东州、马根单、清河、鹻场、叆阳、凤凰、汤站、镇东、镇夷、草河十堡拒守相属千里"，对辽东地区东部山区长城建设及防卫作出贡献。其子韩辅"癸亥修筑清河等十一堡，建屯堡百十座，耕守应援相依"。邹溶"调开原备御，修饬边城、开通河道、展筑关厢"对开原地区防卫作出贡献。

第一节　明辽东总兵巫凯事辑

巫凯，应天句容（今江苏句容）人。自幼聪颖好学，六岁即能赋牡丹诗。及长，性情刚毅，富有智略。十九岁代父职为庐州卫百户，后以军功累升至都指挥同知。巫凯历太祖、太宗、仁宗、宣宗、英宗五朝，曾跟随明成祖三次北征，总领辽东一地军政三十余年，于正统三年（1438）十二月去世于辽阳。巫凯任职辽东期间，保境安边，注重民生，对辽东边疆地区经济文化建设多有贡献。《明史》称其"性刚毅，饶智略，驭众严而有恩。在辽东三十余年，威惠并行，边务修饬。前后守东陲者曹义外皆莫及"。[1] 1974年在辽阳县兰家堡子村东南闵家栏子巫凯墓中出土方形墓志盖石，上方两端抹角正面双钩阴刻有楷书"荣禄大夫镇守辽东总兵官征虏前将军左军都督同知巫公之墓"二十六个字，该件文物目前保存在辽阳博物馆，但非常可惜的是至今没有发现巫凯墓志。以往学界对巫凯的研究比较零星简略，所以本文拟根据史书记载以及相关碑志材料，选取其中具有代表性的内容加以总结，以求勾勒出巫凯主要生平。

一、平定安南　扈从北征

巫凯以军功起家，因早先参加永乐初年明朝平定安南战斗而崭露头角。永乐三年（1405）安南发生弑主篡位事件，安南前国王陈日煃之孙陈天平请求明朝兴师讨伐。永乐四年（1406）三月，毫无防备的明军行至芹站遇伏，将士大多殉难，七月明廷出兵征讨，巫凯也跟随大军出征参加平定安南的战斗。永乐六年（1408）夏，

1.（清）张廷玉等撰：《明史》卷一七四《巫凯传》，中华书局1974年版，第4633页。

明军胜利还师，明廷论功封赏，巫凯以都指挥同知身份担任辽东都司官员，史载："（永乐六年七月）己未，命都指挥使陈怀任山东都司，李龙并都指挥同知巫凯任辽东都司。"[1] 巫凯从此开始任职于辽阳。

《全辽志》中记载巫凯"率兵扈驾北征者三，屡蒙赏资"[2]。巫凯"率兵扈驾北征者三"，应分别是永乐八年（1410）、永乐十二年（1414）、永乐二十年（1422）三次跟随朱棣北征。永乐八年春，巫凯奉命带兵奔赴北京，为北征做前期准备，"（正月）己酉，敕辽东都指挥储钦巫凯于原调官军内选步军五千，令能干指挥领还备寇及防护屯田，其余官军令赴北京随征朝鲜所进马令次第前来"[3]。永乐八年二月，朱棣亲率大军北征鞑靼，毙鞑靼诸王以下百余人，阿鲁台脱身远遁。后值炎夏，明军缺水、缺粮，遂班师回朝，第一次亲征至此结束。永乐十一年（1413）十一月，瓦剌部首领马哈木率部向漠南进逼，对明朝北部边境造成压力。为了解决北部边患，朱棣进行军事部署，准备北征。作为辽东都司重要将领，巫凯奉命率军集结北京，随朱棣征讨瓦剌。"辽东都指挥巫凯、河南都指挥王智及武平、归德、睢阳、淮安诸卫官俱会北京。"[4] 永乐十二年三月，朱棣再度亲征漠北。永乐十二年秋七月，朱棣驻跸禽胡山。在战局已定的情况下，朱棣命时任辽东都指挥巫凯率领所部归还。史载："永乐十二年秋七月丙子驻跸禽胡山，敕山西、陕西、辽东临边诸城增筑烽堠谨备御命。辽东都指挥巫凯等先率所部还。"[5] 永乐十九年（1421），一向臣服明朝的鞑靼突然改变对明政策，企图摆脱明朝的羁绊。是年六月，朱棣再次谋划北征，作为辽东都指挥的巫凯依然奉命领兵入京。史载："（六月）庚申敕辽东总兵官都督朱荣及辽东都指挥巫凯、刘青于所属卫分并鞑靼、女直、丽寄住安乐、自在州官军内

1.《明太宗实录》卷八十一，永乐六年七月己未条。
2.（明）李辅等纂修：《全辽志》卷四《宦业》"巫凯"条，辽沈书社1984年版，第615页。
3.《明太宗实录》卷一百，永乐八年正月己酉条。
4.《明太宗实录》卷一百四十五，永乐十一年十一月甲申条。
5.《明太宗实录》卷一百五十三，永乐十二年七月丙子条。

选精锐五千以七月率至北京。"[1]永乐二十年（1422），朱棣亲自率师发起第三次漠北之征。明军抵达鸡鸣山（在今河北怀来北），阿鲁台急忙北撤避战，明军一路追击，阿鲁台遗弃牛马辎重率部远遁，明军胜利班师。同年五月，"升辽东都指挥同知巫凯为都指挥使"[2]。巫凯恪尽职守，三次随征，对朝廷之命竭尽全力，对战争的胜利发挥了应有的作用。

二、维建城防　举将安边

辽东镇作为"九边之首"，是保障明朝京畿的重要门户，由于巫凯出色的作战能力，以及忠实、刚毅的性格，他于宣德元年（1426）被任命为辽东地区总兵官。史载："壬戌升辽东都指挥使巫凯为左军都督府都督佥事，命佩征虏前将军印，充总兵官镇守辽东。"[3]巫凯任职期间，因地制宜地在战略要地重新布防，防备倭寇并击退兀良哈侵扰，从而有效地巩固了辽东边防。

广宁城是辽东都司总兵驻地，其重要性不言而喻。巫凯对其格局进行了重新设计，并采用砖石包砌以加固其防御能力。史载："辽东总兵官都督佥事巫凯奏：广宁旧城中设四卫，洪熙元年以其窄狭，奏准于城东、南二面增筑土城，以居官军。今欲拆旧城一面，使与新城相通，以其砖石包砌新城。从之。"[4]宁远卫的设置也与巫凯有关。宁远卫址依山傍海，地势险要，东接锦州，西连山海关，南望长城，是京师通往辽东的咽喉要道，1428年，巫凯上报朝廷欲在此设置宁远卫。"旧无城，宣德间总兵巫凯、都御史包怀德题奏，合前屯锦州之地于曹庄汤池之北始建卫城。"[5]从后来明朝与后金（清）政权反复围绕该地进行交战的相关史实证明，巫凯在此设置宁远卫无疑具有先见之明。正统二年（1437），巫凯又奏请增置蒲河、泛河两

1.《明太宗实录》卷二百三十八，永乐十九年六月庚申条。
2.《明太宗实录》卷二百四十九，永乐二十年五月壬申条。
3.《明宣宗实录》卷五，洪熙元年七月癸丑条。
4.《明宣宗实录》卷三十，宣德二年八月丙子条。
5.（明）李辅等纂修：《全辽志》卷一《图考》"宁远卫城"条，辽沈书社1984年版，第521页。

千户所[1]。为了便于通行，巫凯又修筑长广道。长广道途经辽泽地带，"古泽泥淖难行"[2]，但其战略位置十分重要，洪武八年（1375）冬，纳哈出曾由此渡水侵袭辽东金州地区史载："纳哈出由长广渡水，直趋金州。"[3]学者对"长广道"也多有考证，此道在辽河之西、三岔河之北，并连接广宁的人工大道[4]。巫凯修建长广道的原因，在《全辽志》中有详细记载："盘山东三站，每霖雨河水泛溢，常阻军马策应，正统间，辽东都督巫凯奏筑沿河堤岸，为长广道，河水通行。"[5]其中，盘山东三站即盘山驿、高平驿、沙岭驿，此三驿站所在地地势低洼经常受水患威胁；河即路河。长广道的修筑可谓一举多得，不仅开通了辽西运河，也使沿线驿路免受水患威胁，而且在明朝中后期边墙没有修筑完毕的情况下，更是起到了重要的军事防御功能。[6]

《全辽志》中还有巫凯"举将材"的记载[7]。明初辽东边境的威胁主要来自东南沿海和西北地带，巫凯结合辽东边情向朝廷荐举官员。金州卫位于辽东都司南端，面临大海，是倭寇骚扰的重点区域，宣德元年（1426），巫凯上报朝廷委派得力人员驻守，史载："时总兵官都督金事巫凯奏金州地临大海，倭寇不时出没，而缺官守御。"[8]最后朝廷任命都指挥金事周敬掌辽东金州卫。宣德初年，自大宁镇南撤后，来自北方的蒙古族各部对辽西的军事压力越来越大，义州首当其冲。史载："辽东总兵官都督金事巫凯言义州地临极边，备御都指挥李信以罪去职，今开原守备有都指挥邹溶、李敏及指挥使巫正三人，义州急缺将领。上命李敏守义州。"[9]在巫凯举荐的将领中，最具有代表性的是王祥。王祥是明初永乐时期著名将领王唤之子，也是

1.《明英宗实录》卷三十三，正统二年八月壬申条。

2.（明）李辅等纂修：《全辽志》卷四《宦业》"巫凯"条，辽沈书社 1984 年版，第 615 页。

3.（明）李辅等纂修：《全辽志》卷四《宦业》"叶旺"条，辽沈书社 1984 年版，第 614 页。

4. 李文信著：《李文信考古文集》，辽宁人民出版社 2009 年版，第 567 页。

5.（明）李辅等纂修：《全辽志》卷二《边防》"路河"条，辽沈书社 1984 年版，第 567 页。

6. 参看张士尊：《明代辽东边疆研究》，吉林人民出版社 2002 年版，第 346 页。

7.（明）李辅等纂修：《全辽志》卷四《宦业》"巫凯"条，辽沈书社 1984 年版，第 615 页。

8.《明宣宗实录》卷十五，宣德元年三月丙午条。

9.《明宣宗实录》卷十，洪熙元年十月丙寅条。

明代中期辽东地区的重要将领，《明实录》中评价他"和厚而有智，驭众宽简，边人多德之"。[1] 辽阳地区出土的王祥墓志记载，宣德八年（1433）巫凯曾向朝廷举荐人才，史言"辽东总兵巫公以贤方面请之司马"，[2] 王祥正是通过此次举荐而被派遣到辽东任职的，最后成为独当一面的守边之臣。

辽东都司西北地区由于靠近边境，一直是明朝军事防御的重点。宣德四年（1429），巫凯曾击败来犯西山之敌，一度得到皇帝褒奖。史载："辽东总兵官都督佥事巫凯奏：虏寇至西山下，掠民财畜，随遣官军击败之，追回所掠。上遣敕褒凯且谕凯严守备。"[3] 但由于官场倾轧，巫凯也曾遭到朝廷降职处分。宣德四年（1429），巫凯上奏朝廷辽东都指挥使刘清、中官阮尧民等在吉林督造"巨舡"，劳役繁重，多有不法行为，致使"军民转输大困"，辽东军民多有逃亡，而"请罢松花江造船之役"，[4] 结果被诬陷降职。宣德七年（1432）九月，复任辽东总兵官都督的巫凯，根据亦马忽山等卫（今吉林伊通西）指挥木答兀等来报，获知福余、泰宁、朵颜三卫被阿鲁台所败，尽收其家口辎重、牛马田稼，更为严重的是阿鲁台占领三卫后经常到辽东边境进行骚扰，甚至一度进犯到广宁前卫[5]。巫凯奉命率部多次与兀良哈三卫交战，并击退兀良哈的进攻，确保了辽东边境的安全。

三、兴教办学　发展屯田

巫凯不仅在军事上有所建树，在经济、文化方面的贡献亦有可称道之处。儒学作为封建社会的统治思想，被历代帝王推崇备至。明朝建立之后，各地府、州、县各级儒学机构陆续恢复和重建。据考证，明代辽东地区儒学设立于洪武十七年（1384）闰十月，朝廷"置辽东都指挥使司儒学，设教授一员，训导四员，金、复、

1.《明英宗实录》卷二百八十三、天顺元年十月庚申条。
2. 王晶辰主编：《辽宁碑志》，辽宁人民出版社 2002 年版、第 355 页。
3.《明宣宗实录》卷五十四、宣德四年五月壬申条。
4.《明宣宗实录》卷七十二、宣德五年十一月庚戌条。
5.《明宣宗实录》卷九十五、宣德七年九月己未条。

海、盖四州儒学学正各一员，训导各四员。教武官子弟。复命皆立孔子庙，给祭器乐器以供祀事"。[1]巫凯本身就是一位文化修养较高的人，《全辽志》记载其"幼颖异，七岁赋牡丹诗，人咸异之"，[2]作为辽东都司重要官员的巫凯十分重视当地教育。早在永乐十年（1412）他就曾在辽东都司儒学"塑先师以下像"。[3]宣德年间，辽东地区社会比较安定，这一时期辽东都司教育发展迅速，甚至一度引起朝鲜的注意。宣德八年（1433）朝鲜国王李裪"欲遣子弟诣北京国学或辽东学校读书"。[4]辽东地区儒学的发展使当地文化教育落后的面貌有了根本改观，而巫凯此时正担任辽东最高长官辽东总兵一职，他对当地儒学的发展可谓功不可没。

明朝自创立时期就把屯田作为解决军粮的重要手段，巫凯无疑是辽东屯田政策的有力推行者。明朝初年，朱元璋认为辽东苦寒之地，人烟稀少，决定不在该地推行行省制度。由于当地缺少从事农业生产的固定人口，此时辽东地区军粮供给以海运为主。"其地早寒，土旷人稀，不欲建置劳民，但立卫以兵戍之，其粮饷岁输海上。"[5]随着时间推移，明朝统治者逐渐改变了以往政策，洪武、永乐两朝开始逐渐重视在辽东地区进行屯田，命令所在卫所官兵屯田以自给自足。洪武二十七年（1394）六月，朱元璋"命辽东定辽等二十一卫军士，自明年俱令屯田自食以海运之劳"。[6]明成祖朱棣即位后继续在辽东地区推行屯田政策，他曾告诫辽东总兵官保定侯孟善进行屯田的重要性，言："辽东肥沃之地，一年耕有收，足数年之用，数年有收，海运可省。"[7]据学者研究，公认有明一代辽东屯田发展最盛的时期是在永乐时期。[8]作为辽东地区的重要官员，巫凯深刻认识到屯田对固守边防的重要性，在

1.《明太祖实录》卷一百六十七，洪武十七年十月辛酉条。

2.（明）李辅等纂修：《全辽志》卷四《宦业》"巫凯"条，辽沈书社1984年版，第615页。

3.（明）任洛等纂修：《辽东志》卷二《建置》"都司学"条，辽沈书社1984年版，第377页。

4.《明宣宗实录》卷一百七，宣德八年十一月乙酉条。

5.《明太祖实录》卷一百四十五，洪武十五年五月丁丑条。

6.《明太祖实录》卷二百三十三，洪武二十七年六月戊寅条。

7.《明太宗实录》卷二十六，永乐元年十二月甲申条。

8. 张士尊：《明代辽东边疆研究》，吉林人民出版社2002年版，第353页。

任职期间就积极向朝廷提出在辽东境内安排驻防士兵进行屯田的建议，并被朱棣采纳还取得了不错效果。"凯因奏开原、三万、辽沈三卫岁收屯粮仅给本卫官军及给安乐、自在二州之人。……又言辽东诸卫兵宜以二分守城一分屯种，开原所市马宜悉给各卫军士乘操，皆从之。"[1] 宣德二年（1427）九月，"辽东总兵官都督佥事巫凯奏辽东今岁大熟进所产嘉禾"。[2] 为了解决辽东军粮的问题，巫凯进行了多方面筹措，除了在辽东推行屯田政策外，他又向朝廷建议重新调整中纳盐粮政策，以进一步解决广宁军粮问题。史载："总兵官都督巫凯奏各处召商中纳盐粮，辽东广宁卫淮浙盐每引米五斗，大同、宣府三斗，故客商少趋广宁，请从轻减止纳米三斗五升，仍乞不拘资次支给，从之。"[3]

正统元年（1436）英宗朱祁镇登基，巫凯进都督同知并向朝廷上书辽东边情八事："请厚恤死事者家，益官吏折俸钞，岁给军士冬衣布棉，军中口粮刍粟如旧制，且召商实边。"[4] 此八事无一不涉及辽东边疆地区稳定，可谓切中时弊，也均被朝廷采纳。巫凯不久虽被兵部尚书王骥弹劾，但因他素有贤良之名，而弹劾内容又无事实依据，遂不了了之。正统三年（1438）十二月，巫凯身染疾病，明英宗朱祁镇命太医赶往诊断，但太医还未

辽阳地区出土的巫凯墓志盖

1.《明太宗实录》卷一百五十三，永乐十二年七月壬申条。

2.《明宣宗实录》卷三十一，宣德二年九月癸巳条。

3.《明宣宗实录》卷十九，宣德元年七月壬辰条。

4.（清）张廷玉等撰：《明史》卷一七四《巫凯传》，中华书局1974年版，第4633页。

到达巫凯住所，他就不幸病故。[1] 巫凯去世后，世人为表示对其尊敬，将其祭祀在广宁名宦祠，以供后人瞻仰。[2]

纵观巫凯一生，为维护明朝辽东边境安定和基础建设贡献颇多，其政绩和影响超过其他历任辽东总兵官。这也正如《明史》评价其"在辽东三十余年，威惠并行，边务修饬。前后守东陲者曹义外皆莫及"。[3] 在辽阳地区所发现的明代天顺、嘉靖时期碑刻材料中多有将巫凯尊称为"巫公"记载，[4] 虽有夸张溢美的成分，但也可见其在辽东地区的威信和影响。需要指出的是，巫凯在任为政期间并非没有过错，《明实录》中就有永乐十三年（1415）巫凯因守边不力受到朝廷斥责的记载，[5] 以及正统元年（1436）巫凯被怀疑贪赃枉法而被弹劾的内容。[6] 但我们在分析评价巫凯生平时，不能忽视其他客观因素，巫凯在辽东地区的施政成就之所以如此斐然，除了其个人所具备的素质外，也应注意到特定历史环境的因素，其实这与明初武将地位较高的客观历史因素有很大关系。明初武臣地位崇高，极为尊显。[7] 整个明代总兵权力最大的时期是宣德时期，也就是巫凯在辽东做总兵的时期。[8] 在这一时期辽东总兵官权力巨大，节制一方军权、民政、司法、经济等诸多方面，包括都司兵马、训练军队、统兵作战等基本军事权力，还有举荐军官、管理屯田、粮储、马市以及弹劾惩处军官的权力。因此巫凯能够在担任辽东总兵期间围绕维建城防、举将安边、兴教办学、发展屯田这些方面取得的一系列成就，与明初辽东总兵官职能巨大也有直接关系。

1.（清）张廷玉等撰：《明史》卷一七四《巫凯传》，中华书局 1974 年版，第 4633 页。

2.（明）李辅等纂修：《全辽志》卷四《宦业》"巫凯"条，辽沈书社 1984 年版，第 615 页。

3.（清）张廷玉等撰：《明史》卷一七四《巫凯传》，中华书局 1974 年版，第 4633 页。

4.《骠骑将军左军都督府都督佥事王公墓志》《重修辽阳城隍庙碑记》，邹宝库：《辽阳碑志选编》，辽宁民族出版社 2011 年版，第 15、95 页。

5.《明太宗实录》卷一百七十一，永乐十三年十二月己丑条。

6.《明英宗实录》卷十七，正统元年五月庚午条。

7. 李渡：《明代皇权政治研究》，中国社会科学出版社 2004 年版，第 177 页。

8. 张士尊：《明代辽东边疆研究》，吉林人民出版社 2002 年版，第 103 页。

第二节　明辽东毕恭诸事考略

毕恭是明代正统年间辽东地区的著名人物，他首开修建明代辽东长城的先河。关于毕恭生平，学界一般根据《辽东志》《全辽志》相关内容，认为毕恭是前屯卫军籍，与提督辽东军务的王翱关系密切，他们一起修建了明代辽东长城辽西段。笔者整理辽阳地区发现的明永乐二十一年（1388）《重修辽阳城西广佑寺宝塔记》铜碑内容，其中有涉及毕恭家族的记载，同时结合《明实录》，对《辽东志》《全辽志》中关于毕恭的内容进行研读，认为相关记载有些内容有待商榷。职是之故，论述如下。

一、毕恭军籍考辨

辽东边墙辽河套段策划者为毕恭，已是学界定论。但是关于毕恭的籍贯、出身，学界曾有过争论。一种观点认为，毕恭在宣德年间是定辽前卫百户，持此观点的有日本学者稻叶君山[1]及我国学者张士尊先生。[2]他们主要依据的是《明实录》中关于毕恭的记载。《明宣宗实录》宣德十年（1435）七月癸巳记载："升辽东定辽卫百户毕恭为指挥佥事，先是，定辽等六卫举恭有才略，至是，兵部试中，故超擢之。"[3]《明英宗实录》正统二年（1437）三月乙卯记载："辽东都司定辽前卫指挥佥事毕恭言五事。"[4]把两条史料结合起来，即可得出毕恭原来出身于定辽前卫百户的

---

1. ［日］稻叶君山：《满洲发达史》，奉天萃文斋书店本，第126页。
2. 张士尊：《明代辽东边疆研究》，吉林人民出版社2002年版，第68页。
3. 《明宣宗实录》卷七，宣德十年秋七月癸巳条。
4. 《明英宗实录》卷二十八，正统二年三月乙卯条。

结论。

一种观点认为，毕恭为广宁前屯卫百户，主要依据是《辽东志》《全辽志》中的相关记载。其中载：

> 毕恭，以谦，前屯卫人，有文武才。由百户保升流官指挥佥事。图上方略，开设边堡、墙壕、烽堠，至今赖焉。官至署都指挥佥事，掌都司印。抚士卒、革奸弊、广屯田、兴学校、政平讼理，至今称之。所著有《辽城吟稿》。以疾卒，上遣官谕祭，翰林学士庐陵陈循为制神道碑。[1]

> 毕恭，字以谦，前屯卫籍。其先山东济宁人，巡抚王公翱荐恭有文武才，由百户举升流官指挥佥事。图上方略，开设迤西边堡墙壕，增置烽堠，兵威大振。虏人畏服，进署都指挥佥事。奉敕守备宁前地方，在任五年边鄙宁谧。寻擢掌都司事，抚士卒、革奸弊、广屯田、兴学校、政平讼理，至今称之。所著有《辽城吟稿》，以疾卒。上遣官谕祭，翰林学士庐陵陈循为撰神道碑。[2]

显而易见，《辽东志》《全辽志》都明确记载毕恭为广宁前屯卫百户。因此，后来有的著述认定毕恭为广宁前屯卫百户，而不是定辽前卫百户。张士尊先生对此展开非常有意义的研究论述，认为《明实录》记载先于《辽东志》，而且宣德十年（1434）毕恭任职的原因是定辽等六卫的推荐，升任的职务也是定辽前卫指挥佥事。一般来说，明朝中期卫所官员职务升迁要先在本卫内进行，毕恭是定辽前卫百户，升为定辽前卫指挥佥事，升任后时间不长就提出五条建议，其内容基本都是关于辽河以东的边防事务，所以认定毕恭为定辽前卫百户是合情合理的。[3] 至于《辽东志》记载毕恭为广宁前屯卫百户，张士尊先生认为是个误载。其理由在于，《辽东志》

1.（明）毕恭等纂修：《辽东志》卷六《人物》，辽沈书社 1984 年版，第 449 页。

2.（明）李辅等纂修：《全辽志》卷四《宦业·国朝》，辽沈书社 1984 年版，第 617 页。

3. 张士尊：《明代辽东边疆研究》，吉林人民出版社 2002 年版，第 68–69 页。

一书虽然始修于正统年间，但是中间经过数次重修，直到嘉靖中期才定稿，此时已经距毕恭生活的正统年间有一个多世纪，显然比修于成化年间的《明英宗实录》晚得多。正因为如此，《辽东志》关于明朝初年的人和事误载较多，可能甚至本志的始修者也不例外。另外，张士尊先生认为造成这种失误的原因还有正统七年（1442）以后，毕恭受到提督辽东军务的王翱的重视，升都指挥佥事，长期在辽西修建墩堡边墙，特别是正统十二年（1447）以后，在广宁前屯卫地方任守备五年，所以后人误以其为广宁前屯卫人。[1] 根据《明实录》记载，毕恭生前曾担任广宁前屯卫守备职务，"命广宁中屯卫指挥佥事管安守备广宁前屯卫。先是辽东都司署都指挥佥事毕恭守备，至是命恭还司，故以安代之"。[2] 但时间并非是正统十二年（1447）以后，而是正统五年（1440）之前。

明永乐二十一年（1423）《重修辽阳城西广佑寺宝塔续记》铜碑现状

辽阳地区发现的明永乐二十一年（1423）《重修辽阳城西广佑寺宝塔续记》记述了永乐二十一年辽阳当地人士在毕通倡导下，集资维修辽阳白塔的历史信息。其中涉及毕恭家族，十分难得，可以证明毕恭曾担任定辽前卫百户职务，记文内容如下：

按： 前元千户毕庆成于皇庆二年重修之后，又复颓坏。至大明永乐，辽东地广人稠，太平无事，何其盛哉！独获好

1. 张士尊：《明代辽东边疆研究》，长春：吉林人民出版社，2002 年，第 68-69 页。
2. 《明英宗实录》卷六十四，正统五年二月庚寅条。

善者，毕通官人也。祖贯济宁州人，始生于建康，由兄达以旧勋授百户。洪武四年渡海，终于定辽之前卫任所。荫及侄恭而通，暇日尝游于寺，见塔颓坏，特发宏愿，务以修完为念。于是，相与定辽后卫百户李秉等鸠财命工，经营成之，诚以胜事，今将舍财人户同开于后，为之记耳。[1]

根据这一《重修辽阳城西广佑寺宝塔续记》的记载，倡导集资维修辽阳白塔的毕通，与毕达是兄弟关系。而毕达则是毕恭的父亲，祖籍济宁州人，这与《全辽志》中记载的毕恭"其先山东济宁人"相互印证。[2]毕恭的父亲毕达"以旧勋"授予百户官职，并于洪武四年（1371）随明军渡海登陆辽东，最后终老于定辽前卫任上。结合历史背景，可以推断，毕达应是当年跟随马云、叶旺从山东半岛渡海由旅顺登陆辽东，其后一路挥师北上辽阳的。永乐时的毕达家族已经是辽东都司所辖定辽前卫军籍。"侄恭"即毕通之侄毕恭；"荫及"即按照明代世官制度，毕恭在其父亡故后接替其职务，担任定辽前卫百户。所以前文张士尊先生的一系列推断是正确的，从文献与文物两方面足以证明毕恭为定辽前卫军籍，在辽阳期间曾担任定辽前卫百户一职。毕恭亡故于何时？正史、方志语焉不详。学者推测毕恭亡故于景泰元年（1450）至景泰三年（1452）之间。[3]但《明英宗实录》正统十四年（1449）五月甲申条记载："命南京锦衣卫故带俸指挥佥事郭珍子昌袭职。辽东故都指挥佥事毕恭侄宁为百户。"[4]据此可以推测毕恭应亡故于正统十四年（1449）五月左右。按照明代世官制度，毕恭去世后由其侄子毕宁袭职担任百户职务，"百户"很有可能是定辽前卫百户的简称。

1. 邹宝库：《辽阳碑志选编》，辽宁民族出版社 2011 年版，第 176 页。原录文"荫及侄恭而通，暇日尝游于寺"断句有误。结合上下文，此处断句应为"荫及侄恭。而通暇日尝游于寺"。"侄恭"即毕通侄子毕恭，"而通暇日尝游于寺"即毕通暇日游览广佑寺。

2.（明）李辅等纂修：《全辽志》卷四《宦业·国朝》，辽沈书社 1984 年版，第 617 页。

3. 刘谦：《明辽东镇长城及防御考》，文物出版社 1989 年版，第 42 页。

4.《明英宗实录》卷一百七十八，正统十四年五月甲申条。

二、王翱与毕恭之关系探微

随着正统年间辽东地区防御形势的日趋紧迫，明朝于正统二年（1437）之后继续修筑辽东边墙，相关记载主要见于《明史·王翱传》。王翱在任辽东期间，致力于辽东边务的整饬工作，逐年增修城堡墩台，从山海关至开原边墙渐趋完备。正统七年（1442）都御史王翱提督辽东军务，史载："翱乃躬行边，起山海关抵开原，缮城垣，浚沟堑。五里为堡，十里为屯，使烽隧相接。"[1]《明史》记载内容与《全辽志》记载内容相符。

> 王翱，直隶盐山人。永乐乙未进士，官翰林庶吉士，改大理左寺正谳狱诖误，左迁行人。宣德改元，擢监察御史。十年升右佥都御史，镇守江西。植良善、抑奸贪，风采凛然。又移镇松潘，靖商巴之乱。正统七年，提督辽东军务。总兵以下庭谒，翱诘其失机之由，命左右悉曳出斩之。诸将哀请，得生。于是三军股栗，无不用命。逾月乃自巡边，沿山海抵开原。高墙垣、深沟堑，经略屯堡、易置烽燧，珠连璧贯，千里相望。[2]

学界认为王翱在任期间曾荐毕恭为流官指挥佥事，[3] 其主要依据是《全辽志》中记载"巡抚王公翱荐恭有文武才，由百户举升流官指挥佥事"。[4] 经过对比可知，《辽东志》中却并未记载王翱在任期间曾荐毕恭为流官指挥佥事，《全辽志》此处记载的内容还是值得重新考虑的。众所周知，《全辽志》直到嘉靖时期才定稿刊印，此时已经距毕恭生活的正统年间有一个多世纪，显然比修于成化年间的《明英宗实

1.（清）张廷玉等撰：《明史》卷一七七《列传第六五·王翱传》，中华书局 1974 年版，第 4700 页。
2.（明）李辅等纂修：《全辽志》卷四《宦业·国朝》，辽沈书社 1984 年版，第 611–612 页。
3. 辽宁省文物局主编：《辽宁省明长城资源调查报告》，文物出版社 2011 年版，第 7 页。
4.（明）李辅等纂修：《全辽志》卷四《宦业·国朝》，辽沈书社 1984 年版，第 617 页。

录》晚得多，正因为如此，《全辽志》关于明朝初年的人和事误载才会较多。其实毕恭由百户职务升为指挥佥事并非由王翱举荐。早在宣德十年（1435），因为毕恭有才略，被定辽等六卫共同举荐，经过兵部考核，最终由百户越级升为指挥佥事。《明宣宗实录》宣德十年（1435）七月癸巳记载："升辽东定辽卫百户毕恭为指挥佥事，先是，定辽等六卫举恭有才略，至是，兵部试中，故超擢之。"[1] 王翱任职辽东是在正统七年（1442），与毕恭宣德十年（1435）担任指挥佥事的时间明显不符，所以《全辽志》关于王翱在辽东任职期间荐毕恭为流官指挥佥事的记载应属讹误。有学者认为，正统七年冬，都御史王翱提督辽东军务，"知其（毕恭）有文武才略，疏于朝"，荐为辽东都指挥佥事。[2] 实际亦并非如此。《明实录》记载在王翱未到辽东任职之前，正统六年（1441）十二月署都指挥佥事毕恭就已经被实授为辽东都指挥佥事职务。"实授辽东署都指挥佥事毕恭为都指挥佥事。以定辽前等六卫旗军言恭老成练达善抚军民故也。"[3] 而且查询《明实录》，可发现一让人费解的现象，即从正统七年王翱提督辽东军务后，直至正统十四年左右（1449）毕恭亡故，这一时段内并没有关于毕恭的记载。王翱在辽东任职期间赏罚分明，提拔了众多将官，如施聚、焦礼等，如果王翱提督辽东军务期间重用毕恭，《明实录》中不可能没有记载。所以笔者推测二人并非如《全辽志》中记载那样关系紧密。

三、明代辽东长城辽西段修建者考辨

辽河西边墙（辽东边墙西段）主持修建者是否为王翱与毕恭，学界曾有不同观点。有观点认为，辽河西边墙（辽东边墙西段）始建于明正统七年，为王翱在任时

1.《明宣宗实录》卷七，宣德十年秋七月癸巳条。刘谦认为"稻叶君山关于毕恭在宣德年间担任百户观点不确切"，其实未必正确。详见刘谦：《明辽东镇长城及防御考》，文物出版社1989年版，第41页。

2. 刘谦：《明辽东镇长城及防御考》，文物出版社1989年版，第42页。

3.《明英宗实录》卷八十七，正统六年十二月癸丑条。

与下属毕恭共同主持修筑。[1] 张士尊先生在其《明代辽东边疆研究》一书中认为，辽河西段边墙修筑者是王翱，以往认定为毕恭所修，其实是个误解。[2] 张士尊先生之所以认为不是毕恭修建的理由，他没有在《明代辽东边疆研究》中展开论述。学界还有人认为此处边墙是王翱与毕恭共同主持修筑，依据是《全辽志》的记载："（毕恭）图上方略，开设迤西边堡墙壕，增置烽燧，兵威大振，虏人畏服。"[3] 如上文所论述，《全辽志》此处内容之前出现王翱字样，实属记载讹误。后人就此认为是在王翱任职辽东后，在其支持下毕恭又开始修建辽河西边墙（辽东边墙西段）。实则不然。《全辽志》记载"（毕恭）图上方略，开设迤西边堡墙壕，增置烽燧，虏人畏服"之事，并非指毕恭修筑辽河西边墙（辽东边墙西段）。从《辽东志》的记载来看，毕恭"由百户保升流官指挥佥事。图上方略，开设边堡、墙壕、烽堠，至今赖焉。官至署都指挥佥事"，[4] 所言十分明确，是因为毕恭担任指挥佥事职务之后，向上级奏请治边方略（图上方略），所以才有了之后的"开设边堡，墙壕烽堠"。即《明实录》记载的正统二年（1437）修建辽河套地区边墙之事。笔者推测"图上方略"就是上文提及的《明英宗实录》记载正统二年三月定辽前卫指挥佥事毕恭向朝廷提出的五项建议。而且在《辽东志》《全辽志》中均记载毕恭担任辽东都指挥佥事后，"抚士卒、革奸弊、广屯田、兴学校、政平讼理，至今称之"，[5] 但均未提及毕恭再次修筑边墙。修筑边墙不仅关乎辽东边境安危，而且工程浩大，《明实录》中却只字未提及毕恭再次修筑边墙之事，这与正统二年毕恭奏请修筑辽河套段边墙的记载形成鲜明对比。所以，学界有人认为王翱与毕恭共同修建辽河西边墙（辽东边

1. 刘谦：《明辽东镇长城及防御考》，文物出版社 1989 年版，第 44 页。辽宁省文物局主编：《辽宁省明长城资源调查报告》，文物出版社 2011 年版，第 7 页。

2. 张士尊：《明代辽东边疆研究》，吉林人民出版社 2002 年版，第 67 页。

3. （明）李辅等纂修：《全辽志》卷四《宦业·国朝》，辽沈书社 1984 年版，第 617 页。

4. （明）毕恭等纂修：《辽东志》卷六《人物》，辽沈书社 1984 年版，第 449 页。

5. 参见（明）毕恭等纂修：《辽东志》卷六《人物》，辽沈书社 1984 年版，第 449 页；（明）李辅等纂修：《全辽志》卷四《宦业·国朝》，辽沈书社 1984 年版，第 617 页。

墙西段）的说法并不符合史实。究其原因，是对史料未加辨析而受到《全辽志》记载讹误的影响所致。

综上所述，毕恭军籍为定辽前卫籍而不是《辽东志》《全辽志》中记载的前屯卫籍。学界经常引用的《全辽志》中关于毕恭修建辽西段长城的内容，存有讹误，并不符合史实。毕恭生前参与修建明辽东长城辽河套段，而明代辽东长城辽西段主持修建者并非是毕恭，而是王翱，而且二人关系并非如《全辽志》中记载的那样紧密。

第三节 《明骠骑将军左军都督府都督佥事王祥墓志》补释

《明骠骑将军左军都督府都督佥事王祥墓志》（以下简称《王祥墓志》）1980 年出土于辽宁省辽阳市弓长岭区汤河镇牛录村胡家沟，志石长、宽各 60 厘米，志文27 行，满行 34 字，盖篆"骠骑将军左军都督府都督佥事王公墓志铭"，镌刻于明天顺元年（1457）。志石破损严重，碎裂成多块，而且部分缺失，现收藏于辽阳博物馆。墓志主人王祥是明代辽东地区的著名军事将领，《辽东志》《全辽志》对其事迹均有详细记载。2002 年出版的《辽宁碑志》收录了该墓志的原文，其中，有的字脱落没有识读，用"□"代替，志文内容未被考释。[1] 杨瑶、张辉曾发表《〈明骠骑将军左军都督府都督佥事王祥墓志〉考释》一文对王祥的生平事迹有所考述[2]，但可惜文中未刊载墓志原文以及拓片，也没有对墓志进行系统考释，多少有些不尽人意。更为重要的是，文章中的部分内容观点存在进一步商榷之处，值得再进行讨论。由

---

1. 王晶辰主编：《辽宁碑志》，辽宁人民出版社 2002 年版，第 150–151 页。
2. 杨瑶、张辉：《〈明骠骑将军左军都督府都督佥事王祥墓志〉考释》，《兰台世界》2012 年第 24 期。

于该墓志内容反映了明代辽东地区著名将领王祥的生平事迹以及明朝东北边政情况，因此显得十分重要。为了更加充分地利用这一珍贵史料，笔者结合已发现的其他墓志，以及《明史》《明实录》等文献材料对志文内容进行进一步释读。为方便阅读，笔者对志文进行标点断句，以"□"表示该字磨损脱落不清，加"囗"字表示原字脱落而考释出的字。

一、《王祥墓志》录文

《王祥墓志》全文如下：

骠骑将军左军都督府都督佥事王公墓志铭

奉 囨 囷 囷 山东等处提刑按察司佥事王麟　撰

中 囷 囷 夫辽东行太仆寺少卿彭理　书丹

朝 囫 囷 夫辽东苑马寺少卿祝铭　篆盖

天顺改元十月□□，骠骑将军左军都督佥事王公卒于辽阳官舍正寝，将卜是岁腊月壬寅葬于柳山□□□□□衰绖衔哀，执状请铭，以贲诸幽。按状，公讳祥，字伯祯，世居光之固始。祖宪，元季□□行院枢副，洪武己酉归附，授昭信校尉，任燕山。考唤，永乐初，奉天靖难，累功升都指挥。己丑徙镇兴和，岁择羔羊名马献之阙下。公方垂髫，充使，累觐太宗皇帝于便殿，应对敏捷，动止□□，蒙赉予特厚。甫弱冠，选为仪宾，公以有室辞。永乐壬寅，虏寇兴和，厥考战死。上闻之震悼，躬往问虏罪。有司举公是□行在，敕授指挥使。凯还，俾总神机营。宣德癸丑，辽东总兵巫公以贤方面请之司马，举十人以□。上以公为宜，升都指挥佥事，遣镇辽阳。时新设宁远卫，蒲、泛二所皆公总督，经画悉合经久计。正统辛酉，都绣斧李浚巡抚辽东，以地大政繁，举公克堪都司重任，数年绩用有成，升都指挥同知。甲子，讨虏至老河，斩馘甚众，升都指挥使。景泰庚午，虏寇东山，公率兵追及之，斩其酋长，进阶骠骑将军左军都督佥事，仍掌辽东都司，累受白金文绮之赉。

建州酋李满住，率属入贡过辽阳，公盛陈兵卫以待。时满住与逆虏也先连约入寇，公责之曰："尔从也先，背主之贼也。且东北诸夷，畏我大国之佑尔也，得失利钝莫与尔较。尔之父子宁而蓄牧藩者，谁之赐欤？且尔事蕞尔也先，与事中国之圣天子，其你顺为何如？尔辈朝为宾贡，暮作寇徒，得利则幸我皇恩，失利则身膏草莽，岂长久计哉？"满住弟官保奴□□悟，率部落千余来降，事闻，命公择地以处。乃构屋数十区，给以衣粮，俾之生业□□者无不悦服，建州之患遂息。司马陈公举公充左参将，以镇开原。疏入，公已遘疾，比□精神愈爽，遗言后昆，惟以报君亲罔极之恩为急。生于壬午年二月四日，距今五十有六。娶章氏，继娶吴氏，皆封夫人。子男四：锴、钺、锦、铎。女一尚幼。呜呼！倜傥磊落，拳勇英杰，与夫学问智术，人不能一者，公兼有之。以故承芳积勋，既贵且富，几四十年鲜有过咎。大丈夫若斯之贤，亦可谓难也已。宜用评□而为之铭。铭曰：

派衍河南，庆集于公。为时虎臣，袭世勋庸。

有烈有廉，既文且武。奋驰金戈，歼焉蠢虏。

帝简厥绩，恩顾日隆。熊旗绥章，进秩褒功。

俾奠东藩，崇垣固壁。眠得其所，乃歌乃怿。

边人恃公，屹然长城。胡遽易箦，梁坏崖崩。

存没荣哀，柳山墓石。我述公铭，永耀无极。

二、王祥的谱系和姻亲

王祥家族以军功起家，是明代辽东地区著名的世家大族。王祥曾祖父王彬担任过元朝元帅，[1]祖父王宪初为元朝官员担任行院枢副一职，洪武己酉年（1369）归附

---

1. 王晶辰主编：《辽宁碑志》，辽宁人民出版社 2002 年版，第 355 页。

明朝。而在王唤的圹志中记载王宪于洪武三年（1370）归附明朝，二者记载时间相差一年。王宪归附明朝后，担任百户，任职于燕山左卫。燕山左卫是明初疆域北部以北平为防御中心的军事要地。朱元璋洪武元年八月癸未"诏大将军徐达置燕山等六卫以守御北平"，于是徐达改飞熊卫为大兴左卫，淮安卫为大兴右卫，乐安卫为燕山左卫，济宁卫为燕山右卫，青州卫为永清左卫，徐州五所为永清右卫。[1] 王宪初授昭信校尉，后以军功升授承信校尉。需要说明的是，朝鲜使臣记载的"王祥以元朝枢副，归顺皇朝，历事太祖文皇，从战有功"，[2] 应是误将王祥曾祖与祖父的事迹与王祥的事迹混淆，出现讹误。王祥父亲王唤是朱棣"奉天靖难"时期著名将领，曾参与白沟河之战、济南之战等重要战役，浴血奋战，累功升都指挥使，永乐己丑年（1409）镇守北方军事重镇兴和。王唤作为明朝北部守边的重臣，恪尽职守，"岁择羔羊、名马献之阙下"，《明实录》中也有"镇守兴和都指挥王唤各贡羊马赐赉有差"受到赏赐的记载。[3] 兴和由于其地理位置特殊，往往成为南北双方军事力量角逐的焦点。志文记载"永乐壬寅，虏寇兴和，厥考战死"，指的是永乐二十年（1422），阿鲁台大举围攻明朝北方重镇兴和之事，明都指挥王唤不幸战死。王唤战死一事，《明史》中也有记载，云："阿鲁台犯兴和，都指挥王唤战死。"[4] 随后不久，"上闻之震悼，躬往问虏罪"，永乐二十年（1422）明成祖朱棣亲自率师发起第三次漠北之征。明军抵达鸡鸣山，阿鲁台急忙北撤避战，明军一路追击，阿鲁台遗弃牛马辎重，率部远遁，最后明军胜利班师。《明史》记载："丁丑，亲征阿鲁台，皇太子监国。戊寅，发京师。辛巳，次鸡鸣山，阿鲁台遁。"[5] 王祥生前娶过两任夫人，即章氏与吴氏，有子四人，分别为王锴、王钺、王锦、王铎，另有女儿一人，王祥去世时年纪尚幼。需要说明的是，《〈明骠骑将军左军都督府都督

1.《明太祖实录》卷三十四，洪武元年八月癸未条。

2.［朝鲜］赵翊：《皇华日记》，见林基中辑：《燕行录全集》第9册，第142页。

3.《明太宗实录》卷一百六十八，永乐十三年九月丁酉条。

4.（清）张廷玉等撰：《明史》卷七《本纪第七》，中华书局1974年版，第101页。

5.（清）张廷玉等撰：《明史》卷七《本纪第七》，中华书局1974年版，第101页。

金事王祥墓志〉考释》一文的作者认为："王祥的孙子王瑄先娶昭信校尉黄静之女，续娶昭勇将军邓公之女。王瑄育有三子三女，长女名文全，嫁本卫指挥使武振；二女名妙庆，嫁指挥朱信长子朱全；三女名妙贵年幼未嫁。"[1] 这一考证很值得商榷。《王瑄墓志》1956 年出土于辽宁省辽阳市太子河区东京陵乡石桥子村，根据志文记载，王瑄的祖父王祥祖籍直隶庐州合肥，[2] 这与《王祥墓志》记载的祖籍河南光州固始相差甚远。而且，王瑄志文中的"尊翁政"应指的是王瑄父亲名叫王政，"尊翁"是墓志撰文者对死者父亲的尊称。而根据《王祥墓志》的记载，王祥诸子当中并没有叫王政者，非常明显这与《王祥墓志》中的记载根本不符，由此可判断两墓志中的王祥并非一人，应是同名同姓的两人。这种误将同名同姓的王祥混为一谈的现象也曾出现在明朝末年朝鲜使臣的日记中。朝鲜使臣黄允中的《西征日记》记载："王祥墓，孝子王祥也。至今墓尚在，流传为王祥墓，亦至孝感人之深耶。"诚如张士尊先生在其专著中所指出的，黄允中明显是将汉代卧冰求鲤的孝子王祥当成了明朝辽东将军王祥。[3]

王祥诸子中以王锴最为显达，其生平事迹在《全辽志》中有详细介绍。王锴在任期间颇有建树，奋勇杀敌，巩固边防，修建学校，累升都督同知，最后受到朝廷赐葬的礼遇。[4] 需要补充的是，研究表明，王祥之子王锴娶辽东都司地方官员陈通之女为妻。陈通是明初西北边疆地区的重要将领，曾代表明朝中央政府与西北地区少数民族进行交往，后因官场倾轧，被贬官戍边辽东。其父陈敬以及其祖父陈良也均曾在明朝边陲要地任职，而陈通的后代多与边陲地区军官武将之间相互联姻。[5]从王氏家族姻亲关系也可以看出，明朝边陲地区军官武将之间相互联姻的现象极其普遍。在封建专制社会中，这种门当户对的姻亲关系也是巩固本家族社会地位的

1. 杨瑶、张辉：《〈明骠骑将军左军都督府都督佥事王祥墓志〉考释》，《兰台世界》2012 年第 24 期。

2. 王晶辰主编：《辽宁碑志》，辽宁人民出版社 2002 年版，第 361 页。

3. 参见张士尊：《纽带——明清两代中朝交通考》，黑龙江人民出版社 2012 年版，第 200 页。

4. （明）李辅等纂修：《全辽志》卷四《宦业·王锴》，辽沈书社 1984 年版，第 617 页。

5. 参见拙文：《〈明镇国将军都指挥陈通墓志铭〉考释》，《北方文物》2012 年第 3 期。

一种有效手段，王祥家族中有关姻亲关系的记载也正是明代边陲社会生活状况的真实反映。

三、王祥的仕历和生平

王祥是由于其先辈的军功起家，幼年就有机会觐见明成祖朱棣。史载："公方垂髫，充使，累觐太宗皇帝于便殿。"因其聪明敏捷而受到朱棣的喜爱。王祥成年后，朱棣更是想将其选为"仪宾"。"仪宾"是明代对宗室亲王、郡王之婿、孙女婿、曾孙女婿、玄孙女婿的统称。《明史》载："亲王女曰郡主，郡王女曰县主，孙女曰郡君，曾孙女曰县君，玄孙女曰乡君，婿皆仪宾。"[1] 由此可见朱棣对其喜爱，但王祥最后以已有家室为由婉拒了朱棣的好意。王祥的父亲王唤战死兴和后，按照明朝的规定王祥袭职燕山左卫指挥使，史载："命故都指挥使王唤子祥为燕山左卫指挥使。"[2]《〈明骠骑将军左军都督府都督佥事王祥墓志〉考释》一文认为，王祥任燕山卫指挥使，对其志文的释读有误，应为燕山左卫指挥使。随后不久王祥被调往神机营任职。"神机营"是明朝永乐时期著名的三大京营之一，配备有先进的火器卫戍京城重地，由此也可见明成祖朱棣对王祥的信任与垂青。

宣德癸丑（1433）辽东总兵巫凯推举人才，最后明宣宗选定王祥升都指挥佥事任职辽东。王祥任职辽东后积极督办防御工事，《〈明骠骑将军左军都督府都督佥事王祥墓志〉考释》一文中对宁远卫以及蒲河城修建过程有详细介绍，但未将"汎所"两字辨别，在此有必要进行释读。志文中的"汎所"应该是"汎河城"的简称。"汎河城"在《辽东志》中有详细记载。明正统年间毕恭奏请设置汎河城，周围七百一十五丈，高二丈，池深一丈二尺，阔二丈。城门两座，东曰承恩、南曰安

1.（清）张廷玉等撰：《明史》卷一百二十一《列传第九》，中华书局 1974 年版，第 3661 页。
2.《明太宗实录》卷二百四十七，永乐二十年春三月辛巳条。

远。[1] 汎河城属铁岭卫，正统四年（1439）设汎河中左所于城南三十里[2]。由于政绩出色，正统辛酉年（1441）朝廷命官李浚巡视辽东时推举王祥升任辽东都指挥同知一职。志文中记载："甲子，讨虏至老河，斩馘甚众，升都指挥使。"指的是正统九年（1444）王祥随军至老河征讨之事，因功升辽东都指挥使一职。《明实录》有"赏辽东征进都指挥施聚、焦礼、裴俊并军旗人等白金绢布有差，以其从都督曹义至老河杀获达贼有功也"的记载，[3] 虽然未见王祥其名，但结合志文内容，及记载中时间与地点进行判断，王祥也应该参与此次重要的军事行动。正统末年，随着蒙古瓦剌部的逐渐强大，明朝北部边疆危机日益严重。在此背景下，辽东地区北部羁縻卫所在蒙古瓦剌部强大军事挟裹下也趁机入边抢掠。志文记载，景泰庚午（1450）虏寇掠东山一带，王祥领兵追击斩杀其酋长而被明朝封赏，进阶骠骑将军左军都督金事。王祥受封赏一事，《明实录》中也有记载，云："赏都督王祥等官军二百六十七人银两、彩币、绢布有差以辽东辽阳东山、清河等处杀贼功也。"[4] 经过此役，王祥达到人生仕宦顶峰。

正统末年至景泰初年，辽东地区受到海西、建州女真侵扰不断。明朝在军事力量重新调整之后，建州女真李满住部迫于威慑向明朝臣服，送还所掠男女，并进京朝贡，史载："乙酉建州等卫女直都督李满住、董山等自正统十四年以来乘间窃掠边境，辽东为之困敝。提督辽东军务左都御史王翱等遣指挥王武，经历佟成往招之。至是稍归所掠男女，而身自入朝贡马谢罪。"[5] 志文中记载"建州酋李满住，率属入贡过辽阳"的内容应指此事。作为辽东地区重要军事将领，王祥列军盛兵以待，强烈震慑了入寇辽东多年的李满住，并对其反叛无常勾结也先的行径进行了有力斥责。有明一代，根据女真、蒙古两大势力的力量消长情况推行"藉女直制北虏"策

1.（明）任洛等纂修：《辽东志》卷二《建置·汎河城》，辽沈书社1984年版，第370页。

2.（明）任洛等纂修：《辽东志》卷一《地理·铁岭卫》，辽沈书社1984年版，第354页。

3.《明英宗实录》卷一百一十七，正统九年六月乙未条。

4.《明英宗实录》卷二百零四，景泰二年五月丙辰条。

5.《明英宗实录》卷二百零九，景泰二年冬十月乙酉条。

略，对女真一贯采取招抚为主的政策。[1] 明朝初年随着国内政局的逐渐稳定，为了宣扬国威、稳定边疆，施行"招徕远人"的政策，对东北地区少数民族有计划地进行大规模招抚活动，并对归附的少数民族进行安置。志文中记载李满住弟官保奴归顺一事，是王祥继续执行明朝对女真部招抚政策的具体反映。官保奴本为毛怜卫都督猛哥不花之子，曾向明朝贡马。《明实录》中记载："辽东毛怜卫故都督莽哥不花（即猛哥不花）子官保奴等来朝贡马。"其父为猛哥不花，其祖为阿哈出，其叔父为李满住父亲释加奴，故称之为李满住之弟。墓志中反映的官保奴率众归顺明朝这一事件，《明史》《明实录》均未见记载，志文可补史之阙，弥足珍贵。随后王祥被举荐为左参将，镇守辽东战略要地开原。而此时王祥已身患重病，临终之际不忘告诫后代报恩明朝，寿终五十六岁。

另外，墓志撰文者王麟在《明实录》中也有记载，他曾因督办辽东粮储不力而被御史弹劾。史载："庚辰巡按山东监察御史田景旸案奏按察司佥事王麟督粮储于辽东，不能防奸致士卒盗鬻数万石，时麟以忧归浙江，命巡按浙江监察御史伍骥执问之。"之前的墓志整理者认为此处磨损缺失两字，[2] 但通过对照志明代文撰写格式后，我们认为此处应缺失三字。墓志撰文者王麟担任"山东等处提刑按察司佥事"一职，按照惯例，前面应该是散阶名称。传世刻文有"奉议大夫山东等处提刑按察司佥事王亨"，因此我们认为此处志文中所缺之字应是"奉 议 大 夫"。墓志书丹者彭理《明实录》中也有记载，景泰六年（1455）"升顺天府通判彭理为辽东行太仆寺少卿"。[3] "辽东行太仆寺少卿"为明代官职，正四品，彭理由顺天府通判升任辽东行太仆寺少卿，因此"中□□夫"应为明朝文散阶升授"中 宪 大 夫"。关于墓志篆盖者祝铭，《明实录》载景泰三年（1452）"升府同知祝铭为辽东苑马寺少卿"。[4]

---

1. 李治廷主编：《清史》，上海人民出版社 2002 年版，第 43 页。

2. 王晶辰主编：《辽宁碑志》，辽宁人民出版社，2002 年版，第 150–151 页。

3.《明英宗实录》卷二百五十三，景泰六年五月壬子条。

4.《明英宗实录》卷二百一十四，景泰三年三月丙申条。

"辽东苑马寺少卿"为明代官职，从四品，而且根据王祥墓志盖所篆书印记"朝列大夫之章"内容判断，志文中"朝□□夫"应为明代文散阶"朝 列 大 夫"。

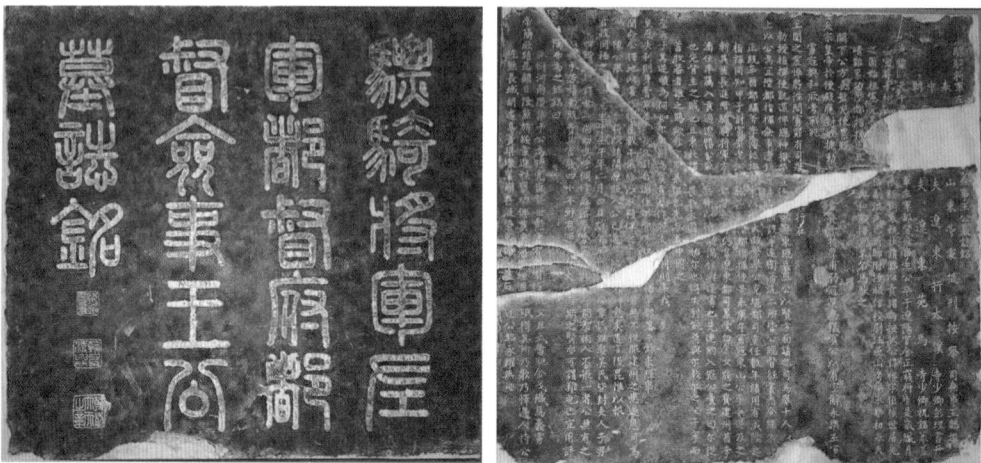

王祥墓志盖及墓志铭拓片

第四节　《明镇国将军辽东副总兵韩斌墓志铭》考释[1]

　　《明镇国将军辽东副总兵韩斌墓志铭》（以下简称"墓志"）民国时期出土于今辽阳市庆阳化工厂厂区内高峰山韩斌家族墓地"韩家坟"。韩斌为景泰、天顺、成化年间的著名武将，善于用兵，战功显赫且颇有声望。另外，韩氏家族是明代辽东地区的名门望族，家族中多名成员担任武官要职，多次得到朝廷封赏、祭葬。《韩斌墓志》发现较早，历经时局动荡，保管不力，现已不知所终。但颇感欣慰的是，《韩斌墓志》全文见于明朝辽东贺钦编纂的《医闾先生集》卷四中，由此可补墓志

1. 参看拙文：《〈明镇国将军辽东副总兵韩斌墓志铭〉考释》，《辽宁省博物馆馆刊》（2017），辽海出版社 2018 年版，第 82−94 页。

丢失之遗憾。墓志撰文者贺钦，字克恭，别号医闾，是明朝辽东地区著名文人。贺钦先祖为浙江定海人，后迁至辽东义州卫。贺钦为成化二年（1466）进士，授户科给事中。弘治初年，任职陕西参议，因母亲去世，乃上疏恳辞，遂不复出，有《医闾先生集》九卷传世，生前与韩斌家族交往密切。《韩斌墓志》内容涉及明代中期延绥地区、辽东地区诸多历史事件和重要人物，弥足珍贵，可与《明史》《明实录》《辽东志》《全辽志》等史志内容互证并补齐缺失，所以颇有学术研究价值。

一、韩斌早期仕历

根据志文记载，韩斌十六岁时按例袭职，掌印本卫后事务练达，军事方面素养逐渐显现。景泰年间，在小团山一战，韩斌曾斩杀外虏酋长。天顺元年（1457），韩斌升职辽东都指挥佥事，备御宁远。在任上，韩斌充分发挥其军事才能，由于辽西地区义州等地一直是兀良哈南下侵扰的重灾区，韩斌曾主动向总兵官成山伯王琮请兵剿贼，并在八塔以少胜多，击退外敌，而受到彩缎白金赏赐。此事在《全辽志》中也有记载。[1] 志文中记载的韩斌守备义州一事，在《明实录》中也有记载，云："命辽东宁远备御都指挥佥事韩斌分守义州地方。"[2] 根据志文记载，韩斌曾协同怀柔伯施聚镇守义州，修筑军事设施，保护耕牧，后因守边不力，被贬秩二等。虽然志文与史书对此事语焉不详，但笔者推测韩斌是因为犯下不小的义州过错而导致受惩处。

即便如此，韩斌由于其卓越的军事才能，仍受到当时刑部主事丘霁、巡抚辽东都御史史滕昭等人的极力推荐。志文所言"甲申，巡抚都御史史滕昭、巡按御史常振、刑部主事丘霁，交章荐公抱大将奇才"一事，《明实录》中有详细记载，云：

1.（明）李辅等纂修：《全辽志》卷四《人物·韩斌》，辽沈书社 1984 年版，第 626 页。
2.《明英宗实录》卷三百四十三，天顺六年八月庚辰条。

刑部主事丘霁言：宁远卫指挥韩斌，谙练韬略屡立战功，虽因事降职，效力愈勤有将才，可任。兵部言：巡抚辽东都御史史滕昭等，亦尝连章举斌，乞召试，观其方略量为擢用，特命召斌驰驿赴京。[1]

天顺六年（1462），四川发生严重饥荒，饥民抢劫州县，赵铎趁势起义，并称"赵王"，以川北为主，在南到内江、东到湖广的荆襄一带流动作战，声势浩大。成化元年（1465），韩斌被朝廷征召充参将，志文言："成化乙酉，上命公署都指挥佥事，充参将，征四川。"从而参加平定四川赵铎起义。此事在《明实录》中有详细记载，云：

巡抚四川都御史汪浩等奏：强贼赵铎愈肆猖獗，乞敕兵部计议，调兵剿捕，尚书王竑等请以五军营管操襄城伯李瑾充总兵官，升辽东宁远卫指挥同知韩斌为署都指挥佥事充参将，请敕统率京营并陕西汉达官剿捕之。上曰："韩斌如所请，李瑾不可动，兵部别举之。"[2]

不久，朝廷下诏，命令广义伯吴琮佩征夷将军印，充总兵官，同赞理军务右佥都御史吴琛、参将署都指挥佥事韩斌，往四川征剿夷贼。志文所言"未行，捷报，公辞厥任。上命公仍署职，协赞京营事"，指的是由于赵铎起义失败，韩斌还未随军开拔四川就传来捷报，但他仍然署职协同坐营官管操。志文记载内容与《明实录》记载内容可相互印证。《明实录》云：

罢征西四川兵，命总兵官广义伯吴琮，纳征夷将军印，赞理军务，右

1.《明宪宗实录》卷十四、成化元年二月己丑条。
2.《明宪宗实录》卷十六、成化元年夏四月壬辰条。

金都御史吴琛于都察院管事，参将署都指挥佥事韩斌革参将，协同坐营官管操。[1]

韩斌后来被任命为参将，分守延绥西路，"寻奉敕充左参将，分守延绥西路"，《明实录》中对此有记载，云：

命延绥总兵官都督佥事李杲佩征西将军印充总兵官，镇守宁夏左参将都指挥同知房能佩靖虏副将军印充总兵官，镇守延绥等处署都指挥佥事韩斌充左参将，分守延绥西路。[2]

关于志文中所记载的鞑靼重要人物毛里孩"拥众十余万，从定边营入寇围环县"，韩斌"率精骑五千击之，擒一人，斩首六十七级"一事，笔者在《明史》《明实录》等传世史料并未见详细记载，故难以结合史书进行全面考证。《明史》中记载，成化元年（1465）的秋天与冬天，以及成化二年（1466）的夏天，孛来均伙同小王子与毛里孩"大入延绥"，志文所记述内容很有可能即指此事。虽然《明史》《明实录》等传世文献对这一历史事件少有记载，但《全辽志》中有记载韩斌率军抗击毛里孩于环县之事，与志文内容相互印证。《全辽志》云："击毛里孩于环县，还，遇围。夜击出袭，击保安县。"[3]至于韩斌所部被围困后仍奋力突围歼敌，"巡抚都御史卢祥作《饶歌横吹曲》刻于石，以褒其功"的说法也难以与其他史料进行考证。让人疑惑的是，志文中记载的如此重要战役，正史中却语焉不详，很有可能是疏漏所致。明代宁夏花马池是当时南、北军事力量角逐的战略要地，韩斌面对鞑靼部落南下侵边，排兵布阵于城下，最终"贼见有备，解去"。

1.《明宪宗实录》卷十七，成化元年五月乙丑条。
2.《明宪宗实录》卷十八，成化元年六月己卯条。
3.（明）李辅等纂修：《全辽志》卷四《人物·韩斌》，辽沈书社1984年版，第626页。

二、韩斌中期仕历

建州女真在明中叶南迁至婆猪江、苏子河一带后，由于该地区有适于发展农业生产的地理环境和气候，邻近明辽东地区与朝鲜，所以建州女真充分利用臣服明朝受到庇护的客观条件，其社会经济得到迅速发展并不断壮大。与此同时，建州女真表面臣服明朝，但并不能掩盖其急剧膨胀的野心。成化初年，辽东地区山海关至凤凰山一线，受到以建州女真为主的军事威胁越来越大。为了达到掠夺人畜与财富的目的，李满住与董山对明与朝鲜采取"阳为孝顺，阴为抄掠"的两面手法，表面接受招抚，暗地中却继续犯边。[1]面对建州女真频繁入寇扰边不断的情况，明朝政府也逐步改变以往策略，采取军事手段来维护该地区稳定。韩斌由于出色的军事素养，在延绥地区局势暂缓的背景下，受李秉推荐重新回到辽东任职。志文中所言的"丁亥，辽东建州贼数寇边，都御史李秉荐公武略出众，深知夷情地利。上敕公改充游击将军"一事，在《明实录》中有相关记载。"丁亥"即成化三年（1467），当时提督军务左都御史李秉极力推荐韩斌回辽东任职。

> 臣见延绥等处参将都指挥韩斌生长辽东，曾守备义州，号令严明，夷狄畏詟，今延绥边警已宁，乞将韩斌取回辽，命充游击将军，听调杀贼。[2]

志文记载的"同李公征之，领右哨，出清河，斩首二百余级，俘男妇一百七十余口"，证明韩斌也参加了成化三年（1467）征讨建州女真的军事行动。"李公"指的应是李秉。辽东边将邓佐去世后不久，明政府命左都御史李秉提督军务，武靖伯赵辅佩靖虏将军印充总兵官，征讨建州女真。[3]志文中记载的"升实授都指挥佥

---

1. 刁书仁：《成化年间明与朝鲜两次征讨建州女真》，《史学集刊》1999 年第 2 期。
2. 《明宪宗实录》卷四十三，成化三年六月丁酉条。
3. 《明宪宗实录》卷四十二，成化三年五月乙丑条。

事，仍充游击将军，分守辽阳等处"，表明韩斌参与征讨建州女真而因功升职，这在《明实录》中也有详细记载，云：

> 论平建州虏寇功：太监黄顺，米岁二十四石，升少监；张璘为太监右监丞；韦朗为右少监加左都御史；李秉太子少保仍旧职进武进伯；赵辅为武靖侯转右佥都御史；张岐为左佥都御史，支正三品俸。升都督佥事王瑛、王铨俱为都督同知；署都督佥事武忠、署都指挥使黄钦、署都指挥佥事韩斌、周俊俱实授升都指挥同知。……兵部言：自正统十四年，虏寇也先犯顺尝令当先杀贼者量加升授以激人心。然势大事重不为常例，至天顺间累定征虏功次，止以有擒斩功者照例升授。余若奋勇当先等功，俱量给赏不升，已是定例。今征建州有功官军，宜准此例行庶恩赏公平，不致冒滥，事体均一无复纷更。上悉从之。[1]

志文言："戊子春，改充副总兵官，分守开原。提督辽阳镇巡等官会奏仍移公为辽阳守，上可其请。""戊子"，即成化四年（1468），此事在《明实录》中记载得十分详细，云："壬寅命都指挥佥事韩斌充副总兵，分守开原，兼提督辽阳等处军马。"[2]

在明朝成化三年（1467）第一次东征建州女真后，虽然建州女真元气大伤，但部落属众未被全部歼灭。为了防止辽东地区建州女真继续入寇劫掠，明朝开始修筑辽东东部地区边墙。志文记载的"己丑，以建贼寇边，不堡兵遏之非久计也，乃缘边自抚顺关抵鸭绿江，相其地势，创东州、马根单、清河、碱场、叆阳等五堡，后又设凤凰、镇东、镇夷等三堡，广袤千余里，立烽堠，实兵马，关灌莽，广屯田，

1.《明宪宗实录》卷五十、成化四年春正月庚寅条。
2.《明宪宗实录》卷五十一、成化四年二月壬寅条。

迄今虏不敢深入，而居民乐业，公之功也"等内容，与明代辽东东部地区因修建边墙而大规模开发其地有关。"己丑"，即成化五年（1469），韩斌创设此八堡，可以说是明朝在辽东地区"瓯脱"地带进行开发的重要举措。此举一改辽东东部地区的军事防御部署，使大量军民迁入，有力推动了当地开发。[1]

志文记载的"公擒贼首王沙鲁等十余人，不杀，谕而纵之，贼皆畏服"一事，史书中没有明确记载，可补史之阙。笔者推测，王沙鲁是当时建州女真所属的小部落的首领。志文言："庚寅，贼犯长营堡，公率兵逐出境外，斩首四级，擒三十人，获马牛器仗而还。""庚寅"，即成化六年（1470）。外敌入侵长营堡，韩斌率兵出击一事，在明代史料中没有明确记载，志文记载可补史之阙。志文言："癸巳，贼屡犯广宁，总兵官欧信等会公出义州，直抵兴中，克捷凯还，升都指挥同知。""癸巳"，即成化九年（1473）。韩斌与总兵官欧信等人因杀敌有功，升任都指挥同知。此事在《明史》中有详细记载，云：

> 成化元年，头目朵罗干等以兵从孛来，大入辽河。已，复西附毛里孩，东合海西兵，数入塞。又时独出没广宁、义州间。九年，辽东总兵欧信以偏将韩斌等败之于兴中，追及麦州，斩六十二级，获马畜器械几数千。[2]

韩斌由于卓越的军事才能和一系列战功而被世人称颂，被朝廷赐封为镇国将军，同时被誉为可堪任的大将。与此同时，韩斌祖、父两代也被朝廷追赠。志文载："甲午，廷臣会举天下堪任大将者三人，公居其一。丙申，公受诰封镇国将军，配杨氏封夫人，祖、考皆赠如公官，祖妣、妣皆赠太夫人。""甲午"，即成化十年（1474），朝廷大臣推举可担任大将的共三人，韩斌是其中一位。"丙申"，即成化

1. 参看拙文：《明代中朝之间"瓯脱"地带人口变迁考》，《东北史地》2012年第3期。
2.（清）张廷玉等撰：《明史》卷三二八《朵颜福余泰宁传》，中华书局1974年版，第8506–8507页。

十二年（1476），韩斌被封为镇国将军，其妻子杨氏被封为夫人；韩斌去世的祖、父也按例被赠镇国将军，其祖妣、妣被赠太夫人。

随着建州女真的不断发展壮大，他们频繁入寇辽东边境地带，使得该区域军事冲突日趋严重。韩斌作为辽东都司的重要官员，曾多次与建州女真发生交战，这些情况在志文中多有反映。志文言："丁酉秋，建贼寇边，公率兵截杀，斩首一级。顷之，复入寇，公率兵追至古城。时盛寒，公每夜屯兵要路，卧雪以伺，禁勿燃火。平明遇贼，鏖战至日中，流矢中公颊，血出，卒惊以告，公但曰：'木枝伤耳。'一军皆安。乃张左右翼夹击，贼败，斩首十三级。""丁酉"，即成化十三年（1477），建州女真寇边辽东，韩斌率兵截杀，斩首一级。志文记载的古城之战，充分显示出韩斌统兵遇事沉着冷静的性格。贺钦虽对此事记述详细，但对同年发生的韩斌受惩处之事只字未提。查阅《明实录》可知，成化十三年（1477）外敌入侵清河、瑷阳，韩斌曾因"逗遛不进"导致外敌劫掠而受到明朝政府惩处。史载：

> 巡抚辽东右副都御史陈钺奏：十月中，建州虏寇清河、瑷阳二堡，副总兵韩斌逗遛不进，虏大掠而去。上曰："韩斌失机当罪，但时方用人，令停俸戴罪杀贼。"[1]

志文详细记载了"戊戌春"，即成化十四年（1478）春，韩斌率兵击退外敌入侵清河堡一事，堪称经典战例，志文叙述十分生动，读来让人感觉如临其境。志文言："戊戌春，贼众八千余寇清河堡，掩伏谷中，而数骑薄城挑战。时公屯兵堡中，将佐争出擒之。公不可，曰：'饵兵也。'已而，贼果大至。公乃出兵，背城列阵，番休更战，又使卒执银瓶示众曰：'先擒贼者赏之。'皆鼓跃而进，贼遁去。次日，贼复围堡，公登城分布将士御之，队长王庆被矢射目，不少移。贼喧谓藁人，庆拔矢还射。贼骇公令严，不可攻，遂散去。公乃纵兵追击，至舍人寨，斩首十四级。顷之，会兵出碱河捣巢，斩首一百七级，又出十岔口等处设伏，斩首七级。贼寇瑷阳还，公遣健步，夜斫其营，得五级。贼复大举寇瑷阳，公率兵要其归路，值淫雨三昼夜，令士卒皆下马徒行。浮言腾沸，士或以谏。公曰：'宁劳于人，勿劳于马，令见贼时可用也。'至将在峪，分设伏兵，戒励诸将，贼果入算。举号，伏兵四起，贼众奔溃，驰击数十里，马无疲乏，斩首六十三级。人皆服公谋远不可及也。其别路伏兵亦斩三级。"

不难看出，贺钦在此处颇费笔墨，人物问答言语更是绘声绘色，这一段叙述无疑能够充分显示出韩斌卓越的军事指挥才能。但需注意的是，笔者查阅《明实录》，发现志文相关记载并非完全符合史实，经不起推敲考证，贺钦撰文多有曲笔隐讳。辽东瑷阳等地是建州女真南下寇边的重要地点，历史上建州女真在此区域杀掠甚多。韩斌虽然在此地作战有过战功，但根据《明实录》记载，成化十四年（1478）二月，辽东总兵官欧信、副总兵韩斌等人曾因遗失战机，而受到朝臣参劾。史载云：

> 兵部以虏犯辽东瑷阳堡杀掠甚众，劾奏镇守太监叶达，总兵官欧信，赞理军务都御史陈钺，方命罔上，致副总兵等官韩斌等失机宜，遣指挥吴俨赍敕督责，仍令俨具所见边情军务缓急以闻。从之。[1]

在辽东东部地区外敌入侵十分严重的情况下，副总兵韩斌等人屡失战机。更具讽刺意味的是，辽东主政官员陈钺等人却谎报军情欺君罔上，隐瞒真相以求蒙混过关。成化十四年五月，此事终于被巡按监察御史王崇之揭发。此事在《明实录》中有详细记载，云：

1.《明宪宗实录》卷一百七十五，成化十四年二月庚子条。

己丑，巡按山东监察御史王崇之奏：辽东自本年正月以来，累有虏贼从鸦鹘墩等处入境杀掠居民，残破地方。副总兵韩斌、右参将崔胜、都指挥李宗等，既累失机，都御史陈钺、总兵官欧信、太监叶达，亦俱误事，并宜治之。下兵部看详，谓钺等累奏捷音，今御史乃言贼屡入境，会无一人御之，则钺等罔上，饰辞冒功，掩罪甚明。宜从究治，但今侍郎马文升奉敕招抚，若遽易诸将，不免致彼疑惧，待事宁之后，通核各官功过，以定赏罚。报可。[1]

由此可知，贺钦撰文时极力描述韩斌在清河等地作战勇猛杀敌颇多还是有原因的。他妄图用极力描述外敌入侵人数众多、韩斌率兵作战勇猛以掩盖韩斌多次失职受处的史实，实则欲盖弥彰，如此这般只不过是文过饰非障人耳目的手法而已。

志文言"同事者忌公，阴中之当道，参以失机，取赴京，贬秩三等，将士解体"，可以看出韩斌受到了严厉惩处，被逮捕入京审讯，最终被贬秩三级。细查其中原因，则是由于辽东地区建州女真屡次入寇侵犯辽阳、开原、瑷阳等地，杀伐肆掠严重。多年隐情在此时终于隐瞒不住，成化十五年（1479）包括韩斌在内，上至辽东太监叶达、都督同知欧信，下至卫所官员多人，因串通一气，对有关军情隐瞒不报，被监察御史弹劾并遭到严厉惩处，此事在《明实录》中有详细记载，云：

（夏四月）辛卯，治辽东守臣太监叶达，都督同知欧信，都指挥韩斌、崔胜、陈雄、叶广、罗雄、文宁、常凯、白祥、李宗，定辽等卫指挥夏时、王鉴、张宏、田俊、刘旺、石俊、萧凯、傅斌罪，各降级罚俸有差。而宥都御史陈钺、太监韦朗、都指挥周俊。初达镇守辽东，信、斌克正副总兵……虏贼屡入辽阳，开原，瑷阳堡等处，虏掠杀伤官军，达等不能御，为监察御史所劾，时信、斌已受代回京下都察院狱……诏以斌等失机误事，贻患地方，论法当重治，但各有微劳，姑从轻处治，斌降三级，信、达降一级，俱闲住。[1]

至于志文中所言"同事者忌公，阴中之当道，参以失机"也不难理解，不过是有意掩盖韩斌受处罚的真实原因，实属托词借口而已。"忌""阴"等描述，颇显不实与虚伪。韩斌失职之事，史书记载十分明确翔实。至于监察御史参劾一事，也本是其公务职责所在，无可厚非。从此处志文记载，也可窥探出当时辽东地区官场沆瀣一气、瞒上造假的不良风气。

三、韩斌晚期仕历

成化十五年（1479），在建州女真屡次犯边，严重威胁地方的形势之下，明朝命太监汪直担任监管军务，抚宁侯朱勇佩靖虏将军印统领军队第二次大规模征讨建州女真，参与军事行动的韩斌由于战功出色再次受到封赏。志文言："己亥冬，上命抚宁侯朱勇等征建虏，举公同总兵官缑谦为右哨，出鸦鹘关，抵泊珠江，斩首五十级，俘男妇二百八十口。适贼首宋管尺八等据险，欲夜下劫营。公免胄出示，遂降其众，纳营中。军还，公谓缑公曰：'我军凯还，贼必据险邀击我后，某愿为殿。且日昃，当至黑松林，公可屯兵以待。'缑公径度。公至，贼果冲突。公督官军奋击，而时已薄暮，公急令屯营一挥而定，贼不能扰。""己亥冬"，即成化十五年（1479）冬，明朝中央政府命抚宁侯朱勇等人统兵征讨建州女真。"缑公"即辽东总兵缑谦，韩斌与其为"右哨"，一同参加了此次征讨行动。"宋管尺八"正史中不见记载，推测是建州女真所部小首领。由于韩斌卓越的军事才能，缑谦与之比相形见绌。此役之后韩斌受到奖赏，被升职为都指挥佥事一职。志文记载"比会公，公不言，缑公

1.《明宪宗实录》卷一百八十九，成化十五年夏四月辛卯条。

赧颜而谢。朱公等议公功能超拔，即军前奉钦给勘合，升指挥使。捷奏，上以公当一面，升都指挥佥事，还京"，此事在《明实录》中也有详细记载，云：

> 录平建州功，加太监汪直食米岁三十六石，韦朗十二石；升右副都御史陈钺为右都御史，领兵官右监丞蓝莹、都督同知马仪、都督佥事白全、缑谦、王锴、白瑜，都指挥同知崔胜、周俊，署都指挥使韩斌俱一级。[1]

韩斌因向当时权倾一时的太监汪直行贿，事发后遭到严厉惩处，仕途再次受挫。但当时辽东边疆地区外患不断，韩斌再次被委以重任。志文载："明年冬，北虏侵开原，而建贼复扰辽阳。时公遭谤系狱，上素重公名，特召大司寇速拟公罪闻，释之，俾仍充副总兵，分守辽阳，且命速往。北虏闻公至，乃遁去。""明年冬"，即成化十六年（1480）冬，辽东战略要地开原、辽阳战事不断，此时韩斌"遭谤系狱"，志文中没有记载因何缘故。细查史料后发现，韩斌因向当时权倾一时的太监汪直行贿，事情败露后而受到惩处，此事在《明实录》中有详细记载，云："闲住都指挥佥事韩斌，用银三百两，托太监汪直所任指挥尹通谋管事，事露逮斌下，刑部拟罪坐徒当赎，特命免赎释之。"由于朝廷正值用人之际，韩斌"免赎释之"，被任命为副总兵分守辽阳。《明实录》记载："丁酉命都指挥佥事韩斌充副总兵，都督佥事李英充右参将，分守辽阳、锦、义，都督同知王锴守备宁远。"[2]

韩斌被委以重任后颇有建树，在辽东地区碱厂、朵罗合佃子、马场岩等地与建州女真交战，均有所斩获。志文言："辛丑春，公诣抚顺关招徕建贼卜花秃等，渝以恩威，皆稽首，誓言不敢复犯边。公益设备，乃伏兵碱场等堡。已而，贼果窃掠，伏兵追出境，战于朵罗合佃子，斩首十一级，钦赏白金彩缎。秋，又调瑷阳兵至马

1.《明宪宗实录》卷一百九十八，成化十五年十二月辛未条。
2.《明宪宗实录》卷二百七，成化十六年九月丁酉条。

场岩，遇贼，斩首五级。""辛丑"，即成化十七年（1481），建州女真头目卜花秃等向明廷示好，表示不敢再犯边。"卜花秃"即不花秃，为凡察之子。此事在《明实录》中记载，云：

> 分守辽阳副总兵韩斌奏：建州三卫残贼遁逃穷困，托夷酋哈哈尚赴阙，控诉乞赐，抚谕容其仍旧朝贡，事下兵部以为建州诸夷自永乐间立卫，授官盖羁縻之以屏蔽边，方今乃犯顺，以致兴师问罪，固不容诛，但王者不治夷狄，今既势穷悔过，宜容其自新。上不允。[1]

最终朝廷认为建州女真反复无常，拒绝了其朝贡请求。志文记载了韩斌因功受赏一事，在《明实录》中也有这方面的记载，云："赏辽东副总兵韩斌，指挥佥事李雄、王裕，彩币白金有差，其下升赏者三百一十一人，录其前后斩获虏寇功也。"[2]

志文记载："丙午，大理寺丞李介举公堪任主将，上命录之兵部。丁未夏，朵颜贼掠长营堡，公遣兵追至境外半边山，斩首二级，并获原掠牛畜而还。自是，夷虏畏威不敢复犯矣。上念公功，赐蟒衣一袭。""丙午"，即成化二十二年（1486），大理寺丞李介举荐韩斌可以担任主将，皇帝命令兵部记录在册。这与《明实录》中记载的"斌颇有时名"相互应和。"丁未"，成化二十三年（1487）。朵颜蒙古寇边，被韩斌率军击退。由于韩斌作战有功，被皇帝赐蟒衣一袭。弘治初年，韩斌虽有时名，"宜为大将"，但年已六十，而有很多人生感叹，多次以"老疾"为由提请辞职。虽经朝廷勉力挽留，但还是于弘治三年（1490）允许了他的辞职请求，"分守辽阳副总兵都指挥佥事韩斌，以老疾乞致仕，许之"。[3]

根据志文记载，韩斌战于沙场几十年，颇有功绩，尤其善于以少胜多。韩斌不

1.《明宪宗实录》卷二百十三，成化十七年三月丙申条。
2.《明宪宗实录卷》卷二百二十，成化十七年冬十月丁卯条。
3.《明孝宗实录》卷三十五，弘治三年二月庚寅条。

仅精通诸家兵书、善于用兵，而且从善如流，重视下属建议。每次战斗之前，都要召集诸将仔细研究作战方案，即使是普通士兵有献计者，他也会倾心听取，谋定而战，因此多有功绩。韩斌治军有方，在严守军令方面身先士卒，率先垂范。志文记载"尝行兵途间，司食者献糗"，行军途中属下献食物于他，被他严厉斥责曰："军未食，焉得先食。"将士听后备受感动，韩斌以实际行动赢得了全体将士的爱戴。另外，韩斌虽为武将，但也具备一定的文化修养，尊重儒生并经常向他们请教。或因贺钦撰文疏漏所致，志文中并未提及韩斌主持修订《辽东志》一事，笔者在此略作补充。成化末年，韩斌在担任辽东副总兵期间，与巡按御史陈宽主持了对《辽东志》的修订。史载"特命所司礼延文儒""因其旧而增其新，正其讹而补其阙"，弘治元年（1488）秋书成，共九卷。"公复捐俸鸠工，刻梓以传"，[1] 即言韩斌捐献俸禄用于此书的刊刻发行。根据志文记载，韩斌退休后不谈兵事，与客人聚会宴请时，惟"雅歌投壶"，毫无乱性之举动，也不讨论时政人物与是非。韩斌于弘治十三年（1500）七月二十二日去世，终年七十二岁。韩斌去世后，由于其卓越的战功而受到明朝礼遇。根据《全辽志》记载，朝廷给予韩斌"春秋致祭，赐额褒功"殊荣。[2]

四、韩斌姻亲与谱系

根据墓志记载，韩斌先祖为山后兴州人。山后移民是明朝洪武初年北方移民中一个数量庞大的群体，主要居住在今太行山以北，北邻沙漠地区，他们在洪武初年为了防御蒙古而陆续迁移至此。此兴州并非山西兴县，而是位于今河北承德市滦河镇西南地区。根据史书记载，洪武五年（1372）七月，革妫川、宜兴、兴、云四州，徙其民于北平附近屯田[3]，遂有韩斌祖父韩福原入密云卫军籍。韩斌祖父韩福原、

1.（明）毕恭等纂修：《辽东志》卷九《外志·后序》，辽沈书社1984年版，第472页。
2.（明）李辅等纂修：《全辽志》卷四《人物·韩斌》，辽沈书社1984年版，第626页。
3.《明太祖实录》卷七五，洪武五年七月戊辰条。

父亲韩春，均曾担任过武职。韩春曾随明成祖朱棣征讨，升任东胜右卫指挥使，后来调任辽东宁远卫。韩斌原配夫人杨氏，为当时宁远卫指挥使杨政之女，不幸先去世，侧室为王氏。韩斌共有子七人，即韩辅、韩轵、韩辙、韩轩、韩轼、韩轮、韩辂，女一人。根据志文记载，当时韩辅任职定辽中卫指挥使一职，他文武兼备，有其父韩斌风范，可称大将。韩辙，成化二十二年（1486）举人。韩轵、韩轩学业未成即不幸去世。韩轼学习兵策，韩轮、韩辂皆为庠生。女一人，嫁于前屯卫指挥同知邓俊。由于受时间等客观因素所限，志文记载的韩辅信息不全，在此略作补充论述。韩斌之子韩辅，字良弼，幼年聪慧，喜读史书与兵法，跟随辽东著名文人贺钦学习。韩辅成年后屡立战功，仕宦显赫，生前曾担任要职，官至辽东总兵，守边多有建树，屡受封赏，死后赐葬。韩辅的个人生平仕历，在《全辽志》中有详细记载，云：

> 韩辅，字良弼，斌之子，幼颖敏，读史传、兵法，从医闾贺先生游。弘治己酉，袭改定辽中卫，备御抚顺、海盖。庚申，擢右参将，分守锦义，悬赏募士，据险设伏，虏三入皆大败之。九月，大举入唐帽山，援至遇贼，张左右翼，饵引入伏，四面伏发，斩获无算。捷闻，赐彩币。癸亥，修筑清河等十一堡，建屯堡百十座，耕守应援相依，升署都督佥事，镇守辽东。设高平驿，以便行旅，修镇宁、镇夷二堡，筑边垣，起广宁至开原，长亘千里，功闻赐金币，武庙登极赐蟒衣。广宁旧兴夷通市，以衅侵扰废市。时满蛮雄诸部，辅遣译者招，满蛮至，宣谕犒赏，结以恩信。朵颜酋胯当、福余酋那孩，闻风相率入市，不复扰边。奏闻，赐玺书褒奖，后金中府，致仕。卒赐祭葬。辅为将识大体，善因事立功，每军行戒之，曰："贼败乘胜亟击，毋贪虏首，分我兵力且多则费爵赏、启争端，于我弗利。"知兵者以为名言。[1]

1.（明）李辅等纂修：《全辽志》卷四《人物·韩辅》，辽沈书社 1984 年版，第 626–627 页。

根据志文记载，韩斌共有孙六人，但只记载了五人的名字，即韩玺、韩玠、韩鋆、韩玫、韩玮，这一情况或为笔误疏漏所致，或有其他原因。其中韩玺最为著名，他也是一名重要将领。韩玺，字国信，中弘治武举，后从军任职，因平叛兵乱抵御外敌，多次受到封赏，担任辽东总兵一职期间很有建树，死后享受赐葬。其子韩承恩、韩承庆均担任边疆武职，但韩斌志文中并未记载，在此限于文章体例，不做详细探讨，另有他文专门对此论述[1]。韩玺个人生平仕历，在《全辽志》中有详细记载，云：

> 韩玺，辅之子，字国信。中弘治乙丑会武，袭加授署都指挥佥事，荐充游击将军。正德戊辰，义州军乱，总镇欲以兵平之，玺持议不可，遂以身任其事，单骑入抚。众皆为玺危，玺独无难色，卒能已乱，寻升辽阳副总兵。虏犯海州，追斩其众，虏遂远遁，升署都督佥事，充辽东镇守总兵，赐蟒衣五表里，白金二十两。在镇简贤，能逐庸弱，申令僚属，选阅兵马，宽猛时行，威惠并用。时南山僧孟法泰者，以妖法惑人，玺擒伏之，真于法被惑者不究。癸酉，朵颜千余寇宁远，玺率兵追斩甚众，尽还所掠，钦赏彩段表里、白金。贼犯清河、广宁、开原，每战告捷。戊寅，升都督同知，己卯，提获奸细白红山保，并制服夷人胡当哈等，钦赏银二十两，纻丝一表里。履任十年，屡辞，及得命，已疾革。闻家人求取南杉木于他州，止之曰：“吾东人以松为棺从俗可也。”又问议殉葬玉带，乃诵“昨日玉鱼蒙葬地，早时金盌出人间”之句，曰：“此无用者，具数可尔。”遂卒。所著有《军门论众录》《入阵图法》，诏赐祭葬。子承恩，武举，都指挥，历任建昌营参将；承庆，历升都督同知，镇守延绥、山西、大同，今为辽阳副总兵。[2]

---

1. 参看拙文：《略论明代辽东韩斌家族——以地区出土石刻为中心》（待刊）。
2. （明）李辅等纂修：《全辽志》卷四《人物·韩玺》，辽沈书社 1984 年版，第 627 页。

附录：韩斌墓志全文

明故镇国将军辽东副总兵韩公墓志铭

公姓韩氏，讳斌，字廷用，其先山后兴州人。祖讳福原，洪武间占尺籍密云卫。至考讳春，从太宗文皇帝征讨，升东胜右卫指挥使，调守辽东，选管宁远卫事，卒，公三岁，叔考借职。年十六，袭荫，视篆本卫，若素练达者。景泰甲戌，镇守官调兵宁远，小团山截杀，公摧斩一巨酋，贼遂败北。天顺丁丑，升辽东都司都指挥佥事宁远备御。壬午，贼众复寇小团山，指挥张礼遇难，而官军王顺等二百人被围。公驰赴，手刃数贼乃解。时贼屡犯义州等处，上敕责总兵官成山伯王琮。公言诸王公曰："兵在多算者胜耳，某愿为前驱破贼。"王公奇之。无何，调公义州，领兵剿贼，战于八塔，误时，贼四千余而公部下才五百人。贼恃众攻围，公下马督战，贼乃开一面，或幸之。公曰："围师必缺，贼误我耳！"即令联马营中，督战益急，无不一当百。贼溃，诸军亦斩首十三级，擒一人，获马五百匹，器仗称是，而被创死于禾内者，复十馀贼。捷奏，钦赏彩缎、白金。已而，上敕公守备义州，协同怀柔伯施聚，乃遍筑堡圈，保障耕牧，至今人利之。癸未冬，坐宁远边事，贬秩二等。甲申，巡抚都御史滕昭、巡按御史常振、刑部主事丘霁，交章荐公抱大将奇才。成化乙酉，上命公署都指挥佥事，充参将，征四川。未行，捷报，公辞厥任。上命公仍署职，协赞京营事。寻奉敕充左参将，分守延绥西路。北虏毛里孩拥众十馀万，从定边营入寇围环县。公率精骑五千击之，擒一人，斩首六十七级。比还，虏众奄至，围数重。其酋约俟夜半月出尽杀之。公得其情，乃令将卒衣白为号，夜溃虏围而出。或谓公曰："东南虏寡，可出。"公曰："若然，虏将弱我而乘之矣。"遂率励将卒，奋呼持刀跃马向虏众驰击

1.（明）贺钦：《医闾先生集》卷四《明故镇国将军辽东副总兵韩斌墓志铭》，辽沈书社1984年版，第1087–1089页。

而出，虏不敢当。然所擒斩者多失之，止存七级焉。公复遣指挥神英，出奇分击，至保安县复斩二级。巡抚都御史卢祥作《饶歌横吹曲》刻于石，以褒其功。已而，虏复寇宁夏花马池，众三万余。公曰："彼众我寡，不可轻战。"乃悉列车城下，出精兵三千立车前。贼见有备，解去。丁亥，辽东建州贼数寇边，都御史李秉荐公武略出众，深知夷情地利。上敕公改充游击将军，同李公征之。领右哨，出清河，斩首二百馀级，俘男妇一百七十馀口，升实授都指挥佥事，仍充游击将军，分守辽阳等处。戊子春，改充副总兵官，分守开原。提督辽阳镇巡等官会奏仍移公为辽阳守，上可其请。己丑，以建贼寇边，不堡兵遏之非久计也，乃缘边自抚顺关抵鸭绿江，相其地势，创东州、马根单、清河、碱场、暖阳等五堡，后又设凤凰、镇东、镇夷等三堡，广袤千馀里，立烽堠，实兵马，关灌莽，广屯田，迄今虏不敢深入，而居民乐业，公之功也。方兴作时，贼众寇扰，公擒贼首王沙鲁等十馀人，不杀，谕而纵之，贼皆畏服。庚寅，贼犯长营堡，公率兵逐出境外，斩首四级，擒三十人，获马牛器仗而还。癸巳，贼屡犯广宁，总兵官欧信等会公出义州，直抵兴中，克捷凯还，升都指挥同知。甲午，廷臣会举天下堪任大将者三人，公居其一。丙申，公受诰封镇国将军，配杨氏封夫人，祖、考皆赠如公官，祖妣、妣皆赠太夫人。丁酉秋，建贼寇边，公率兵截杀，斩首一级。顷之，复入寇，公率兵追至古城。时盛寒，公每夜屯兵要路，卧雪以伺，禁勿燃火。平明遇贼，鏖战至日中，流矢中公颊，血出，卒惊以告，公但曰："木枝伤耳。"一军皆安。乃张左右翼夹击，贼败，斩首十三级。戊戌春，贼众八千馀寇清河堡，掩伏谷中，而数骑薄城挑战。时公屯兵堡中，将佐争出擒之。公不可，曰："饵兵也。"已而，贼果大至。公乃出兵，背城列阵，番休更战，又使卒执银瓶示众曰："先擒贼者赏之。"皆鼓跃而进，贼遁去。次日，贼复围堡，公登城分布将士御之，队长王庆被矢射目，不少移。贼喧谓藁人，庆拔矢还射。贼骇公令严，不可攻，遂散去。公乃纵兵追击，至舍人寨，斩首十四级。顷之，会兵出碱河捣巢，斩首一百七级，又出十岔口等处设伏，斩首七级。贼寇暖阳还，公遣健步，夜斫其营，得五级。贼复大举寇暖阳，公率兵要其归路，值淫雨三昼夜，令士卒皆下马徒行。浮言腾沸，士或以谏。公曰："宁劳于人，勿劳于马，令见贼时可用也。"至将在峪，分设伏兵，戒励诸将，贼果入算。举号，伏兵四起，贼众奔溃，驰击数十里，马无疲乏，斩首六十三级。人皆服公谋远不可及也。其别路伏兵亦斩三级。夏，贼众深入。公闻报曰："此不可缓图也。"即勒兵驰二百里至赵二舍寨。贼依山木为险，战移时，无所得。公令编木为盾，鱼贯而进，遂擒五人，斩首六十四级。会大雨昼晦，馀贼遁去。秋，洒马吉设伏者，复斩首二级。同事者忌公，阴中之当道，参以失机，取赴京，贬秩三等，将士解体。己亥冬，上命抚宁侯朱勇等征建虏，举公同总兵官缑谦为右哨，出鸦鹘关，抵泊珠江，斩首五十级，俘男妇二百八十口。适贼首宋管尺八等据险，欲夜下劫营。公免胄出示，遂降其众，纳营中。军还，公谓缑公曰："我军凯还，贼必据险邀击我后，某愿为殿。且日昃，当至黑松林，公可屯兵以待。"缑公径度。公至，贼果冲突。公督官军奋击，而时已薄暮，公急令屯营一挥而定，贼不能扰。比会公，公不言，缑公赧颜而谢。朱公等议公功能超拔，即军前奉钦给勘合，升指挥使。捷奏，上以公当一面，升都指挥佥事，还京。明年冬，北虏侵开原，而建贼复扰辽阳。时公遭谤系狱，上素重公名，特召大司寇速拟公罪闻，释之，俾仍充副总兵，分守辽阳，且命速往。北虏闻公至，乃遁去。辛丑春，公诣抚顺关招徕建贼卜花秃等，谕以恩威，皆稽首，誓言不敢复犯边。公益设备，乃伏兵碱场等堡。已而，贼果窃掠，伏兵追出境，战于朵罗合佃子，斩首十一级，钦赏白金、彩缎。秋，又调暖阳兵至马场岩，遇贼，斩首五级。丙午，大理寺丞李介举公堪任主将，上命录之兵部。丁未夏，朵颜贼掠长营堡，公遣兵追至境外半边山，斩首二级，并获原掠牛畜而还。自是，夷虏畏威不敢复犯矣。上念公功，赐蟒衣一袭。通政使田景旸举公宜为大将，弘治戊申，延臣复会举之，上皆命录之兵部。已而，公复辞职不报。明年，公年六十，喟然叹曰："功成身退，时乃天道，势位可久居乎？"乃复章上恩辞。上知公宿将，特命镇巡诸臣勉留。公志益坚，乃复奏，上嘉允焉。公天性孝友严毅，失怙甫三岁，即解哭泣，服衰经，后丧母夫人，哀毁甚。居家教子弟有法，学文武事者靡敢怠，且无骄贵气。晚年痛疮，盛暑不跣足。凡饮酒虽不醉，亦不笞詈一人。尝游郡庠，通语孟大义，尤好诸家兵书。身长七尺有咫，膂力过人，精射艺，多谋略，士卒最下者见辄不忘。善以寡击众，每战必召诸将佐谋之，卒有献谋者亦倾心纳采。谋定而战，战无不胜，以故人鲜及焉。尝行兵途间，司食者献糗糒，公斥曰："军未食，焉得先食！"一军皆感。雅重儒生，每政暇，必延致诵说史传。及致政，口不言兵。会客惟雅歌投壶，终席不乱，亦不议时政人物。公自为将三十年，名著四方，功收东徼，开拓边防，慑服夷虏，为一代名将。其未及侯封者，命也。弘治庚申七月二十二日，以疾终于正寝。时口北虏患方殷，而各边亦皆骚动。讣音一播，朝野尤痛惜之。夫人杨氏，宁远卫指挥使杨公讳政之女，有懿行，先卒。生男四人：辅、轪、辙、轩；女一人。侧室王氏生男三人：轼、轮、辂。辅袭定辽中卫指挥使，兼资文武，有父风，备御海盖二卫，荐剡将才者数矣。辙，丙午举人；轪、轩，学未成而殁。轼习兵策，轮、辂皆庠生。前屯卫指挥同知邓俊，其婿也。孙六人，玺有远器，玠、銮、玫、玮俱幼。公生于宣德己酉十月十七日，寿七十有二。辅等丧公，能以文公正礼，是年九月二十有二日葬茔在辽阳城东高峰山之阳。辅尝游余门，以余知公深且言不敢妄，乃走书乞铭其墓。余自辞琐闱，病林下馀三十年，鲜与外事，惟公奇谋伟绩冠绝壹世，义不可谢，遂述而铭之。铭曰：

于赫韩公，维世虎臣。藩屏王朝，屡屈屡伸。

屈伸维何，匪人置我。我才自天，靡所不可。

功树东陲，威行夷虏。曰今将臣，觅公前古。

奇谋伟烈，言也可详。维此贞珉，聊举其纲。

我公不侯，人则惜之。相公子姓，天不益之。

矧我东人，德公靡忘。口祝我公，厥维久长。[1]

第五节　《明镇国将军都指挥同知邹溶圹志》考释

《明镇国将军都指挥同知邹溶圹志》（以下简称"圹志"）刻于明正统六年（1441），志石上部左、右抹角，长49厘米，宽53厘米，志文24行，满行18字，额题阴刻横书"圹志"。圹志1968年出土于辽宁省辽阳市辽阳县小屯镇西双庙子，现藏于辽阳博物馆。虽然圹志文物早年出土，但未公开整理发表，实属遗憾。2002年出版的《辽宁碑志》一书中收录了该圹志的原文，但没有进行系统考释，也没有刊载圹志文物照片，所以难窥全貌。[2] 为了进一步利用石刻文物历史价值，笔者对圹志内容进行了尝试性释读。

一、圹志内容考释

圹志："大明镇国将军都指挥同知邹公讳溶，泗州盱眙县人。"邹溶祖籍泗州盱眙县，明朝泗州属凤阳府，辖盱眙、天长两县。这与《辽东志》《全辽志》中记载的"邹溶，字大渊，泗州盱眙县人"内容相吻合。[3] 圹志"寓居北京顺天府大兴县靖恭坊"指的是邹溶家族后迁居北京顺天府大兴县靖恭坊。笔者推测邹溶家族从戎

---

1. 志文由李大伟先生提供，在此表示感谢。

2. 王晶辰主编：《辽宁碑志》，辽宁人民出版社2002年版，第357页。

3.（明）任洛等纂修：《辽东志》卷五《官师·邹溶》，辽沈书社1985年版，第428页；（明）李辅等纂修：《全辽志》卷四《宦业·邹溶》，辽沈书社1985年版，第615页。

后北上驻军，最终入籍北京地区。

圹志："考讳义，官为燕山右护卫昭信校尉百户职，赠镇国将军。妣朱氏，赠夫人。"明朝建立后即实行卫所兵制，在要害之地设立卫所。根据《明史》记："天下既定，度要害地，系一郡者设所，连郡者设卫。大率五千六百人为卫，千一百二十人为千户所，百十有二人为百户所。所设总旗二，小旗十，大小联比以成军。"[1] 千户所所辖"百户所凡十，共百户十人，正六品"。[2] 邹溶父亲邹义，任职于燕山右护卫百户职务，官阶"昭信校尉"，正六品。"燕山右护卫"，为北平三护卫之一，与燕山左护卫、燕山中护卫俱为亲军，属燕王朱棣起兵时王府护卫中的嫡系部队。邹溶仕宦显达后，其先人按例被追赠。其父邹义被追赠为镇国将军，武散阶从二品，根据明朝命妇封赠职级，其母朱氏被追赠为夫人。

圹志："公时为舍人，随侍太宗文皇帝为亲王。时洪武庚辰，以军功代厥考职，升本卫副千户，寻升正千户。""舍人"指的是邹溶出身军户，身份为将校子弟。"随侍太宗文皇帝为亲王"，是指邹溶在明成祖朱棣尚未"起兵靖难"时即随侍左右。"亲王"即当时被封为燕王的朱棣，由此可推测邹溶应与朱棣早年相互熟识。明代实行军户制，在此制度下，兵役承担者的身份与地位以法律形式被固定化，军籍世袭"父死子继、兄终弟及"。"洪武庚辰"，洪武年号中并没有"庚辰"，实际为即建文二年（1400），邹溶因为军功代替其父职务。根据《明史》记载，"千户所，正千户一人，正五品，副千户二人，从五品"。[3] 邹溶升任燕山右护卫从五品副千户，不久升任正五品正千户职务。此时邹溶升迁速度较快，究其原因由于"靖难之役"是燕王朱棣以"清君侧"为名发动的夺位之战，胜败关乎存亡，因此立功升赏格外优厚，当时的立功越升职务现象非常普遍。《辽东志》《全辽志》中均记载了邹溶任

1. （清）张廷玉等撰：《明史》卷九十《兵二》，中华书局1974年版，第2193页。

2. （清）张廷玉等撰：《明史》卷七十六《职官五》，中华书局1974年版，第1874页。

3. （清）张廷玉等撰：《明史》卷七十六《职官五》，中华书局1974年版，第1873页。

职"燕山左护卫百户"，[1]此说与圹志记载内容并不符合，疑似有误。如圹志所述，邹溶之父邹义生前任职于燕山右护卫百户，邹溶后来"以军功代厥考职"，担任本卫职务。所以《辽东志》《全辽志》中记载邹溶任职"燕山左护卫百户"有误，应为"燕山右护卫百户"。

圹志："辛巳，升指挥佥事。永乐初元癸未，升金吾左卫指挥同知。""辛巳"，即建文三年（1401），邹溶升职为指挥佥事职务。根据《明史》记载，卫设有"指挥使一人，正三品，指挥同知二人，从三品，指挥佥事四人，正四品"，[2]此时邹溶担任的是正四品指挥佥事职务。"永乐初元癸未"，即永乐元年（1403），邹溶升职为从三品金吾左卫指挥同知职务。"金吾左卫"是明朝亲军上二十二卫之一，根据《明史》记载，"旧制止十二卫，后增设金吾左以下十卫，俱称亲军指挥使司，不属五府"，"金吾左卫、金吾右卫、羽林前卫，已上北平三护卫，洪武三十五年升"。[3]

圹志："丁酉，以前职调旗手卫。庚子，调锦衣卫。""丁酉"，即永乐十五年（1417），邹溶调任旗手卫。"庚子"，即永乐十八年（1420）。根据《明史》记载，"旗手卫""锦衣卫"均是明朝上十二卫之一。[4]

圹志："甲辰秋，升都指挥佥事，钦命往辽东都司开原备御。""甲辰"，即永乐二十二年（1424）。根据《明史》记载，都指挥使司设有"都指挥使一人，正二品，都指挥同知二人，从二品，都指挥佥事四人，正三品"。[5]邹溶升任为正三品都指挥佥事职务，奉命前往辽东都司任职。辽东都司是明朝永乐时期二十一都司之一，开原三面环虏，则是辽东都司边陲战略要地。此事在《明实录》中也有记载，"升锦衣卫指挥同知邹溶为辽东都司都指挥佥事"。[6]

1.（清）张廷玉等撰：《明史》卷七十六《职官五》，中华书局1974年版，第1873页。
2.（清）张廷玉等撰：《明史》卷七十六《职官五》，中华书局1974年版，第1860页。
3.（清）张廷玉等撰：《明史》卷九十，《志第六十六》，中华书局1974年版，第2205页。
4.（清）张廷玉等撰：《明史》卷九十，《志第六十六》，中华书局1974年版，第2205页。
5.（清）张廷玉等撰：《明史》卷七十六《职官五》，中华书局1974年版，第1872页。
6.《明太宗实录》卷二，永乐二十二年八月戊午条。

圹志："宣德甲寅，升都指挥同知。""宣德甲寅"，即宣德九年（1434）。邹溶升任从二品都指挥同知职务，此事在《明实录》中也有记载，云：

> 升辽东都指挥佥事邹溶为都指挥同知、宁远卫指挥使李真为都指挥佥事、广宁卫指挥同知陈庆、指挥佥事陈麒、叶兴、李通、王祐、复州卫指挥佥事余敬、俱署都指挥佥事，分守开原及广宁各卫。[1]

圹志："正统戊午，回都司掌事。""正统戊午"，即正统三年（1438），邹溶回辽东都司掌事。圹志："生于洪武乙卯三月三日，以正统辛酉十月四日终于正寝。卜以是年十一月二十八日葬于辽城之东，地名安平长山之原，去城三十里而近。""洪武乙卯"，即洪武八年（1375），邹溶生于此年。"正统辛酉"，即正统六年（1441），十月四日邹溶去世，享年六十七岁。邹溶去世后，享受赐祭待遇。根据《明实录》记载，"金吾卫带俸都指挥佥事王斌、辽东都司都指挥同知邹溶、佥事吴诚，及锦衣卫住坐达官千户撒迭儿必失等一十四员，相继卒，赐祭如例"。[2]

根据圹志记载，邹溶正室周氏，为百户周玉之女；次室李氏。儿子三人：邹英，次室李氏所生；邹光，夫人周氏所生；邹良，次室李氏所生。女儿一人：夫人周氏所生，适武骧左卫指挥张英儿子。邹英娶妻费氏，生儿子二人：邹彦、邹章；生女儿二人：千佛奴、药师奴。邹光娶妻汪氏；邹良娶妻杨氏。圹志撰文为邬望，圹志书丹为进士行在福建道监察御史临川王学敏。王学敏担任福建道监察御史一事，《明实录》中有记载，云：

> （宣德七年三月）丁卯，调南京刑部右侍郎成均于南京。户部以九载考

1.《明英宗实录》卷七，宣德十年秋七月戊寅条。
2.《明英宗实录》卷八十六，正统六年闰十一月辛巳条。

最升行在翰林院编修裴纶为修撰……擢进士王学敏、监生胡正、颜继、莫敏、吴瑜、宸昭、李果为行在监察御史，学敏福建道，正贵州道，继广西道，敏、昭云南道，瑜四川道……故有是命。[1]

二、其他几点补充

根据《辽东志》《全辽志》记载，邹溶在开原任职期间，因多有建树而颇有时名。史载云："调开原备御，修饬边城，开通河道，展筑关厢，创盖马市，安插达官，有能誉。"[2] 圹志及方志记载邹溶生平十分简略，难窥其生平全貌。根据《明实录》记载，邹溶备御开原时曾多次受到处罚，圹志"为亲者讳"，对此并未记载。宣德四年（1429）八月，辽东总兵官巫凯奏劾邹溶失机导致人员伤亡马牛损失，被监察御史及锦衣卫调查问责罚俸。史载云：

> 辽东总兵官都督佥事巫凯奏：近虏寇三犯边，虽调官军追捕，前后被其杀伤者二十余人，被掠者八十余人，马牛一百六十。其失机都指挥邹溶及指挥、千、百户等三十六人，皆当罪之。上命监察御史同锦衣卫官往责溶等死罪状，罚俸有差，其守备巡哨应接应而不接应者，加杖。悉复职守备，再犯不宥。[3]

宣德五年（1430），十二月境外鞑贼进入开原境内劫掠，邹溶因作战不力被辽东总兵官巫凯奏劾，被罚俸五月。史载云：

1.《明宣宗实录》卷八十八，宣德七年三月丁卯条。

2.（明）任洛等纂修：《辽东志》卷五《官师·邹溶》，辽沈书社1985年版，第428页；（明）李辅等纂修：《全辽志》卷四《宦业·邹溶》，辽沈书社1985年版，第615页。

3.《明宣宗实录》卷五十七，宣德四年八月辛丑条。

辽东总兵官都督佥事巫凯奏：鞑贼百余人入开原境内，又贼四十余人劫掠。柴河等屯备御都指挥邹溶，遣指挥吴祯等哨探，遣都指挥佟答剌哈等率兵捕击。佟答剌哈遇贼遁，祯遇贼与战被伤还。调都督指挥夏通，同都督王真追贼，皆不及而还。其都指挥邹溶、佟答剌哈等官俱应治罪。上遣敕责凯曰：此皆尔平昔不能规画守备之方，故在下者皆放肆不循号令。其邹溶、佟答剌哈等俱责死罪状，罚俸五月，如再失机不贷。其遇贼先回者，治如律。战死者优赡其家，被伤者善抚恤之。[1]

宣德六年（1431），辽东总兵巫凯奏报，邹溶被人举报曾派人与争夺明朝皇位朱高煦交往联系，并私自刊画佛像等事，后经查实均无此事。史载云：

总兵官都督巫凯奏：比者军卒冯春等告都指挥邹溶屡尝遣人交通汉庶人高煦及刊画佛像数事。命臣体实皆无实状。上曰：朕固知之大事不实，余事更不足究。其妄告者皆杖一百仍戍边。[2]

同年，邹溶任职开原期间由于"私役军士"及"纳粟买闲"而被巡按山东监察御史奏劾。由于明宣宗认为邹溶守边不易多有善处，仅令其改过、今后勿犯而已，也并未遭受重罚。史载云：

巡按山东监察御史张政奏：开原备御都指挥邹溶私役军士及纳粟买闲，约及百人请治其罪。上谓右都御史顾佐曰：溶虽可罪，然善处多，今边将艰难，其宥之。但移文令改过，勿再犯。[3]

1.《明宣宗实录》卷七十三，宣德五年十二月壬午条。
2.《明宣宗实录》卷八十，宣德六年六月壬寅条。
3.《明宣宗实录》卷八十一，宣德六年秋七月丁丑条。

正统元年（1436），邹溶因防备不力，导致达贼入境劫掠，人畜多有伤亡，被辽东总兵官巫凯奏劾。后被赦免，仅停俸三月。史载云：

> 宥开原备御都指挥邹溶、裴俊等罪．时镇守辽东总兵官都督巫凯奏：溶等不严哨备，以致达贼入境杀伤军人虏掠孳畜，请罪之。上宥溶等罪，住俸三月，其余失机失瞭官军执问如律。[1]

正统三年（1438），邹溶被三万卫指挥王崇告发与军士、盐商作奸犯法。后被巡按御史查实其子邹瑛等违法，邹溶乞求不要追赃。皇帝最后认定因邹溶戍边多年，饶恕其罪，使其痛改前非。史载云：

> 辽东都指挥同知邹溶备御开原，三万卫指挥王崇告其受军士盐商赇卖法作奸。下巡按御史究之。御史逮溶子瑛等，鞫得实，当追赃。溶乃自乞勿追。上谕都察院臣，曰：溶在法难宥，独念其效力边境颇有年，姑贷之。仍戒其毋蹈前非。[2]

正统四年（1439），辽东边境军士有被外敌掠走而逃归现象，而辽东地方官员并没有如实禀告。时任都指挥的邹溶辩解军士非被掠走，而是自行逃亡，被皇帝责备欺上不实。史载云：

> 先是辽东边军有为胡寇所掠逸归者，上怪所司不以闻，命行在兵部移文责之。至是，都指挥邹溶等言军人实亡去非被掠，因自劾其约束不严之罪。

1.《明英宗实录》卷十五，正统元年三月丙申条。
2.《明英宗实录》卷四十八，正统三年十一月乙巳条。

上曰：边军被掠，既不以闻又肆欺诳，法可容乎？都指挥姑记其罪，指挥及管军守瞭官俱责死罪状，仍罚俸三月，再犯不宥。[1]

附录：邹公圹志全文

大明镇国将军都指挥同知邹公圹志

大明镇国将军都指挥同知邹公，讳溶，泗州盱眙县人，寓居北京顺天府大兴县靖恭坊。考讳义，官为燕山右护卫昭信校尉百户职，赠镇国将军。妣朱氏，赠夫人。公时为舍人，随侍太宗文皇帝为亲王。时洪武庚辰，以军功代厥考职，升本卫副千户，寻升正千户。辛巳，升指挥佥事。永乐初元癸未，升金吾左卫指挥同知。丁酉，以前职调旗手卫。庚子，调锦衣卫。甲辰秋，升都指挥佥事，钦命往辽东都司开原备御。宣德甲寅，升都指挥同知。正统戊午，回都司掌事。

生于洪武乙卯三月三日，以正统辛酉十月四日终于正寝。卜以是年十一月二十八日葬于辽城之东，地名安平长山之原，去城三十里而近。娶室周氏，百户玉之女；丈夫男三：英，次室李氏出也；光，夫人周氏出也；良，又次室李氏出也。女一：夫人周氏出也，适武骧左卫指挥张英男。英娶费氏，生男二：曰彦、曰章；女二：曰千佛奴、曰药师奴。光娶汪氏。良娶杨氏。兹叙公之世居乡贯历官迁次爵位之概，刻之贞石，埋于墓前幽壤，用贻不朽者。

正统六年岁辛酉十又一月冬至前二日

前将仕佐郎教授天台邬望　撰

赐进士前文林郎行在福建道监察御史临川王学敏　书丹

1.《明英宗实录》卷六十一，正统四年十一月辛未条。

大明輔國將軍都指揮同知鄒□公□□泗州
□胎縣人寓居北京順天府大興縣靖恭
坊考諱義官為義官胎信校尉百戶戚
贈鎮國將軍姚朱氏贈夫人公時為舍人隨侍
永樂初九癸未陞金吾左衛指揮同知丁酉以
陞本衛副千戶尋陞正千戶辛巳陞指揮僉事
前戚調旗手衛庚子調錦永衛甲辰秋陞都指
揮僉事
欽命往遼東都司開原備禦宣德甲寅陞都指揮同
知正統戊午四都司掌事生於洪武乙邜三月
三日以正統辛酉十月初四日終於正寢□以是
年十一月二十八日葬于遼城之東地名安平
長山之原去城三十里而近娶室周氏百戶王
之女丈男三英次室李氏出也光夫人周氏
出也良又次奉氏出也女一夫人周氏出也適
武驤左衛指揮張英男娶費氏生男二曰產
曰童女一曰千佛奴曰藥師奴光要汪氏良娶
楊氏弘叙公之世居鄉貫歷官迁次爵位之顯
刻之真石埋于墓前幽壤用貼不朽者
正統六年歲辛酉十又一月冬至前二日
賜進士前文林郎前將仕佐郎教授天台邬望撰
石福建道監察御史臨川王學□敬書丹

邹溶圹志

第六章

辽阳市地区出土与明代长城有关武将墓志铭、铜碑、圹志考释研究（下）

明代有多位辽阳籍将官修建明代长城防御系统，在《辽东志》《全辽志》《明实录》中有详细记载。根据《明实录》记载，杨四畏"隆庆三年筑成敌台四百七十二座，规制精坚，可当雄兵十万，为边境百年之利"，"自庚戌来，先后边臣止议筑墙而不及修台，故虏至辄得气去。今十四路，楼堞相望二千里，声势相援"，"蓟镇修边墙五千三百六十三丈、敌台一百一座、铲削偏坡五百八十七丈、建潮河川大桥一座；昌镇修边墙四千六百四十一丈、敌台十座、铲削偏坡五十五处，俱高坚壮丽"。李澄清则涉及"长定堡杀降邀功事件"。林睿、王言在明代北京地区长城一线驻军抵御外敌。尤其是王言，根据《明实录》记载，还曾因修筑辽东墙垣、墩台有功而受到赏赐。

第一节　《明特进荣禄大夫中军都督府右都督杨四畏墓志铭》补释

　　1989 年辽阳市第二热电厂施工时出土明代特进荣禄大夫中军都督府右都督杨四畏墓志，汉白玉质，墓志盖篆文"皇明诰封特进荣禄大夫右都督知庵杨公墓志铭"。墓志石长、宽各88厘米，整体断裂多处残缺。墓志石刻写墓志铭57行，满行68字。墓志刻于万历三十二年（1604），现藏于辽阳博物馆。杨四畏生前担任过明代辽东、昌平、蓟、保定四镇要职，官居正一品，是辽阳地区出土明代墓志志主中官阶最高者，故其墓志颇具学术研究价值。李兆阳、张君弘《明杨四畏墓志考》一文对该墓志进行了研究，但其文并未结合史料文献进行全面考释；[1] 王成科《天子锁钥之臣杨四畏——〈明中军都督府右都督杨四畏墓志〉考释》一文仅对志文主要内容进行了简介，难称考释，而且其文有失学术研究规范。[2] 为了更加充分地利用这一石刻文献，笔者结合《明史》《明实录》《全辽志》等史料文献对墓志铭内容进行了较全面的考释研究。墓志全文附录于后，为方便阅读进行了标点断句，以"□"表示磨损脱落不清的字，加"□"字表示原字脱落后进行的补考文字。

一、杨四畏早期仕历

　　根据志文记载，杨四畏自幼体弱多病。成年后"乃去之龙冈公官所，日率其帐下健儿相射猎"，即言去其父"龙冈公"杨应奇官所率领其帐下兵卒射猎。志文

---

1. 李兆阳、张君弘：《明杨四畏墓志考》《辽海文物学刊》1997 年第 2 期。

2. 王成科：《天子锁钥之臣杨四畏——〈明中军都督府右都督杨四畏墓志〉考释》，《兰台世界》2000 年第 4 期。按：该文通篇没有参考文献，文章难称考释。而且经对比发现，王成科文章从"嘉靖四十一年（1562）"到"嘉庆末年"（此处笔误，应是嘉靖）与李兆阳、张君弘《明杨四畏墓志考》大篇幅内容相同。

"癸□中会试""癸□"应为"癸**丑**"。"癸丑",为嘉靖三十二年（1553),杨四畏于此年中会试武举,此事在《全辽志》中有记载。[1] 杨四畏授职本卫所镇抚,后感慨个人文化学识不够,离任五年苦读,"于古今胜负,善败得失"颇有见地。由于地方闹饥荒,杨四畏上救荒四策,其中关于赈给、治盗方面的内容很有见地,后升职山海关守备。

嘉靖四十一年（1562),杨四畏担任宁前游击职务。李兆阳、张君弘在文中论述杨四畏担任宁远游击将军内容并不准确,应为宁前游击。根据《全辽志》记载,宁前游击设置于嘉靖辛酉年（1561),抽调河东、河西城堡军士填充,"以备宁远、前屯地方有警截杀"。[2] 宁远、前屯一带战略位置重要,经常遭受外虏侵袭。根据志文记载,杨四畏任职宁前游击期间,浴血奋战,守边有功。"公数月□三摧强虏",可称智勇兼备,从此声名鹊起。嘉靖四十二年（1563)、四十三年（1564),杨四畏两次跟随佟登在辽阳沙河铺、抚顺等地与外敌交战。志文记载:"其冬,从佟大将军登救辽阳之沙河铺,力疾战,城破而完,斩首数百级。其明年春,从佟□□□□□所塞,大破东夷,归而殿。□□□□□□军克还无坏,升开原参将。""佟大将军登"即"佟登""沙河铺"位于辽阳城西三十里。[3] 杨四畏跟随佟登在辽阳城沙河铺与外敌交战,斩杀外敌数百人。"其明年春",即嘉靖四十三年春,"从佟□□□"应是"从佟**大将军登**"。而后在辽东地区大破"东夷"东部女真人,殿后而安全归来,因功升职开原参将。此事发生在其年二月,《明实录》中有记载,云:

> 总督蓟辽都御史刘焘类报捷音,去年十二月二十八日,官军败虏酋速十亥等众,于沙河铺斩首百余级。是年正月十三日,败抚顺诸夷于官儿山,斩

1.（明）李辅等纂修:《全辽志》卷三《选举》,辽沈书社 1985 年版,第 607 页。

2.（明）李辅等纂修:《全辽志》卷三《职官》,辽沈书社 1985 年版,第 586 页。

3.（明）李辅等纂修:《全辽志》卷一《图考》,辽沈书社 1985 年版,第 502 页。

首百七十余级。十八日又大败暖阳边外虏众于苇子谷，斩首三百七十余级。[1]

杨四畏任开原参将期间曾与外敌交战，"虏从正西堡入犯，伏兵击走之。又从镇北关入犯，复败走之"。虽然《明实录》中对此事无详细记载，但杨四畏在任职开原参将期间颇有功绩。根据《明实录》记载，杨四畏因捕获投敌重要人物王朝用而获得赏赐，云：

> 赏开原兵备佥事黄九成、参将杨四畏银各十两纻丝一表里，以擒获叛逆王朝用功也。朝用初充庆云堡通事，与广宁通事李名先后叛入虏地。既习知内地虚实，每虏入，辄为乡导，辽人苦之。至是朝用挟虏酋猛礤孛罗等入关，索赏。守庆云堡百户黄承恩，麾通事张友等，掩捕之。守臣以闻，诏赏九成、四畏银币。升承恩、友各二级。[2]

杨四畏调任马兰路参将后升职为辽阳副总兵。志文言"改调蓟镇马兰路参□□□□□□副总兵"，此处虽然有志文脱落，但有据可证，应是指嘉靖四十五年（1566）六月之事，"马兰路参□"应是"马兰路参 将"，"□□副总兵"应是"辽阳副总兵"。《明实录》中对此有详细记载，云："命分守蓟镇马兰谷参将杨四畏充协守辽阳副总兵。"[3]

杨四畏担任辽阳副总兵期间，协同佟登、李成梁与外敌交战。志文记载："丁卯，虏大举犯宁□□□□大将军绕出虏后击之，大破虏，斩首百余级，获夷马器械无算。虏犯武靖堡，值公行边，掩兵篱内，虏至，纵兵出击□□□□□□□而去。""丁卯"，隆庆元年（1567）。据笔者考察，此段志文记载内容在《明实录》

1.《明世宗实录》卷五百三十、嘉靖四十三年二月癸酉条。
2.《明世宗实录》卷五百三十五、嘉靖四十三年六月己卯条。
3.《明世宗实录》卷五百五十九、嘉靖四十五年六月辛巳条。

中没有详细记载，应因此次战功不大而未载入记录。"虏大举犯宁□□□大将军""宁□"推测应是"宁 前 ""□大将军"推测应是" 佟 大将军"。此处志文应是指外敌入犯宁前，杨四畏随同辽东总兵佟登抵御外敌。李兆阳、张君弘在其文中认为杨四畏随总兵王治道深入敌后反戈击之，[1]不知依据何在。王治道于嘉靖末年担任过辽东总兵职务，但此处"□大将军"未必指的是王治道。从志文"宁远王参将治道""□□参将今宁远伯成梁"对王治道、李成梁的称谓方式来看，志文"□大将军"并非指王治道。与此形成鲜明对比的是，志文中对佟登以"佟大将军"称呼，而且佟登生前担任过重职，因此推测此处应是指佟登，而不是指王治道。随后杨四畏又在武靖堡击败外敌。志文言："虏复犯辽阳，数□□□参将今宁远伯成梁同击虏于虎皮驿之北。虏伏起，公与李夹攻之，虏反败走。"此处志文有缺失，"数□□□参将今宁远伯成梁"，应是"数与 开 原 参将今宁远伯成梁"。此处志文指的是杨四畏曾与李成梁在虎皮驿之北，击败外敌。但杨四畏也曾因守边不利而受到御史参劾。史载云：

> 虏犯辽阳，长安堡备御指挥王承德引兵力战，中流矢死，官军多被创。巡按御史李叔和请恤录承德，并治指挥宋世举、都指挥高惟忠及副总兵杨四畏失事罪。得旨。承德赠都指挥使，仍令其子袭升二级，世举等御史逮问。[2]

由于杨四畏应诏自陈己过，所以朝廷仍然以之任辽阳副总兵。

> 宁夏总兵雷龙……辽阳副总兵杨四畏、甘州左副总兵刘承业……蓟州振武营副总兵李勇，各应诏自陈不职。……津革任，龙等仍旧供职。[3]

---

1. 李兆阳、张君弘：《明杨四畏墓志考》，《辽海文物学刊》1997年第2期。
2. 《明穆宗实录》卷六，隆庆元年三月乙酉条。
3. 《明穆宗实录》卷八，隆庆元年五月壬申条。

隆庆二年（1568），杨四畏由辽阳副总兵升任战略要地昌平的总兵。"戊辰，推镇守昌平总兵官。""戊辰"，即隆庆二年（1568）。此事在《明实录》中也有记载，云：

升宁夏副总兵署都指挥佥事杨真、辽阳副总兵署都指挥佥事杨四畏、蓟镇振武营副总兵署都指挥佥事李勇，俱署都指挥佥事，充镇守总兵官。真甘肃、四畏昌平、勇保定。[1]

昌平战略位置重要，居于明朝北部边镇与京城之间，处于北御蒙古、南捍京师的战略位置，明朝皇家陵寝也位于此地。明朝嘉靖年间，北部边防松弛，战事逐渐吃紧，蒙古右翼土默特部首领俺答汗频繁叩关，要求互市。明朝屡次拒绝后俺答汗出兵南下，劫掠昌平等地，直逼京师，史称"庚戌之变"。"庚戌之变"后，明朝认识到昌平的重要性，经过周密筹划，逐步加强了防御，提升了昌平的军事防御级别。"隆庆和议"后，蒙古左翼土蛮汗也想与明朝互市，遭到拒绝后也开始频繁掠边。随后明朝派遣戚继光总理练兵，总管蓟、昌、保三镇练兵事宜。《明史》载："二年五月，命以都督同知总理蓟州、昌平、保定三镇练兵事，总兵官以下悉受节制。"[2] 在此背景下，杨四畏担任昌平镇总兵。关于此事志文多有缺失，但从现有的文字内容分析，其中主要记述了杨四畏在昌平镇任职总兵期间练兵修建军事工事，并在著名将领戚继光领导下"联辔行边"抵御外敌侵略之事。

关于杨四畏练兵事宜，《明实录》中记载云："为今之计，宜将新募、新补之军以万人予戚继光三千人予杨四畏，各充标兵训练，以给行粮。"[3] 由于杨四畏清补军士有功，曾得到赏赐。"论蓟、昌等处清补军士功罪，赏总兵杨四畏、李勇、参

1.《明穆宗实录》卷十九，隆庆二年四月己亥条。
2.（清）张廷玉等撰：《明史》卷二一二《戚继光传》，中华书局1974年版，第5613页。
3.《明穆宗实录》卷二十八，隆庆三年正月戊子条。

将孙山等，银两有差。夺游击李时等俸一月。"[1] 志文言："自居庸至山海千二百里
□□□□□□□□□□□□□□壁，其通川大河则设水关□□戍，其它白洋口、镇
边口、长峪、后峡峪皆要害，则创建四城，以四守备分驻。"其中主要记载了杨四
畏因地制宜设置军事设施以加强防御。《明实录》中关于杨四畏修建军事设施的记
载比较详细，云：

> 蓟辽总督谭纶上言：隆庆三年筑成敌台四百七十二座，规制精坚，可当
> 雄兵十万，为边境百年之利。乞录劻劳将吏功，得旨。赐纶及巡抚刘应节、
> 总兵戚继光、杨四畏银币；参政杨锦、凌云翼、副使杨兆、宋豫卿、佥事宋
> 守约、副总兵李超等、游击陈其可等、参将胡懋功等，各升赏有差。[2]

《明实录》记载，由于修建昌平镇军事设施对明朝意义重大，杨四畏同谭纶、
戚继光等人一起受到朝廷升赏。史载云：

> 蓟、昌镇筑敌台工城兵部言：二镇拱护京陵，逼近三卫。三卫名虽藩
> 篱，然阴为虏用。自庚戌来，先后边臣止议筑墙而不及修台，故虏至辄得气
> 去。今十四路，楼堞相望二千里，声势相援，皆督抚官协谋任事之功，而效
> 劳诸将吏，亦宜并录。得旨。总督谭纶升兵部尚书兼都察院右副都御史，协
> 理戎政如故；巡抚刘应节升俸二级，杨兆俸一级，右都督戚继光荫一子百户，
> 都督佥事杨四畏升实职二级，副使孙应元俸二级，佥事宋守约王之弼等一级，
> 副总兵胡守仁，参将罗端等，实职一级，仍各赏银币有差[3]。

1.《明穆宗实录》卷四十四，隆庆四年四月辛亥条。
2.《明穆宗实录》卷四十二，隆庆四年二月丙寅条。
3.《明穆宗实录》卷六十，隆庆五年八月庚戌条。

万历初，杨四畏因戍边有功不断受到朝廷升赏，《明实录》中对此有多处记载：

（万历元年七月）庚子，兵部奏：阅视侍郎汪道昆举劾三镇文武大臣，独推练兵总兵戚继光为首，升一级；刘应节、杨兆、孙丕扬、张学颜及李成梁、杨四畏、傅津各升赏有差。李勇法司提问。[1]

升蓟镇总兵官戚继光实职一级，为左都督；昌镇总兵官杨四畏署职一级，为署都督同知。各赏银币。以蓟镇总督刘应节称其劳绩久著也。[2]

命镇守山海总兵戚继光、昌平总兵杨四畏、辽东总兵李成梁、保定总兵傅津，久任遇有成功，破格叙赉。从蓟辽总督刘应节请也。[3]

钦赏蓟辽总督侍郎杨兆、巡抚都御史杨一鹗、都督戚继光、总兵官杨四畏、兵备宋守约等，副总兵陈勋、都司刘德温等，银币各有差。叙增建蓟昌敌台功也。[4]

万历九年（1581），杨四畏进秩右都督特进荣禄大夫，正一品，志文言："辛巳，进秩右都督特进荣禄大夫。"在此之后，杨四畏因修筑边墙、敌台等有功而升赏不断，史载云：

（万历九年三月）癸未，职方郎中费尧年查勘蓟、昌二镇边工。蓟镇修边墙五千三百六十三丈、敌台一百一座、铲削偏坡五百八十七丈、建潮河川大桥一座；昌镇修边墙四千六百四十一丈、敌台十座、铲削偏坡五十五处，俱高坚壮丽，钱粮更无破冒。兵部乞录该镇效劳诸臣。上以蓟、昌密迩京陵，与寻常边工不同，诏加

1.《明神宗实录》卷十五，万历元年七月庚子条。
2.《明神宗实录》卷二十一，万历二年正月辛卯条。
3.《明神宗实录》卷三十一，万历二年十一月辛未条。
4.《明神宗实录》卷三十四，万历三年正月辛酉条。

梁梦龙太子少保，戚继光荫一子锦衣卫百户，杨四畏升右都督，张梦鲸升俸一级，该镇文武升赏有差。[1]

阅视蓟、辽、保定边务，都给事中周邦杰题查劾各边八事俱修，举总督吴兑、梁梦龙、巡抚周咏、阴武卿、辛自修、张梦鲤、总兵李成梁、戚继光、杨四畏、田福等。劾副总兵史震等。部覆得旨，加吴兑太子少保，梁梦龙太子太保，李成梁岁加禄米五十石，阴武卿等，戚继光等，各荫赏有差。史震等逮问，降罚有差。[2]

万历十一年（1583），杨四畏仕宦生涯达到顶峰，由原职改任镇守蓟州、永平、山海等处总兵官。史载云："改居庸、昌平总兵右都督杨四畏，为镇守蓟州、永平、山海等处总兵官。"[3]

二、杨四畏中期仕历

万历初，被明朝视为屏藩的兀良哈三卫，与明朝貌合神离。随着朵颜部的日益强大，其首领长昂因为向明朝请赏未获得允许，遂经常伙同土蛮汗犯边，蓟、昌镇等地首当其冲。此事在《明史》中有记载，云：

当是时，俺答已通贡，宣、大以西，烽火寂然。独小王子后土蛮徙居插汉地，控弦十余万，常为蓟门忧。而朵颜董狐狸及其兄子长昂交通土蛮，时叛时服。万历元年春，二寇谋入犯。驰喜峰口，索赏不得，则肆杀掠，猎傍塞，以诱官军。[4]

1.《明神宗实录》卷一百一十，万历九年三月癸未条。
2.《明神宗实录》卷一百二十九，万历十年十月壬寅条。
3.《明神宗实录》卷一百三十三，万历十一年二月戊戌条。
4.（清）张廷玉等撰：《明史》卷二一二《戚继光传》，中华书局 1974 年版，第 5615 页。

志文言："癸未，推□□□□□□□□□□□□□□□□□谐不一榇，刘则益骄，长此安穷？乃议罢市赏，以折其谋，当事者难之。公曰：'我任其咎。我裨将，时常以数千人横行虏中□□□□□□□□□□□□□□□宽文法，三年之后，虏不足平也。'遂尽罢诸路市赏。""癸未"，即万历十一年（1583）。此处志文虽然有缺失，但结合史料文献分析，应指的是长昂向明朝请市赏一事。起初明朝为了安抚兀良哈三卫使其成为北部防线屏障，规定其入关朝贡，进行马市贸易。但是到了万历初年，朵颜部长昂恃强，千方百计地向明朝索取赏赐。根据《明史》记载，"万历初，朵颜长昂益强，挟赏不遂，数纠众入掠，截诸蕃贡道"。[1] 学者研究认为，"这一时期，已经成为蒙古部的兀良哈人，每年不仅按规定前来朝贡，经常叩关讨赏，还不时依仗蒙古势力到马市索赏，明朝每年用于对兀良哈人的各种赏赐费用不断增加，由于费用不足，守将甚至克扣军士的兵饷以满足兀良哈人的讨赏，边地不胜其扰"。[2] 从志文记载可以看出，作为镇守一方的杨四畏对长昂的行径有深刻认识，主张停止市赏。

由于明朝守边副将谎报隐瞒长昂等入侵黑峪关劫掠一事影响严重，杨四畏因过受到惩处。志文记载"不一月，小阿卜户夜掠黑峪关，副将以捷报"，此事在《明史》中也有记载，云："十一年，小阿卜户犯黑峪关，守将陈文治以下俱逮系。"[3] 比较而言《明实录》对此事记载较为详细，云：

屯田御史江东之会同辽东抚按勘黑谷关失事。言：虏之犯黑谷也，分守则游击李尚贤，协守则副将陈文治，提调则齐鸣鹤、汪道化高卧不知，闻急不赴。该关杀掠男妇知名氏者三十余名，明知本关失守，呈文报功，文治遣鸣鹤督守堡官方臣，将尸移至口外，四散埋藏，甚至烧化。会勘之日，连掘

1.（清）张廷玉等撰：《明史》卷三二八《朵颜传》，中华书局 1974 年版，第 8509 页。

2. 程妮娜：《明代兀良哈蒙古三卫朝贡制度》，《史学集刊》，2016 年 3 月第 2 期。

3.（清）张廷玉等撰：《明史》卷二三九《张臣传》，中华书局 1974 年版，第 6206 页。

九尸。总兵杨四畏之欺则文治误之，督抚二臣之欺则先勘官副使张崇谦误之也。诏陈文治、李尚贤、齐鸣鹤革任，方臣、汪道化，并副使张崇谦下巡按御史提问。总兵杨四畏降一级，照旧管事；总督周咏、巡抚翟绣裳，夺俸半年，着策励供职。[1]

由于长昂未得到封赏而频繁犯边内侵，因此蓟镇一线边患严重。《明实录》记载，杨四畏虽然奋勇杀敌，但力不能任，最终受到严厉惩处，云：

> 兵部覆张佳胤报：属夷长昂下达贼一千一百余，自麻地谷驰奔刘家口、琵琶堡，折墙抢掠。我兵拒之，斩获夷级五颗，夷器八百五十三件，阵亡及伤重者八名，轻伤百余，掳去男妇四十三名。夫蓟镇修筑台墙原以匹马不入为功，贼夷拆墙进边，守台官军若罔闻，防守何在？徐从义、张绍芳宜革职，充为事官管事，勒限立功赎罪。杨四畏、杨绍勋等俱戴罪候秋防毕，奏请议处，从之。[2]

虽然"公疑蓟弛备久"，杨四畏练兵积极防御，"自将万骑，探缓急而往来奔命焉"，面对长昂等屡次犯边，"与李大将军各陈兵东西以待"，但疲于应对，显得力不从心。万历十二年（1584），长昂在进犯刘家门之后，又勾结土蛮汗准备南下劫掠。志文言："其明年，长昂等复勾土蛮十余万，驻大□□□□□□□□师有备，乃移犯宁□公与李大将军犄角拒虏，虏不敢掠，遁。""其明年"，即万历十二年（1584）。此事在《明史》中也有记载，云：

1.《明神宗实录》卷一百四十，万历十一年八月戊午条。
2.《明神宗实录》卷一百五十三，万历十二年九月乙亥条。

十二年秋，复导土蛮，以四千骑分掠三山、三道沟、锦川诸处。守臣李松请急剿长昂等，朝议不从，仅革其月赏。未几，复以千骑犯刘家口，官军御之，杀伤相当。于是长昂益跋扈自恣，东勾土蛮，西结婚白洪大，以扰诸边。十二年秋，朵颜长昂以三千骑犯刘家口。[1]

朵颜长昂勾结土蛮汗犯边一事引起了明朝的高度戒备，《明实录》中有详细记载，云：

顺天巡抚张国彦报，贼夷长昂自犯刘家口之后，又向西虏哈不慎等借兵，纠聚达子四万余，欲于九月入犯。兵部言：今圣驾谒陵，而虏警边至，容臣部移咨该督抚镇，擐甲待战，仍远斥堠，毋许近边。[2]

由于长昂屡次犯边，危及明朝京师以及陵寝安全，最终杨四畏蓟镇总兵官职务由张臣接任，杨四畏被调至保定。《明史》记载："诏起臣副总兵，驻守马兰峪。会朵颜长昂屡扰边，蓟镇总兵官杨四畏不能御，乃调四畏保定，而徙臣代之。"[3]《明实录》也有同样记载："敕镇守蓟镇总兵官都督同知杨四畏以原官改镇保定。"[4] 继任者张臣改变杨四畏一直推行的对长昂罢市赏政策，重开市赏。史载："长昂雅惮臣，使其从母土阿、妻东桂款关乞降，乃抚赏如初。"志文记载："公曰：'虏不胜而欺，可谓善用不胜矣。我数摧虏而予之欸，可谓不善用胜矣。虏渐孤弱，吾眷蓟全力，数岁后若属可袭而灭也，奈何？安□□□□□哉！'当事者竟许之。公叹曰：'我以战始而以市终哉！彼马革裹尸者，何人也？'乃具疏以疾请移。"由此可见，杨

1.（清）张廷玉等撰：《明史》卷三二八《朵颜传》，中华书局1974年版，第8509页。
2.《明神宗实录》卷一百五十三，万历十二年九月乙亥条。
3.（清）张廷玉等撰：《明史》卷二三九《张臣传》，中华书局1974年版，第6206页。
4.《明神宗实录》卷一百五十四，万历十二年十月乙巳条。

四畏听闻朝廷对长昂重开市赏而颇有意见，对未能抵御长昂犯边以实现自己的军事设想而颇显忧愤悲怆。志文言："公镇守保定，复推中军都督府佥事，寻以右都督署中府事。"此事应是发生在万历十三年（1585），《明实录》记载云："命宁阳侯陈应诏掌府军前卫印，保定总兵官右都督杨四畏佥书中军都督府事。"[1]

三、其他几点补充

杨四畏"请归"离任后，"有神枢君之变"。"神枢君"，即杨四畏独子杨元，生前担任神枢营左副将。万历二十年（1592）"壬辰倭乱"，杨元参加抗倭援朝战争，在平壤战役、碧蹄馆之战中屡立战功。万历二十五年（1597），杨元因倭寇夜袭南原弃师而逃。史载："杨元以辽兵三千扼南原，至是闲山失守，倭遂薄南原。十六日夜猝乘城，元惊起帐中，跣足跳走，一军尽没。"[2]由于南原失守，"副总兵杨元弃城走，倭逼王京"，朝鲜局势十分被动。万历二十六年（1598），杨元按律被斩。《明实录》云："兵部题：东征裨将杨元，南原之败亡官军二千七百，马三千四百。余请速正典刑。从之。"[3]独子杨元因弃师之罪被斩，无论在声誉方面还是在心理方面，对从戎数十载的杨四畏无疑是个巨大打击。

志文言："今上阅口宫，公整军扈跸……上见扈跸军左车右骑，军容甚整，大悦，召公前乘马随行左，顾问军数行阵及虏情、京边军之强弱。公对之甚悉，相与语者六七里。寻撤御馈以赐，从臣皆以为荣。"这一段记载指的是明朝万历皇帝出宫谒陵巡狩经常驻跸巩华城，杨四畏作为昌平镇总兵，曾多次受到皇帝接见并赐予御馈。"口宫"当为"行宫"。《明实录》中记载，万历八年（1580）三月、万历十一年（1583）闰二月，杨四畏受到皇帝接见，云：

1.《明神宗实录》卷一百六十九，万历十三年十二月庚辰条。
2.《明神宗实录》卷三百十三，万历二十五年八月丁丑条。
3.《明神宗实录》卷三百二十二，万历二十六年五月丙申条。

（八年三月）辛亥，上奉两宫皇太后率后妃发京次巩华城，从官行礼毕，蓟辽总督官梁梦龙、昌平总兵官杨四畏、及昌平州官吏师生朝见于行宫。赐元辅张居正、及次辅张四维、申时行膳酒有差。[1]

（十一年闰二月）乙丑，上率后妃发京，潞王送于德胜门月城内，居守大臣文武百官送于德胜门外。驾至清河，赐元辅张四维等酒膳。驾次巩华城，从官行礼毕，蓟辽总督周永、总兵杨四畏等，及昌平州官吏师生、耆老人等朝见于行宫，赐元辅张四维等酒膳，定国公徐文璧、彰武伯杨炳共甜食一盒。[2]

志文言："以故起家行间历三十余年，家无长物，以功晋秩者六，赐金币者二十有七，备极宠赏，未尝挂一弹章。"这是对杨四畏一生从戎仕宦总结。所言"未尝挂一弹章"未必客观公正。如前文所述，杨四畏在担任辽阳副总兵、蓟镇总兵期间曾多次因过受到参劾。杨四畏在军事素养方面，并非如志文所言的"所向风靡"，这明显是夸大其词。在此作一对比，优劣一目了然。《明史》记载"继光在镇十六年，边备修饬，蓟门宴然。继之者，踵其成法，数十年得无事"。[3] 可以说戚继光任职蓟镇期间，颇有成效，边备为之一新。但杨四畏任职蓟镇时间不长，即因守边不利而调职。继任者张臣守边也颇有建树，长昂对其十分惧怕。《明史》记载"长昂雅惮臣，使其从母土阿、妻东桂款关乞降"。[4] 另外，杨四畏能够替代戚继光任职蓟镇总兵，应与张居正失势有一定关系。张居正在位期间与戚继光关系非同一般，诚如志文所言"时张江陵柄国，边将多出门下"。张居正去世后戚继光也因受到牵连而被调职，但杨四畏并非张氏门下嫡系，因此他屡受万历皇帝提拔。

1.《明神宗实录》卷九十七，万历八年三月辛亥条。

2.《明神宗实录》卷一百三十四，万历十一年闰二月乙丑条。

3.（清）张廷玉等撰：《明史》卷二一二《戚继光传》，中华书局 1974 年版，第 5616 页。

4.（清）张廷玉等撰：《明史》卷二三九《张臣传》，中华书局 1974 年版，第 6206 页。

关于杨四畏家族成员历史信息，李兆阳、张君弘在研究中已有论述，笔者仅对杨四畏之父杨应奇加以补充说明。志文中对杨应奇有简单介绍云："号龙冈，积迁至开原参将，有威名。"根据《全辽志》记载，杨应奇生前曾任开原参将，[1] 也曾担任宁前参将。[2] 杨应奇由于"庚戌之变"驰援京师有功而受到赏赐，史载云：

> 山西巡抚应槚等、辽东宁前左参将杨应奇、山东都司萧国勋，各率兵入援诏俱随仇鸾并力追剿不必入京。[3]

> （嘉靖二十九年九月）丙申，赏续到入援山西巡抚应槚、辽东巡抚蒋应奎、总兵李琦、参将杨应奇、郭都、游击许棠、山西游击柴缙、大同坐营官祁勋、河南都指挥李塘等银币，仍给所部军银布有差。[4]

从杨氏家族的姻亲也可以看出当时明朝边陲地区军官武将之间相互联姻的现象极其普遍。在专制社会中这种门当户对的姻亲关系也是巩固本家族社会地位的一种有效政治手段，杨氏家族的姻戚关系也正是当时明代边陲社会生活状况的真实反映。

另外，撰文人朱赓，浙江山阴人，明穆宗隆庆二年（1568）进士，万历二十九年（1601）以礼部尚书兼东阁大学士参与机务。辅臣沈鲤、沈一贯去位，朱赓独当国，《明史》评价其"醇谨无大过"，卒后赠太保，谥文懿，著有《文懿公集》十二卷传于世。书丹人佟登，生前任山西、辽东、甘肃总兵官，镇守长城一线数十年，是明代辽阳佟氏家族的代表人物之一。篆额人李成梁，铁岭人，明朝后期著名将领，镇守辽东三十年间，先后十次大捷，位望甚隆，封宁远伯。

1.（明）李辅等纂修：《全辽志》卷三《职官》，辽沈书社1985年版，第584页。

2.（明）李辅等纂修：《全辽志》卷三《职官》，辽沈书社1985年版，第585页。

3.《明世宗实录》卷三百六十四，嘉靖二十九年八月庚寅条。

4.《明世宗实录》卷三百六十五，嘉靖二十九年九月丙申条。

附录：杨思畏墓志全文

皇明诰封特进荣禄大夫中军都督府管府事右都督前三承
敕命镇守昌平蓟镇保定总兵官知庵杨公墓志铭

赐进士出身光禄大夫太子太保礼部尚书文渊阁大学士知制诰经筵日讲纂修玉牒总裁山阴朱赓　撰

赐会武第荣禄大夫中军都督府管府事都督同知前奉敕佩征虏平羌将军印提督三关军务镇守山西辽东甘肃总兵官襄平佟登　书

钦差征虏前将军提督军务镇守辽东兼备倭总兵官太傅兼太子太傅宁远伯银州李成梁　篆

辽阳故多名将，其有功□皇朝，烨然以廉勇称者，都督杨公其一也。余庚辰校武闱得公子神枢营副将元，以故与公交最久，而知公最深。公归老于家，其卒之明年，孙玉祥将以□□□日葬公于首山之阳，手述公状来乞铭。追惟曩时，公方视篝中府而神枢已参戎于外，父子并贵显，舄奕一时。无禄神枢早世，越□公亦捐馆，荣华销歇。余甚□之，忍不为公铭哉？

按状，公讳四畏，字敬甫，别号知庵，其先安庆之桐城人。一世祖兴武，以幸人从□□□功升千户，后充燕山护卫，□□□□兵靖难，兴武不从，戮之，而录用其子。忠以战功升指挥佥事，旋调辽东，遂为辽阳人。三传而至远，远生辅，俱世其职，为裨将，以公贵赠为荣禄大夫右都督。生应奇，号龙冈，积迁至开原参将，有威名，亦封如公官。龙冈公娶于王而生公。公幼多病，五岁始能言，六岁乃壮健异常，每食必尽一猪首。稍长，善属文，日记数千言。边世□□骑射，不乐为诸生，乃去之龙冈公官所，日率其帐下健儿相射猎，旋归就武举业。嘉靖壬子，领乡荐，癸[丑]中会试，授本卫所镇抚。公抚然曰："吾为爱书所羁矣。吾□吴下阿蒙乎？"乃俯首读书，弃官不仕者五年，于古今胜负，善败得失，概晰其窍，会于是替授□□□□□大饥，人相食。公上救荒四策，其赈给、治盗具有法，人甚□□，升山海关守备。壬戌，迁宁前游击将军。宁前虏冲，旧无屯兵，当事者议创见之，以公□□□□□□公。公至日，讨新募卒而训练之，习骑射，开芜田，建营舍，舍木□□□塞外。一日，虏逐我伐木者，公令曳二木缓行，虏至，则下马驾木为栅，以□虏，却复曳□□□□却之，全军入塞。虏犯所属沙河驿，公夜疾驰入虏垒，虏惊败去□□□。三月，虏数万犯沙河驿，公驰救之，阻山列阵。虏不迎战，分两翼去我军□山，虏合围□望见驿东北百步故营盘竖白麾，虏酋红装指麾下。公命左射者角右□□□用左前者持矛介马。公披重铠令曰："唯吾马首是视！"一□而下，所伤数十虏。虏□狂诱我，公大呼曰："虏败矣！"突向白麾而奔，环逼虏酋于盘内。虏亦环我于盘□□□□□甚。公故阙一角，虏溃出，虏酋被数创，拥去。我军据营盘以守，虏复□众围我，相持射杀。公被十六矢，犹能军其众。虏解围去，公率精骑追袭。薄暮，虏争出□□□□击之，虏大败。是役也，虏众我寡，假令争入□□虏掩逼之，歼矣。出虏不意，直攻营盘，虏气已夺。法所谓攻瑕则坚者瑕也。四月，虏复□□，公出兵角战中伏□□□□坵台，会宁远王参将治道来□□□□□□虏别攻瑞昌堡，遂合兵救瑞昌。有金甲神人百千□□虏□虏争遁，尽□其甲兵缁众而归。五月，虏窃掠黑庄□□□□去，公数月□三摧强虏，令咋舌□□□□□□□□功名，实自此始。其冬，从佟大将军登救辽阳之沙河铺，力疾战，城破而完，斩首数百级。其明年春，从佟 大 将 军 登 □□所塞，大破东夷，归而殿。□□□□□□军克还无坏，升开原参将。虏从正西堡入犯，伏兵击走之。又从镇北关入犯，复败走之。改调蓟镇马兰路参□□□ 辽 阳 副总兵。丁卯，虏大举犯宁 前 □□ 佟 大将军绕出虏后击之，大破虏，斩首百余级，获夷马器械无算。虏犯武靖堡，值公行边，掩兵篱内，虏至，纵兵出击□□□□□□而去。虏复犯辽阳，数□ 开 原 参将今宁远伯成梁同击虏于虎皮驿之北。虏伏起，公与李夹攻之，虏反败走。戊辰，推镇守昌平总兵官。昌镇承平久□□□□□□□□□为五苍□□□□将，将六千人练之为车营，复以二脾将，将六千骑练之为骑营，与蓟镇戚大将军继光联辔行边，自居庸至山海千二百里□□□□□□□□□□□□□□壁，其通川大河则设水关□□戍，其它白洋口、镇边口、长峪、后峡峪皆要害，则创建四城，以四守备分驻。其昌镇城暨黄花渤海□□□□□□□□□□□□□□京仓。公奏自通州□巩华城水可漕□□□□□□□□□□□□□堪用。公自造明甲四千余，极精坚。旧宁夏、陕西有入卫兵，公请独当一面，奏罢之。辛巳，进秩右都督特进荣禄大夫。癸未，推□□□□□□□□□□□□□□□□谐不一榼，刈则益骄，长此安穷？乃议罢市赏，以折其谋，当事者难之。公曰："我任其咎。我裨将，时常以数千人横行虏中□□□□□□□□□□□□□□□宽文法，三年之后，虏不足平也。"遂尽罢诸路市赏。不一月，小阿卜户夜掠黑峪关，副将以捷报。公疑蓟弛备久，难骤胜□□□□□□□□□□□□□罚□将誓师，令路将练兵以备战。客将协台兵以相守蓟镇三协，协置一骁将以应援，自将万骑，探缓急而往来奔命焉。无□□□□□□□□□□□□犯箭杆岭，又犯刘家口，公所部将连破之。于是勾土蛮十余万骑驻大青山，以万骑犯冷□，其别骑犯建昌，皆失利。复合其□□□□□□□□击□之己□□余万犯宁前。公与李大将军各陈兵东西以待。虏宵遁，潜趋犯燕河，公驰兵拒走之。其明年，长昂等复勾土蛮十余万，驻大□□□□□□□□师有备，乃移犯宁□公与李大将军犄角拒虏，虏不敢掠，遁。云：土蛮连不逞志于我，恨长昂等卖己，尽卤其畜产以归。长昂等既数困，又失强援□□□□□□□众皆以为便。公曰："虏不胜而欸，可谓善用不胜矣。我数摧虏而予之欸，可谓不善用胜矣。虏渐孤弱，吾眷蓟全力，数岁后若属可袭而灭也，奈何？安□□□□□哉！"当事者竟许之。公叹曰："我以战始而以市终哉！彼马革裹尸者，何人也？"乃具疏，以疾请移。公镇守保定，复推中军都督府佥事，寻以右都督署中府事，□及坚请归，归而有神枢君之变，郁郁不能遣。疽□□背，病亟，强起坐书曰："留玉祥知，我做守法官，无欺心事，死不负朝。"书"朝"字未完，大呼裂背而逝，盖万历癸卯八月十一日也，距生嘉靖庚寅五月二十九日，得年七十有四。公胆勇过人，有机略，往往能胜大敌，断大事。奋身以奉公家，不少徇于权贵，而性孝友廉靖，以淡泊俭素终其身。公之镇昌平也，诸大臣议以所营兴献帝未葬陵葬庄皇帝而未决。公历陛升曰："肃皇帝何如至也？"高新郑目摄之曰："肃皇帝神圣至孝□何为者？"而问曰："以神圣至孝肃皇帝，欲葬公之地葬其子，奚庸疑。四畏守土臣也，敢昧死言。"众议遂定。今上阅 行 宫，公整军扈跸。时张江陵柄国，边将多出门下。或讽公："何所持以见相国？"公曰："天子至，吾戎衣伏道左已耳。今以见天子之礼见之，反不贵耶？何持为？"上见扈跸军左车右骑，军容甚整，大悦，召公前乘马随行左，顾问军数行阵及虏情、京边军之强弱。公对之甚悉，相与语者六七里。寻撤御馔以赐，从臣皆以为荣。公事龙冈公甚谨，侍立午夜无惰容，每战后必驰报以慰。所遗产尽让诸弟，辽阳貂参之类毫无染指。蓟门幕府羡金以充军费，却某参将酒中令，罚筑二台而不发其事。以故起家行间历三十余年，家无长物，以功晋秩者六，赐金

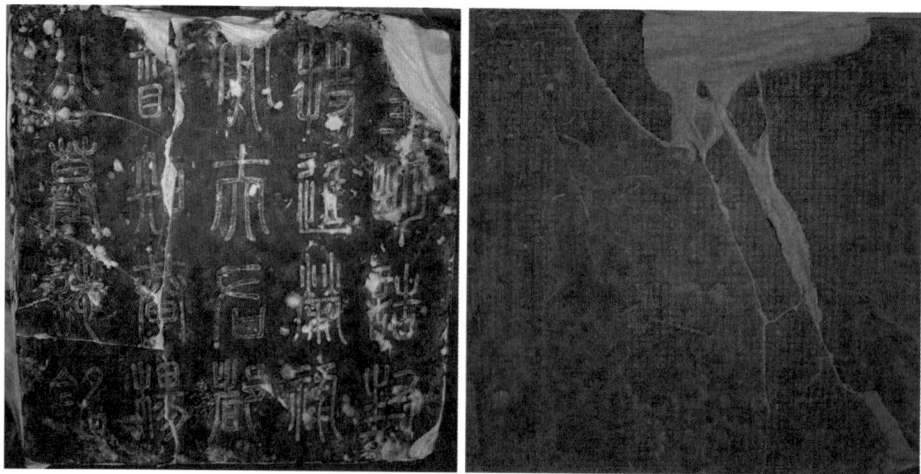

辽阳地区出土的杨四畏墓志铭拓片

币者二十有七，备极宠赉，未尝挂一弹章。而家居时，阅视科臣，犹以廉勇荐可以证舆论之公矣。配邹氏，故指挥邹希贤女；继室徐氏，守备徐凤翔女，俱封一品夫人。子一，即元，官至神枢营左副将、都督佥事，先公卒。娶参将毕朝用女。女二，长适参将陈邦哲，次适备御郭彦光，俱邹夫人出。孙男三，长即玉祥，廪生，娶副将佟养正女，继娶于王，于孙。次鹤祥，百户，娶备御康元吉女。次武祥，庠生，娶参将张应种女，继娶于李。孙女三，长适掌印指挥邹卫周，次适指挥李永盛，次许配总兵杨绍勋子杨松正。曾孙四，茂都，袭祖职指挥佥事，娶武举李怀忠女，玉祥出；茂宗，武祥出；茂国，鹤祥出；茂林亦玉祥出，俱幼未聘。铭曰：

> 杨始从龙，恭执鞭弭。来护于燕，再世辽徒。七叶至公，益拓前美。
>
> 公虽世胄，繇武科起。视卒婴儿，揃天骄子。陷阵出奇，自沙河始。
>
> 载秉旄纛，蓟门辽水。西陵不惊，墉堡无圮，划角□拒，所向风靡。
>
> 虏龚而欹，战心未已。矫矫虎臣，恂恂文士。勇以治军，廉以律己。
>
> 戮力塞垣，勋庸畴拟。胡以锡之，白金文绮。胡以秩之，□玉衣紫。
>
> 易篑数言，生平尽此。朝画未终，吁嗟已矣。瞻彼崇阡，首山碨垒。
>
> 刻石玄宫，以永来禩。

万历三十二年岁次甲辰秋九月吉日　承重孙杨玉祥立石[1]

第二节　《明海盖左参将镇国将军李澄清墓志铭》考释

1980 年辽阳老城大南门外出土一盒墓志，墓志盖阴刻篆书"皇明海盖左参将镇

---

1. 志文由李大伟先生提供，在此表示感谢。

国将军李公墓志铭"，四行十六字。墓志石为青石质，长、宽各44厘米，刻写墓志铭30行，满行32字，中部及边缘泐蚀缺损，但大部分墓志铭内容尚能识别清楚。墓志刻于明万历十年（1582），现藏于辽阳博物馆。《辽宁碑志》虽然收录了该墓志原文，但无墓志文物照片。由于墓志铭主人姓名脱落，加之缺少考证，导致《辽宁碑志》对此墓志主人称谓没有准确定论，而且志文内容也没有进行系统考释。[1] 王德亮先生在其《鸿胪井刻石之李钺考》一文中曾提及李澄清墓志，但受题目所限，并未对该墓志系统研究。[2] 为了充分发掘这一石刻文物的历史价值，本人对志文内容进行了较为全面的研究。墓志全文附后，以"□"表示该字磨损脱落不清，加"□"字表示原字脱落而进行的补释全文。

一、李澄清生平仕历

志文："按状，公讳□□，字汝靖，号柱山。"此处脱落内容与墓志主人姓名有关，以往对此并没有进行考证补充。近年王德亮先生认为此处人名应为李澄清。[3] 结合志文以及《明实录》《全辽志》等史料，此说当无误。李澄清，"定辽左卫人，横岭守备"。[4] "公讳□□"在此补为"公讳澄清"。

志文："公□□垂髫年，即有大志，隶□子业，旁通□符，登嘉靖乙丑武进士，推横岭守备。"此处志文虽然有脱落，但表现了李澄清素有大志，刻苦努力学习，考取了"嘉靖乙丑"（嘉靖四十四年，1565）武进士。李澄清考取武进士之事在《全辽志》中有详细记载。[5] "推横岭守备"应是指他被推举担任"横岭守备"职务。

1. 王晶辰主编：《辽宁碑志》，辽宁人民出版社2002年版，第403-404页。
2. 关于此墓志主人姓名李澄清的考证，王德亮先生曾在其《鸿胪井刻石之李钺考》一文中有所提及。由于拙文多年前完稿后未投稿，王先生之文先于发表，见于学刊，因此还以王德亮先生考证为先。详见王德亮：《鸿胪井刻石之李钺考》，《旅顺博物馆学苑》2018年。
3. 王德亮：《鸿胪井刻石之李钺考》，《旅顺博物馆学苑》2018年。
4. （明）李辅等纂修：《全辽志》卷三《选举》，辽沈书社1984年版，第607页。
5. （明）李辅等纂修：《全辽志》卷三《选举》，辽沈书社1984年版，第607页。

"横岭"为地名，是居庸关地区的边防要地。关于"横岭守备"的设置，在《明史》《明实录》中有记载，云：

> 设横岭守备，塞怀来路，增置新军二千余人，资团练。[1]
>
> 巡按直隶御史黄李瑞上言：居庸关镇边城连络横岭，虏所必由。乃止戍卒五百余人，迄选增至千人。城东北隘口止二十人，迄选增至二百人，并给营房、衣粮添设总管官一员。其镇边守御千户所旧属白羊，宜就近改属横岭守备。便兵部议覆，从之。[2]

志文："移□□□□□升神机营游击兼神枢营。""神枢营"是明朝永乐时期著名三大京营之一，配备有先进火器驻扎京城。李澄清升任神机营游击一事在《明实录》中有记载，云："升镇边城守备指挥佥事李澄清署都指挥佥事，充神枢营佐击将军。"[3]"神枢营"的前身是明朝永乐时期著名三大京营之一的"三千营"。嘉靖时期兵政改革，恢复旧制改"三千营"为"神枢营"，募兵充伍。《明史》中记载："神枢营：副将二员，各统军六千；佐击六员，各三千。外备兵四万人。"[4]李澄清担任"神枢营"参将职务一事在《明实录》中有记载，云："命神枢营佐击将军署都指挥佥事李澄清，充神枢九营参将。"[5]

志文："寻□职事参将，改河曲。"李澄清后来到河曲任职，此事发生在隆庆六年（1572），在《明实录》中有记载，云："命原任协同漕运参将黄应甲分守苏松，神枢营参将李澄清分守山西河曲县等处。"[6]"河曲"为地名，是山西险要之地。《明

1.（清）张廷玉等撰：《明史》卷一九九《列传第八七·范鏓》，中华书局 1974 年版，第 5269 页。

2.《明世宗实录》卷三百九十五，嘉靖三十二年三月辛丑条。

3.《明穆宗实录》卷十九，隆庆二年四月乙丑条。

4.（清）张廷玉等撰：《明史》卷八九《志第六五·兵一·京营》，中华书局 1974 年版，第 2180–2181 页。

5.《明穆宗实录》卷六十四，隆庆五年十二月乙巳条。

6.《明穆宗实录》卷六十六，隆庆六年二月乙卯条。

史》中记载：

河曲府西北。元省。洪武十三年十一月复置。西有火山，临大河。河滨有娘娘滩、太子滩，皆套中渡河险要处也。北有关河，以经偏头关而名，西北流入大河。成化十一年十二月置偏头关守御千户所，与宁武、雁门为三关。[1]

根据《明史》记载，山西设有分守参将六人，其中就包括河曲参将。云：

镇守山西总兵官一人，旧为副总兵，嘉靖二十年改设，驻宁武关。防秋移驻阳方口，防冬移驻偏关。协守副总兵一人，嘉靖四十四年添设，初驻偏关，后移驻老营堡。分守参将六人，曰东路代州左参将，曰西路偏头关右参将，曰太原左参将，曰中路利民堡右参将，曰河曲县参将，曰北楼口参将，游击将军一人，坐营中军官一人，守备十三人，操守二人。[2]

志文："阅五年，参将海盖焉。""阅五年"即经历五年，"参将海盖"即"分守海盖参将"。根据《全辽志》记载，"（分守海盖参将）原无，嘉靖己酉御史齐宗道题准添设，分守海盖二卫，辖七城堡"。[3]李澄清任职河曲参将五年后，被调任辽东海盖参将职务。此事发生在万历四年（1576），《明实录》中对此有记载，云："调山西河曲参将李澄清于辽东海盖。"[4]

志文："□□□严明，善抚循□□综理战守事宜□有程度可纪。在河曲□方俺答和市□□□□边将苦之。公遇有求□□□□所□。"此处文字多有脱落，难知全貌，

1.（清）张廷玉等撰：《明史》卷四一《志第一七·地理二·山西》，中华书局 1974 年版，第 959 页。
2.（清）张廷玉等撰：《明史》卷七六《志第五二·职官五·都司》，中华书局 1974 年版，第 1868 页。
3.（明）李辅等纂修：《全辽志》卷三《职官》，辽沈书社 1984 年版，第 585 页。
4.《明神宗实录》卷五十七，万历四年十二月辛巳条。

但可判断出志文描述的是李澄清善于战守，在隆庆初年任职河曲参将时，妥善处理与境外蒙古俺答汗之关系。其中"方俺答和市"的"俺答"即俺答汗，"和市"即封贡开市，此处志文内容与"俺答封贡"有关。正德、嘉靖时期，随着北方蒙古部落的统一，明、蒙之间因互市朝贡而导致的战争不断。正德年间，蒙古在达延汗的努力经营下，各部从分裂纷争逐步走向统一强盛。虽然之后经过短暂纷争，但到了俺答汗时期，内部力量重新整合而再次强盛。与之形成鲜明对比的是，明朝内部朝政却日趋腐败，特别是在对待蒙古入寇的问题上，明朝中枢所制定的战略战术毫无章法，不得要领。时守时攻，时又闭关绝贡，态度摇摆不定，缺少一贯政策，使得地方边臣守将无所适从，守战无措，从而陷入尴尬境地。隆庆四年（1570）九月，俺答汗嫡孙把汉那吉率人叩边降明，明朝顺势封把汉那吉为指挥使，封其部下阿力哥为千户，以交换叛逃板升的汉人赵全等人，双方经过谈判，最终达成交换协议。明朝答应俺答汗提出的封贡请求，明、蒙关系进入和平时期，史称"俺答封贡"。

志文："虏始呦呦，然久则畏而重之。"如前文所述，李澄清于隆庆六年（1572）任职河曲参将，此处志文内容指的是李澄清在镇守河曲时不辱使命，对蒙古俺答汗部起到了震慑。结合史实分析，此处志文明显缺少依据，有夸张溢美不实之嫌。在隆庆五年（1571），蒙古俺答汗已经与明朝政府化干戈为玉帛，封贡开市，因此隆庆六年（1572）任职河曲参将的李澄清对蒙古俺答汗也就没有了所谓的震慑。

志文："镇海盖有□战功□□银币。"此处虽有文字脱落，但可以知道李澄清在任职海盖参将时，曾因战功获得朝廷升赏。墓志虽然记述简略，但考证可知，此事应发生在万历六年（1578），《明实录》中对此有记载，云：

> 录辽镇斩获功，赏总兵李成梁银八十两，大红纻丝蟒衣，袭荫一子世袭本卫指挥佥事；游击陶承喾升署都督佥事，赏银五十两，纻丝四表里，仍荫一子世袭本卫所百户；总督蓟辽巡抚右都御史梁梦龙，赏银六十两，纻丝四表里，仍荫一子入监读书；巡抚都御史周咏升右副都御史赏银五十两，纻丝

四表里；副使翟绣裳升一级；参将李澄清升二级；仍与兵备佥事张崇功等，各赏银有差。出边官军除候核勘外，升恤如例。仍发马价银一万两，差官给赏。本兵方逢时调度有功，并与先任巡抚张学颜，赏银币有差。[1]

志文："逾年乃告致仕。始科道每文荐云：才华文武，学贯天人，殚心竭力，应称锁钥，□门多艺多才，尚期长城万里。又云：辽沈杰人，西河良将。当时□为确论，笑公清苦，□□历官久，永乐之□愈厉。及归，囊箧萧然，无异寒士，绰有□人清介之风焉。公考载□先志。""逾年乃告致仕"指的是李澄清于第二年，即万历七年（1579）"致仕"。而科道官员对李澄清多有推荐之语，有的认为李澄清文武双全，是难得的将才；有的认为李澄清是辽东杰出人士、西河良将，为官清苦廉洁。李澄清在仕途如此辉煌又毫无病症之际，突然辞职离任，让人感到十分不解，志文语焉不详而似有隐情。结合《明实录》中的记载分析，万历七年（1579），李澄清辞职离任有其原因。如上文所述，万历六年（1578）辽东诸多官员由于杀敌有功被明朝政府升赏，其中也包括李澄清。但考查历史文献后，可知志文所言与事实大相径庭。真实情况是外敌入寇辽东耀州虎獐屯等处杀虏甚多，辽阳车营游击陶承謩却在长定堡杀降邀功，此事后被巡按御史安九域发现并参劾，由此涉及了时任海盖参将李澄清在内的诸多辽东地方武将。由于此事影响恶劣，最终明朝政府将辽东地方三十七员武将革除原先职务，史载云：

先是万历六年十二月虏犯耀州虎獐屯等处，杀虏甚多。巡按御史安九域，参原任辽东车营游击副总兵。因被参长定堡杀降邀功，革任。陶承謩彼时策应有违法，当重拟。海盖参将李澄清、守备徐维翰等一十三员，当分别治罪。

1.《明神宗实录》卷七十五、万历六年五月庚申条。

部覆奉旨提问。[1]

其一时各官应叙功者马卫都、王有臣等三十七员俱革原任、升职级；梁梦龙、李成梁、周咏俱准辞原加恩典。唯另议新功叙录，所给各军犒赏，俱免追夺。[2]

志文："公两为守备，二游击，三参将，可谓遇矣。然其□而行，未□□□刺当道是□□□不得节镇，盖位不浮才，寿不满德，遽赉志以授识者，有遗□□距生嘉靖丁亥□月初八日，卒于万历壬午十年初三日。葬于城南姚家庄祖茔之昭次。"此段志文主要回顾了李澄清生前的仕宦轨迹，李澄清生于"嘉靖丁亥"，即嘉靖六年（1527），死于"万历壬午十年"，即万历十年（1582），其享年五十六岁，葬于辽阳城南姚家庄祖茔。

二、李澄清家族谱系及姻亲

志文："曾大父恭，登乙丑进士，□□□丞。高祖以上皆赠如其官。""曾大父恭"，即李澄清曾祖李恭；"登乙丑进士"，即考取正统十年（1445）进士。《全辽志》记载："李恭，辽阳人，北京太仆寺丞。"[3] 所以"□□□丞"应补为"太仆寺丞"。"太仆寺"是明朝管理马政的机构，有北京太仆寺、南京太仆寺以及地方行太仆寺等。李恭所任职的是北京太仆寺，主要负责京畿、北直隶、河南、山东地区的马政事务。根据《明史》记载，太仆寺设有卿一人，从三品；少卿二人，正四品；寺丞四人，正六品。[4] 李恭担任寺丞职务，应是正六品。志文虽然没有记载李恭妻吴氏生平活动，但有必要在此进行探讨。正德三年（1508），李恭妻吴氏"年少夫亡，守

1.《明神宗实录》卷八十七，万历七年五月戊午条。
2.《明神宗实录》卷八十四，万历七年二月丁丑条。
3.（明）任洛等纂修：《辽东志》卷六《人物·鲁纶》，辽沈书社 1984 年版，第 430 页；（明）李辅等纂修：《全辽志》卷三《选举》，辽沈书社 1984 年版，第 594 页。
4.（清）张廷玉等撰：《明史》卷七四《志第五〇·职官三·太仆寺》，中华书局 1974 年版，第 1800 页。

志无玷"，因此行为符合封建礼教传统，而被朝廷赐予"贞节"之旌表。对此《全辽志》《明实录》中有详细记载，云：

> 吴氏定辽左卫进士李恭妻，恭疾笃，吴叩天愿以身代。后知不可为，乃与诀曰：夫脱有不讳，我必以身殉。夫慰曰：吾死，尔宜抚吾后，以庇吾宗，设尔并死，吾不瞑目。吴犹执前言不渝，家人防之甚周。吴遂截一耳，以示无他，坚守终身，事闻旌表。[1]

> 庚戌旌表孝子董珳及节妇孙氏等十人。珳真定府高邑县人，任长沙府湘潭驿驿丞。母亡庐墓三年，旌其门曰孝行。孙氏河南泰康县民王智妻，张氏锦衣卫校尉杨林妻，寇氏保定左卫舍余薛珤妻，周氏苏州府常熟县生员钱承恩妻，汪氏江西武宁县民杨蘁妻，陈氏山东莘县举人张睿妻，吴氏定辽左卫人太仆寺寺丞李恭妻，贺氏广宁卫舍人胡鉴妻，聂氏广平府邯郸县吏于敏妻，黄氏广宁卫指挥曹俊妻，俱以年少夫亡守志无玷旌其门曰"贞节"。[2]

志文："大父□□封镇国将军，父钺□备御都阃。"李澄清之祖父名讳，由于志文脱落而不可识。但根据辽阳地区出土的《明镇国将军李继祖与妻常氏合葬墓志铭》可知，李澄清祖父应为李继祖，[3] 该志文记载李继祖被封镇国将军，从二品阶，所以李澄清墓志中"大父□□"应补为"大父 继祖"。志文关于李澄清之祖父李继祖记载只有寥寥数字，极其简略，似有隐讳。《明镇国将军李继祖与妻常氏合葬墓志铭》记载李继祖生前因"以守嬴州寡援被谪，饮恨而终"。可知，李继祖是因守城不力而受到惩处，最后饮恨而死。关于李继祖历史活动信息，《明实录》中有多处记载。弘治十四年（1501）十一月，李继祖因"虏至不援"被严厉惩处或即指

1.（明）李辅等纂修：《全辽志》卷四《人物》，辽沈书社 1984 年版，第 628 页。
2.《明武宗实录》卷二十六，正德二年五月庚戌条。
3. 关于李澄清先祖历史活动信息，可参见拙文《〈明镇国将军李继祖与妻常氏合葬墓志铭〉考释》（待刊）。

"以守嬴州寡援被谪"。《明实录》载：

> 虏数入辽东开原境，士卒有被杀伤者，守备都指挥李继祖、指挥俞雄傅鉴等俱下巡按御史逮问，拟边远充军。上以各犯情轻律重，免充军。继祖等四人各降一级。[1]

> 虏贼乘辽阳沙岭修边来寇，官军死者六人，虏去者十有八人，伤者三十人，掠去马五十八匹，命逮问备御都指挥李继祖等罪以闻。[2]

> （弘治十四年十一月）乙酉，升监察御史王宗锡为山东按察司副使，吏科右给事中钟渤、刑部郎中王益谦，会巡按监察御史按问分守辽阳副总兵孙文毅、少监刘恭、守堡指挥使白玺等，失于备虏，丧亡男妇一千九百四十有奇，畜产三千二百。并安备御海州都指挥佥事李继祖虏至不援，刘恭又坐占地取贿，及边吏诱引尚古入贡之罪。……继祖及指挥张钦等五人皆远卫充军。[3]

与李继祖记载简略相似的是李澄清之父李钺，志文记述也只有寥寥数字，极其简略似有隐讳。关于李钺生平，王德亮先生文中有详细考证且颇为精彩，[4] 在此不赘言，仅补充一二。查阅史籍可知，嘉靖十四年（1535）三月因辽东巡抚都御使吕经施政苛虐，辽阳发生兵变。都指挥刘尚德与指挥李钺被兵变士卒群殴。[5] 李钺曾多次受到惩处，特别是担任广宁城备御指挥职务期间，曾因妄杀贡夷把把亥等七人冒功请赏，导致夷人报复寇边，劫掠辽西地区，损失惨重，李钺后被治罪监侯处决，《明实录》中有详细记载，云：

1.《明孝宗实录》卷一百五，弘治八年十月丙寅条。
2.《明孝宗实录》卷一百七十六，弘治十四年七月甲子条。
3.《明孝宗实录》卷一百八十一、弘治十四年十一月乙酉条。
4. 详见王德亮：《鸿胪井刻石之李钺考》，《旅顺博物馆学苑》2018 年。
5. 潘喆、孙方明、李鸿彬编：《清入关前史料选辑》（第一辑），中国人民大学出版社 1984 年版，第 211 页。

御史张铎奏：七月十二日辽东总兵张凤、巡抚于敖令其中军都指挥陈守节搞马市诸夷，克减盐物，诸夷不服。守节以白凤凰令棰之死者七人，夷遂以三千余骑攻镇虏台，杀十二人，焚六人。备御指挥李钺、李自旸不能御，其夕又攻克岐山东空台，纵其杀掠而去。罪宜重治，得旨夺放凤俸三月，钺免官，自旸等逮问。[1]

先是辽东广宁城备御指挥李钺及中军都指挥陈守节绍杀贡夷把把亥等七人，诸夷积忿乃率众大至犯广宁、义州，官军不能御，杀掠几万人。巡抚都御史于敖、总兵官张凤复掩败称功，巡按御史张铎以其事闻上，令放回籍听勘。凤革职而属巡按御史按其事，至是勘上兵部及都察院议奏：钺、守节启衅致寇战，复退缩宜依临阵先退者律斩。舍人何亮甘听主使，妄杀非命，指挥白勋等三十二人、千户郎山等六十九人，坐视失事均宜罚治。总兵官张凤、参将周益昌覆师，都御史于敖失策罪，俱当问诏，以钺、守节监侯处决。[2]

志文："公配淑人完氏，都指挥大节女。子二：长朴，即挥阉也，娶指挥元勋女宁氏□□，继娶指挥□□女张氏；次桢，娶指挥清女戴氏；女一：适指挥王桢。俱□出。孙□□□，聘指挥吴公□□出。"李澄清妻室完氏，为都指挥完大节之女。生子李朴、李桢二人，女一人。李朴娶指挥宁元勋之女，继娶张指挥之女；李桢娶指挥戴清之女；女儿适配王桢。从李氏家族姻亲也可以看出当时明朝边陲地区军官武将之间相互联姻的现象极其普遍。在专制社会中这种门当户对的姻亲关系也是巩固本家族社会地位的一种有效手段，李澄清家族的姻亲关系也正是当时边陲社会生活状况的真实反映。

1.《明世宗实录》卷三百十六，嘉靖二十五年十月戊戌条。
2.《明世宗实录》卷三百二十九，嘉靖二十六年十月壬戌条。

附录：李澄清墓志原文

皇明海盖左参将镇国将军李公墓志铭

奉政大夫前河间府同知知通州事鲁藩左长史静庵刘耀武　撰

山西太原府交城县知县事箕野王涞　书

直隶顺天府三河县知县事健庵史学　篆

李公柱山，万历十年八月初三日卒于正寝。冢子挥阃讣哀□骨□□□□者□□已而逾旬，始竭力勷葬事。乃衰服持状，登堂稽颡叩余曰："不幸先考捐馆，为□□边圉最久，所在颇有微劳，窃期在□愿公铭隧道，以光泉壤。"余□□公联□□，握手论心者，几四十年。一旦不禄，将神爽飞越不羁矣，忍铭□哉？按状，公讳 澄清 ，字汝靖，号柱山。曾大父恭，登乙丑进士， 太仆寺 丞。高祖以上皆赠如其官。大父 继祖 封镇国将军，父铖□备御都阃。公□□垂髫年，即有大志，隶□子业，旁通□符，登嘉靖乙丑武进士，推横岭守备，移□□□□□升神机营游击兼神枢营，寻□职事参将，改河曲。阅五年，参将海盖焉。□□□严明，善抚循□□综理战守事宜□有程度可纪。在河曲□方俺答和市□公□□边将苦之。公遇有求□□□□所□，虏始呶呶，然久则畏而重之。镇海盖有□战功□□银币，逾年乃告致仕。始科道每文荐云："才华文武，学贯天人，殚心竭力，应称锁钥，□门多艺多才，尚期长城万里。"又云："辽沈杰人，西河良将。"当时□为确论，笑公清苦，□□历官久，永乐之□愈厉。及归，囊箧萧然，无异寒士，绰有□人清介之风焉。公考载□先志。公配淑人完氏，都指挥大节女。子二：长朴，即挥阃也，娶指挥元勋女宁氏□□，继娶指挥□□女张氏；次桢，娶指挥清女戴氏；女一：适指挥王桢。俱□出。孙□□□，聘指挥吴公□□出。公两为守备，二游击，三参将，可谓遇矣。然其□而行，未□□□刺当道是□□□不得节镇，盖位不浮才，寿不满德，遽赍志以授识者，有遗□□距生嘉靖丁亥□月初八日，卒于万历壬午十年初三日。葬于城南姚家庄祖茔之昭次。乃僭铭曰：

奇才卓荦，天授非凡。巍科早掇，名震区寰。

边城外捍，金汤聿坚。京营内缮，虎豹惟严。

荷兹宸眷，贵宠频颁。西河载守，胆落腥膻。

辽沈还镇，警息烽烟。□高卓尔，休致林泉。

继执将符，□嗣珠圆，奕绳□祖，□□□钱。

光前启后，□可怡颜。清白作范，□□□贤。

嗟嗟吾友，九原弗还。镌铭玄室，万亿斯年。

万历十年岁次壬午十月十六日立

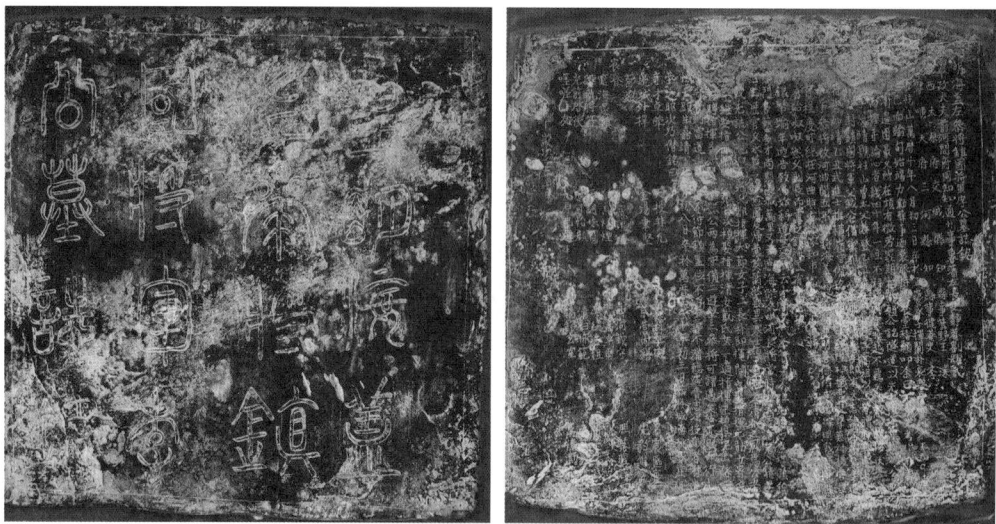

李澄清墓志盖及墓志拓片

第三节　《明游击镇国将军林睿墓志铭》考释

1979 年辽阳城南达子营（今辽化厂区内）出土一盒明代墓志。墓志盖篆"明故游击镇国将军林公墓"，墓志石长宽各 55 厘米，刻写墓志铭 37 行，满行 31 字，有缺损断裂。墓志刻于明嘉靖五年（1526），现藏于辽阳博物馆。2002年出版的《辽宁碑志》收录了该墓志原文。其中有的字没有被识读，用"□"代替，且志文内容也没有进行系统考释。[1] 由于该墓志内容涉及明代中期诸多历史事件，可与《明实录》中内容互证，所以有一定学术研究价值。职此之故，笔者对墓志内容进行了尝试性考证。墓志全文附后并加标点，以"□"表示磨损脱落不清的字，加"□"字表示原字脱落后补释之字。

一、林睿的家族谱系和姻亲关系

根据墓志记载，林睿"系出济阴王后"，此说志无从考证，笔者推测应是攀附自夸之语，不足为信。林睿家族世代居住淮南，是合肥有名的大姓。洪武初年，林睿"曾大父"即曾祖父林春，以前元官员身份归附朱元璋，数次立功，最后进阶正四品明威将军。虽然可推断林春生前所任官职不高，属于明朝军事卫所中的下级武官，但根据明朝"军户世袭"制度，林春生前担任武职为林氏家族日后军功起家打下了基础。林睿的"大父"即祖父林沐，志文介绍简略，仅有"克焉前烈"寥寥数字，应是按例承袭武职而已。查阅明代史料无林沐相关记载，推测其生前应是军功不大，仕宦不显。

根据志文记载，林睿父亲林胜，"以武功拜镇国将军，贰政都司凡几季"。即由于战功显著，林胜进阶从二品镇国将军。所谓"贰政都司"即辅政辽东都司之意。根据《全辽志》记载，林胜生前曾担任辽东都司管屯职务。[2] 在《明实录》中有多处关于林胜的记载，较早一处是在天顺二年（1458），林睿父亲林胜担任指挥同知，记载云："指挥佥事王政、林胜俱为指挥同知。"[3] 一处是在弘治八年（1495），由于明代军事卫所军官武职世袭，林胜亡故后其子林睿按例担任定辽后卫指挥使

---

1. 王晶辰主编：《辽宁碑志》，辽宁人民出版社2002年版，第382-383页。
2.（明）李辅等纂修：《全辽志》卷三"职官"，辽沈书社1985年版，第586页。
3.《明英宗实录》卷二百九十六，天顺二年冬十月丁卯条。

记载云："（十二月）辛亥命故辽东都司都指挥同知林胜之子睿袭职定辽后卫指挥使。"[1] 林胜病逝时担任辽东都司都指挥同知一职。根据《明史》记载："都指挥使司。都指挥使一人，正二品，都指挥同知二人，从二品，都指挥佥事四人，正三品。"[2] 这也与志文记载林胜"以武功拜镇国将军，贰政都司凡几季"相互印证。

林胜早期仕途并不顺利，曾因失机受到降职处分。由于墓志撰文者为尊者讳，有意掩盖林胜的历史污点而未予描述，但《明实录》中有两例记载。一例是成化元年（1465）冬十月，林胜等人因"失机"而受到"降二级"的严厉处罚，记载云：

> 降辽东东宁等卫指挥使王裕为指挥佥事，指挥佥事王春、林胜俱为正千户。裕等失机法司坐以充军，上特免之降二级。[3]

一例是成化十六年（1480），林胜曾因为外敌入寇"守备不谨"而被以"坐以失机之罪"受到处分，记载云：

> 八月初三日，虏骑数百入铁岭境，杀掠男妇六十三人，雄与虏战虽伤，然能御敌，情罪可恕。而铁岭守哨百户丘清、遇宁、指挥金德胜、都指挥林胜，守备不谨。[4]

林睿夫人郭氏，"都公洪之妹也，先公卒"。"都公洪"，即郭洪，根据《全辽志》记载，郭洪是沈阳中卫人，曾担任辽东都司局捕，[5]《明实录》中记载其曾担任

1.《明孝宗实录》卷一百七，弘治八年十二月辛亥条。

2.（清）张廷玉等撰：《明史》卷七十六《职官五》，中华书局 1974 年版，第 1872 页。

3.《明宪宗实录》卷二十二，成化元年冬十月壬卯条。

4.《明宪宗实录》卷二百八，成化十六年冬十月己巳条。

5.（明）李辅等纂修：《全辽志》卷三《职官》，辽沈书社 1985 年版，第 587 页。

都指挥佥事一职。[1] 辽阳地区也发现了《林睿夫人郭氏墓志》，墓志载林睿育有一男一女，男林茂；女适参戎孙公棠之子。孙棠，为明代正德年间辽东都司重要的军事将领，曾担任分守开原参将。[2] 从林睿家族姻亲关系也可以看出，时明代边陲社会中官僚阶层生活的真实状况。

二、林睿的生平

墓志主人林睿生于成化甲午年（1474），去世于嘉靖丙戌年（1526）。根据墓志记载，林睿年幼时候就有成人气魄，弘治乙卯年（1495），按照惯例林睿成年后袭任武职。志文载："公幼绰有成人状，弘治乙卯，弱冠，袭万户爵。当途器之，寻试以贰师前锋之任，亦既克效。"所谓"万户爵"，在其他发现的明代墓志中也称之为"万户侯"，多见于辽宁地区出土的明代中后期墓志志文中。[3] 明代军事卫所中有"百户""千户"等官职，但"万户爵"却并未发现。仔细推敲，此职务与散阶并不高，应该是仅比"千户"高一级别的军事职务，笔者推测应是"指挥使""指挥同知""指挥佥事"一类的官职。究其原因，应是墓志撰文者对逝者生前职务的美化修饰而已。根据前文，所引用的《明实录》记载"（弘治八年十二月）辛亥命故辽东都司都指挥同知林胜之子睿袭职定辽后卫指挥使"可知，林睿所袭职"万户爵"即为定辽后卫指挥使。《明史》记载："指挥使一人，正三品，指挥同知二人，从三品，指挥佥事四人，正四品。"[4] 所以林睿担任指挥使职务属于正三品。

《明实录》中记载，弘治十八年（1505），林睿担任定辽后卫指挥佥事一职时，因防务不善而被降级处分，记载云：

---

1. 《明宪宗实录》卷二百五十四，成化二十年秋七月甲辰条。
2. （明）李辅等纂修：《全辽志》卷三"职官"，辽沈书社 1985 年版，第 584 页。
3. 参见辽阳地区出土万历四十六年（1618）《明镇国将军李元勋及高氏墓志》、万历十七年（1589）《明赵应祥墓志》，志文中对先祖事迹记述中有"万户侯""侯万户"字样。
4. （清）张廷玉等撰：《明史》卷七十六《职官五》，中华书局 1974 年版，第 1860 页。

虏再入辽东清河等堡，定辽后卫指挥佥事林睿下，巡按御史逮问坐守备不设，拟充军。上以其情轻律重，宥之，降一级带俸差操。[1]

后来林睿辗转任职于清河、叆阳、金州等地，由于抵御建州女真、海西女真入寇颇有功绩，林睿不断加官晋爵，声名鹊起，最后拜封游击将军。《全辽志》中对此有简单介绍，"广宁游击"条中记载林睿为定辽后卫人。[2] 游击将军是明朝独立于"卫所制"体系之外的"营伍制"体系下的军事武官，"营伍制"体系设有总兵、副总兵、参将、游击将军、守备、把总等职务。林睿担任游击将军属于"营伍制"体系内中高级武官。

林睿曾奉命驻军北京周边军事要地，因抵御蒙古鞑靼南下侵扰有功而受到赏赐。志文记载："既而三屯一带，犬羊日侵，调公兵往援之，皆不月，有若义院口一战，徐流口再战，而虏势大溃，北边捷奏，三袭，皆蟒文也。""三屯"是明代北方重要的军事重镇，为"九边"之一的蓟州镇治所所在地，也是明朝拱卫京师的重要藩屏。志文记载的"犬羊日侵"指的是明朝中期蒙古鞑靼南下侵袭的事情。由于局势紧张，林睿奉命领兵前往防卫。从志文中可以看出，林睿在北京附近长城一线"义院口""徐流口"有效抵御蒙古鞑靼南下侵袭，因作战有功而被朝廷赏赐蟒衣三袭。此事在《明实录》中也有迹可循。正德九年（1514）秋七月，由于明朝北部防线连年失利，朝廷担心蒙古鞑靼怂恿朵颜三卫入寇京东，命担任辽东游击将军的林睿率军驻扎山海关和永平等地，听候调遣。《明实录》记载云：

兵部奏连年将士失利，虏必轻视，谋为深入，今得利于西，窃恐诱朵颜三卫夷人入寇京东，不可无备。……辽东游击将军林睿以所部三千人驻山海

1.《明孝宗实录》卷二百二十一、弘治十八年二月甲戌条。

2.（明）李辅等纂修：《全辽志》卷三《职官》，辽沈书社1985年版，第585页。

关及永平地方，合总兵陈镤等兵听调。诏可。[1]

另外，根据《明实录》记载，由于山海关一线军事要地吃紧，林睿所部驰援喜峰口、桃林口等地。记载云：

> 先是，朵颜三卫夷人入贡者，岁止三百人，至是援辽东诸夷例求增贡数为六百。蓟州镇守等官因言，此虏与小王子缔姻，且乘宣大入寇之势恐为边患，宜令辽东游击将军林睿驻兵近地以便应援喜峰、桃林诸口及边墙颓塌者，宜亟缮治。兵部议覆得旨从之，增贡可否仍令镇巡官议拟以报。[2]

志文："正德丙子，辽阳东南诸虏犯甚急，公率兵逆之新安，战凡□日；汤站，战凡五日，相继斩首凡九十二□□□□□□俘虏四万余，虏气至□□挫。□□□□奖帛四端，银一镒。""正德丙子"，即正德十一年（1516），虽然此处志石泐损，志文缺失，但仍可见出，由于辽阳东南一带，云：外敌侵犯，军情急迫，所以朝廷命林睿领兵征讨建州女真，因而受到赏赐，此事在《明实录》中有记载，云：

> 先是，辽东镇巡官以屡失事有旨切责，令自效赎罪。至是都御史张贯、总兵韩玺、游击将军林睿，攻讨建州群虏于汤站堡，斩首四十一级，夺被虏男妇九百九十人。诏以贯等功可赎罪，各以敕奖谕其他有功。[3]

志文与《明实录》相关记载对比可知，志文记载林睿"俘虏四万余"与《明实

1.《明武宗实录》卷一百十四、正德九年秋七月丙午条。
2.《明武宗实录》卷一百十六、正德九年九月戊子条。
3.《明武宗实录》卷一百五十八、正德十三年春正月辛丑条。

录》记载相差悬殊，笔者推测应是志文撰文者言辞夸张溢美所致，导致与史实严重不符。

林睿生前曾参加征讨"朱宸濠之变"的军事行动。志文记载："岁在庚辰，值宸濠之变，帝躬秉旄钺以讨之，调公为前锋。"正指此事。明正德十五年，即明武宗庚辰年（1520），此年发生了有名的历史事件"朱宸濠之变"。明武宗即位后，由于他宠信宦官，亲近佞臣，耽于游乐，朝政日趋腐败。宁王朱宸濠伺机起兵想要夺取皇位，后兵败被俘而死。"帝躬秉旄钺以讨之，调公为前锋"指的是明武宗朱厚照亲自率军前去征讨，并征调林睿为前锋。关于林睿参与此次征讨，《明实录》中有记载，云："发辽阳游击将军林睿兵三千还镇。初，睿调从南幸。"[1] 所谓"南幸"，指的是明武宗朱厚照亲自领兵南下征讨朱宸濠之事。

志文："师次清平，（下缺）之，怀酒凡若干，还通州以为之备。居无何，惟辽镇帅数疏索公以拯开原虏患。"此处虽然残缺，但与《明实录》记载大体相符合。此时外虏犯边，明朝辽东边疆军事压力骤紧。职此之故，辽东守将请求朝廷将林睿调回本地，防御战略要地辽阳、开原。史载云："虏火原保将率众犯边，辽东守臣请还，睿军防御辽阳、开原地方，从之。"[2] 开原是辽东地区的战略要地。根据志文记载，林睿到开原后参加了多次军事战斗，云："至，战之扣口，战之古城，战之莲花池，计首功七十有奇。""扣口""古城""莲花池"均为明代辽北开原地区战略要地，"扣口"，应为扣河，指的是明代开原地区"扣河堡"；"古城"，即"古城堡"。《辽东志》中有关于扣河堡、古城堡的记载。[3]

墓志撰文者刘悌绘声绘色地记述了林睿于开原临敌不惧，不战而屈人之兵的经典战例。志文言："公尝自他处移兵至开原，与虏战。虏曰：'谁之兵，乃如此？'

1.《明武宗实录》卷一百八十七，正德十五年六月丁巳条。

2.《明武宗实录》卷一百八十七，正德十五年六月壬午条。

3. 参见（明）任洛等纂修：《辽东志》，《开原山川地理图》，卷三《兵食》"古城堡"条，辽沈书社1985年版，第400页。

告者曰：'林公兵也。'虏乃索公出而验之，曰：'非也。'盖以公多，临战掩之额下以眩敌，故虏不之识而以为非。及公免胄扬额以示之，虏遂引去。其见威于外夷者有如此。"从志文记载看，林睿仅以"免胄扬额"露出真容后，外敌"遂引去"，不战而逃。如此记述，仅以寥寥数语便勾勒出林睿的英勇气概，外敌闻其名而丧胆，可以说这一段叙述充满文学色彩。

但从《明实录》的记载来看，林睿在开原任职期间并非战功卓著，反而曾因外敌入侵损失惨重而被惩处。正德十年十二月（1515），由于张廷锡、林睿等人统军疏忽，外敌假冒入市贸易拥众抢掠，而官军仓促迎战，伤亡众多，史载云：

夺辽东分守参将张廷锡等俸有差。初辽东镇巡等官议修开原迤西古城堡，调集军夫万余修筑。仍令廷锡及游击将军林睿等统领官军三千防护，虏先以千人入市贸尝之，既出关，即拥众肆掠。廷锡等仓卒无备，败于花古城，再败于曾家沟，官军死伤者众。[1]

同年六月，由于开原等城堡失事，太监郭原、王秩、赵英，以及总兵官韩玺、副总兵孙文、游击将军林睿、都御史张贯，被降敕责备。史载云：

辛亥，治开原等城堡失事罪……右参将张廷锡夺俸八月，太监郭原、王秩、赵英、总兵官韩玺、副总兵孙文、游击将军林睿、都御史张贯，各降敕切责。[2]

1.《明武宗实录》卷一百三十二，正德十年十二月辛巳条。
2.《明武宗实录》卷一百五十，正德十二年六月辛亥条。

附录：林睿墓志全文

明故游击镇国将军河西林公墓志铭

赐进士出身文林郎知临淮县事彭城刘悌　撰

襄平后学生濯缨张镓　书丹

邑庠生畀山吴士　篆盖

皇上嗣位五年，是为嘉靖丙戌也。春正月念七日，公卒于牖下，距生于成化甲午五月一日，寿五十有三。卒之后三阅月，于时适季春月也，越十有三日，卜于襄平城南杏花村之原以葬焉。前期，嗣子茂哭再拜，授使者以币及公行状请余铭。

按状，公讳睿，字天赋，姓林氏，系出济阴王后，家世淮南，为合肥大姓。国初有讳春者，公之曾大父也，以范万户甲士入附，数有功，晋秩明威将军。大父沐，克焉前烈。父胜，以武功拜镇国将军，贰政都司凡几季。公幼绰有成人状，弘治乙卯，□弱冠，袭万户爵。当途器之，寻试以贰师前锋之任，亦既克效。是后不次擢用，如清河瑷阳之提调，分守镇守军，建州入寇，公独有功，以晋轻骑都尉秩；海西犯顺，公尤多绩，用登镇国将军爵，又如金州诸城之四备御都司之一。军□□能日新事业，□播名声，遂膺□□□而有游击将军之拜矣。既而三屯一带，犬羊日侵，调公□□□兵往援之，皆不□月，有若义院口一战，徐流口再战，而虏势大溃，北边捷奏，三袭，皆蟒文也。正德丙子，辽阳东南诸□虏犯甚急，□公率兵逆之新安，战凡□日；汤站，战凡五日，相继斩首凡九十二□□□□□俘虏四万余，虏气至□□挫。□□□□奖帛四端，银一镒。

岁在庚辰，值辰豪之变，□□□□□帝躬秉旄钺以讨之，调公为前锋。师次清平，之，怀□□□酒凡若干，□□□□还通州以为之备。居无何，惟辽镇帅数疏索公以拯开原虏患。□至，战之扣 战 ，战之古城，战之莲花池，计首功七十有奇。公尝自他处移兵至开原，与虏战。虏口曰："谁之兵，乃如此？"告者曰："林公兵也。"虏乃索公出而验之，曰："非也。"盖以公多口，临战掩之颔下以眩敌，故虏不之识而以为非。及公免胄扬颔以示之，虏遂引去。其见威于外夷者有如此。他如一代宁远守备，两代辽阳分守，及征虏将军印亦尝署视，随事赡举，曾无所难，其过人远矣，不尤可尚欤！配郭氏，都公洪之妹也，先公卒。子二：男一，即茂也；女一，适参戎孙公棠之冢器曰□□。呜呼！氏族远而功业隆，是固可铭也。嗟惟我公器宇轩宏，

林睿墓志

才华磊落，事业峥嵘，蚤年拜将，北战南征，随其所向，贼无不平。于戏！谓非勇而谋，信而仁，有古□□□，安能速其成功如此乎？此人之能事毕矣，又何足以悲。夫天夺之速，而□□嗟羡，以缨吾之情乎！

第四节　《明游击将军王言墓志铭》考释

　　1982 年辽阳老城北门外出土一盒墓志，青石质，刻于明嘉靖四十年（1561）。墓志盖篆"明故游击将军王公墓志铭"，墓志石长 61 厘米、宽 45 厘米，刻写墓志铭 22 行，满行 26 字，边缘虽有风化和缺损，但大部分墓志内容尚能识别清楚，现藏于辽阳博物馆。由于墓志部分内容涉及明初永乐年间葛林卫女真归附人，以及明代中期辽东边政以及兵制改革，可与《明史》《明实录》《辽东志》《全辽志》等史志互证，所以有一定的学术研究价值。职此之故，笔者对墓志铭内容进行了一些考证。墓志铭原文附后，并加以标点，以"□"表示磨损脱落、识别不清的字，加"□"字表示原字脱落而考补的字。

一、志文考释

　　据志文记载，王言，字大政，号仁斋。志文载："先葛林卫女直人，祖□亦能哥，永乐十年入贡，升指挥佥事，填注东宁卫。"可知王言祖先是葛林卫女真人，"葛林卫"为明永乐七年（1409）设置，[1] 在今黑龙江下游格林河流域，[2]《明实录》中记载云：

1.（清）张廷玉等撰：《明史》卷九十《志第六十六·兵二》，中华书局 1974 年版，第 2223 页。
2. 谭其骧主编：《〈中国历史地图集〉释文汇编·东北卷》，中央民族学院出版社 1988 年版，第 261 页。

葛林河等处女直野人头目秃木里等官百一十人来朝，设葛林、把城、札河、忽石门、孔岭、木里吉、哥吉河、纳刺吉河、忽儿海、木东河、好屯河十一卫，命秃木里等为各卫指挥千百户等官，赐诰印、冠带、袭衣及钞币有差。[1]

"祖口亦能哥"，所缺之字推测应为"讳"。"亦能哥"在《明实录》中虽有记载，但根据相关记载可知，《明实录》中的"亦能哥"是卜忽秃河卫女真指挥佥事，而非墓志记载的葛林卫女真"亦能哥"，二者并非同一人。《明实录》载：

（永乐十二年三月）庚辰，女直野人头目亦能哥、斡罗失等来朝，设卜忽秃河、阿儿温河、可河三卫命亦能哥等为指挥、千、百户，赐诰印、冠带、袭衣及钞币有差。[2]

（正统元年八月）丙戌，命木兰河卫指挥同知阿刺孙子撒赤哈、卜忽秃河卫指挥佥事亦能哥子巴真哥，俱袭职。[3]

洪武四年（1371）明朝政府正式设置定辽都卫，并以马云、叶旺为指挥使领军向北推进。明朝控制辽东地区后残元势力逐渐退出该地区，同时随着国内政局逐渐稳定，明王朝为了宣扬国威、稳定边疆施行"招徕远人"的政策，开始对东北地区的少数民族有计划地进行大规模招抚活动，并对归附的少数民族进行安置。永乐时期该项政策更加制度化，从招徕、赏赐、待遇、安置和管理都有比较具体的规定。

王言祖先亦能哥"永乐十年"（1412）"入贡"，即是明朝永乐时期明成祖"招徕远人"政策所致。志文记载的此次葛林卫亦能哥入贡之事，不见《明史》等史籍

1.《明太宗实录》卷八十九，永乐七年三月丁卯条。
2.《明太宗实录》卷一百四十九，永乐十二年三月庚辰条。
3.《明英宗实录》卷二十一，正统元年八月丙戌条。

记载，可补正史之阙。研究表明，永乐之后自愿内迁的归附人享受优养的待遇，他们寄籍卫所，授职食俸而不任事。[1] 志文记载亦能哥即是如此。亦能哥归附明朝后"升指挥佥事"，受到明朝授官升赏。但需要说明的是，明成祖为吸引各族首领内迁，对内迁归附人多授予卫级指挥诸职，如卫指挥、同知、佥事等。此类职务虽有职，但无权，仅为食俸而已。"填注东宁卫"，是指亦能哥被安置到辽东都司所辖东宁卫。"东宁卫"设置于洪武十九年（1386），是明朝安排东北地区归附人的重要卫所机构。所谓"填注"，并非入籍东宁卫军户，毕竟亦能哥属于明朝永乐年间前来归附的女真人，是政府优养的"寄籍达官"，而非正式入籍军户的"军籍达官"。此后王言家族出现明显汉化现象，其祖父王武、父王辅也改为传统汉族姓名。志文中对王武、王辅生平仕历没有介绍，笔者推测二人属于"寄籍达官"，在无赋无役状态下享受明朝优养而没有太大作为。

志文："三世至君。君伟干丰颐，雄才霸气。嘉靖乙未，把总辽阳右哨，督擒叛卒，钦赏银币，提调东州，领兵广宁镇夷堡，斩虏有功，抚按会荐，升中固备御，以都指挥体统行事。"由于王言自身素质优秀，"嘉靖乙未"，即嘉靖十四年（1535），王言担任辽阳右哨把总职务，因参与捉拿叛乱士卒而受到朝廷升赏。在广宁镇夷堡领兵期间，由于作战有功而升任中固备御，以都指挥职务管理事宜。"镇夷堡"是广宁地区的重要边台，《辽东志》《全辽志》中都有记载。[2] "中固备御"是明辽东地区十七备御之一，《全辽志》中有记载。[3]

志文："破铁岭曾迟堡围，斩获，中九矢，赏银三十两，纻丝衣二袭，升一级。改金州备御，迁宁远守备。"王言在解救铁岭曾迟堡之围时，身中九箭立有战功。朝廷赏银三十两，纻丝衣二袭，升一级，改金州备御，后迁宁远守备。"曾迟堡"，

形胜之区：辽阳市境内明代城、堡、台、墙探寻 ｜

230

1. 奇文瑛：《论明初卫所制度下归附人的安置与任用》，《民族研究》2012 年第 6 期。
2.（明）任洛等纂修：《辽东志》卷三《兵食》，辽海出版社 1985 年版，第 395 页；（明）李辅等纂修：《全辽志》卷二《边防》，《辽海丛书》，辽沈书社，1984 年版，第 557 页。
3.（明）李辅等纂修：《全辽志》卷二《边防》，《辽海丛书》，辽沈书社 1984 年版，第 589 页。

是明代辽东铁岭地区的重要边台，《辽东志》《全辽志》中都有记载。[1] "金州备御"嘉靖三十年（1551）后改为金州守备。[2] 据笔者考查，"宁远守备"一职在明代辽东方志中并无准确记载，但记载有"宁远备御"一职。在明世宗嘉靖时期，《明实录》中有多处关于"宁远备御"的记载，[3] 因此笔者怀疑是撰文者将"宁远备御"误写为"宁远守备"。王言立功受赏之事发生在嘉靖二十年（1541），在《明实录》中有记载，云：

兵部覆巡按山东御史胡文举，勘上辽东开原、义州等处功罪，都御史刘储秀、总兵官双凤鸣，调度折冲一月再捷；参将刘大章、赵国忠功当首论，备御指挥李汉功次之，王言又次之……上命升大章、国忠、汉各一级，仍同储秀、凤鸣、言，各赐银帛有差；继忠并阵亡等金潮俟首功簿。[4]

志文："乙巳，敕充辽东游击将军，进都指挥，寻罢。" "乙巳"，即嘉靖二十四年（1545），王言被任命为辽东都指挥，担任游击将军职务。志文中虽然未记载担任何地游击将军，但查阅《全辽志》可知王言担任的是"广宁游击"一职。[5]

志文："戊申，代副总兵，大虏入犯，斩首九十一级，获马三百二十一匹。一时异议，仍以失事谪配。" "戊申"即嘉靖二十七年（1548），王言代任辽东副总兵职务。时有外敌入犯，经过激战，斩获首级九十一级，获马三百二十一匹。后经朝廷审核，王言因失职而受处。此事并非如志文所记载的如此简单。由于王言等辽东

1.（明）任洛等纂修：《辽东志》卷三《兵食》，辽海出版社，1985 年版，第 399 页；（明）李辅等纂修：《全辽志》卷二《边防》，《辽海丛书》，辽沈书社 1984 年版，第 561 页。

2.（明）李辅等纂修：《全辽志》卷二《边防》，《辽海丛书》，辽沈书社 1984 年版，第 588 页。

3. 关于明代"宁远备御"记载，可参见《明世宗实录》卷二百六十四，嘉靖二十一年七月甲寅条；《明世宗实录》卷五百七，嘉靖四十一年三月丙申条。

4.《明世宗实录》卷二百五十六，嘉靖二十年十二月壬乙卯条。

5.（明）李辅等纂修：《全辽志》卷二《边防》，《辽海丛书》，辽沈书社 1984 年版，第 585 页。

地方守将闻警不趋，相互观望，导致外敌深入内境而造成惨重损失，《明实录》中有详细记载，云：

> 去年十二月，虏犯辽阳，巡抚都御史李珏以捷闻，巡按御史史载德请治各守臣失事罪。兵部以所报互异，宜遣官覆勘。上命礼科给事中纽纬及锦衣卫副千户万文明，会按臣核实以闻。至是，纬等勘奏：去冬虏众不满三万，我兵亦足相当，且虏雪深失道，尤易控制。乃诸将相视不发，致贼深入，杀掳至万二千余人，亡失无算。若镇守总兵官李琦按兵纵寇攘级冒功，罪宜首论。暂代副总兵闲住游击王言闻警不趋，瑷阳守备都指挥薛良弼应援追遏，指挥高勋、刘椿杀降启衅，闲住参将韩承恩、游击高大恩、备御蒋承勋等迁延后至，俱当逮治。[1]

志文："甲寅，录取至蓟，督古北口土墙，力战□，钦赏减罪军门立功，以疾辞归。""甲寅"，即嘉靖三十三年（1554），王言任职于蓟镇，在古北口土墙督战。由于作战有功，受到赏赐而减罪，后以身体有疾病而辞归。

志文："今年正月十七日卒于寝，享年五十有七。君慷慨喜施，□门多食客，略通书史，尤好与文士游。参将武君勋无子，贫不能葬，君□诸将会葬立碑，表其墓。"志文所言"今年"即嘉靖四十年（1561），王言于此年去世，享年五十七岁。王言生前乐善好施，门下多食客，粗通书史，好与文士交游。"参将武君勋"，即参将武勋，辽阳人，嘉靖丙戌年（1526）武举，任职海州参将。[2] 由于参将武勋膝下无子，因贫而不能下葬，王言与其他将领帮助完成了后事。

志文："生于弘治十八年四月十六日，娶淑人孙氏。生子好善，娶吴氏；好古，

1.《明世宗实录》卷三百五十一，嘉靖二十八年八月己亥条。
2.（明）李辅等纂修：《全辽志》卷二《边防》，《辽海丛书》，辽沈书社 1984 年版，第 606 页。

娶高氏。女一，适东宁千户姚君冡子承恩。母太淑人王氏，先没一年，今以三月初六日葬于城北祖茔之次。"王言生于"弘治十八年"（1505）四月十六日，娶妻孙氏。生子女三人，子好善，娶吴氏；子好古，娶高氏；女儿嫁与东宁卫姚承恩。王言之母王氏，于前一年去世。

志文："去年六月，余以谤被罪罚，君代广宁游击，归视余于病间，笑解其事。其冬，君亦被罚，相见大笑。"墓志撰文者韩承训与王言交往密切，韩承训被朝廷处罚时，王言担任广宁游击将军一职，曾看望在病间的韩承训。当年冬天，王言也被朝廷处罚，他们再次相见时彼此大笑，其中滋味与心情不言而喻。

志文"孤子□□□□□□"有缺失，参照辽阳出土的明代墓志撰写格式与风格，大体应是王言后人"孤子好善等泣血立石"之类语句。

二、其他几点补充

王言祖上虽然是永乐年间归附明朝的女真人后代，属于优养"寄籍达官"，与传统世袭军户不同。但到了嘉靖年间，王言进入边疆营伍军队系统任职，与其他明朝军籍官兵一样，因作战有功而不断获得升迁并委以游击、代副总兵等重职，笔者推测这与明朝嘉靖年间急需兵员而进行的兵制改革有关。嘉靖年间卫所制度日趋腐化，兵员不足，弱不能战。为了扭转这一不利局面，明朝政府实施兵制新政，由传统卫所制逐渐向募兵制转变。王言由于"伟干丰颐，雄才霸气"，虽是"寄籍达官"后代，并非世袭军户，但此时也被招募至边镇军队任职效力并得到升迁重用，客观反映出明朝中期嘉靖年间兵制改革情况。

墓志撰文者韩承训，是明代辽东地区著名的世家大族韩斌家族的后人，生前曾有诗歌咏"辽阳八景"。墓志书丹者宁远参将都指挥郭世勋，在《全辽志》中有记载，他是定辽右卫人，曾担任宁前参将一职。[1]《明实录》中记载，郭世勋因守备不

1.（明）李辅等纂修：《全辽志》卷二《边防》，《辽海丛书》，辽沈书社 1984 年版，第 585 页。

力而受严惩，记载云："覆论辽东宁前失事罪，以参将郭世勋守备不设，谪戍边；守备李尚文，应援观望，降二级。"[1] 墓志篆盖者开原参将都指挥杨应奇，在《全辽志》中有记载，杨应奇生前曾任开原参将，[2] 也曾担任宁前参将。[3]

杨应奇由于"庚戌之变"驰援京师有功而受到赏赐。[4]《明实录》记载云：

山西巡抚应槚等、辽东宁前左参将杨应奇、山东都司萧国勋，各率兵入援诏俱随仇鸾并力追剿不必入京。[5]

赏续到入援山西巡抚应槚、辽东巡抚蒋应奎、总兵李琦、参将杨应奇、郭都、游击许棠、山西游击柴缙、大同坐营官祁勋、河南都指挥李塘等银币，仍给所部军银布有差。[6]

另外，根据《明实录》记载，王言因修筑辽东墙垣、墩台有功而受到赏赐，云：

巡按山东御史徐洛勘报：辽东广宁、宁远等处修筑墙垣、墩台工浚诏赏原任巡抚都御史于敖、总兵张凤及苑马寺卿吴惺、参议荣恺、原任副总兵种继、游击王言等，各银币有差。[7]

附录：王言墓志铭原文

明故游击将军王君墓志铭

襄平千山人韩承训　撰

1.《明世宗实录》卷四百十七，嘉靖三十三年十二月戊子条。
2.（明）李辅等纂修：《全辽志》卷三《职官》，《辽海丛书》，辽海出版社1984年版，第584页。
3.（明）李辅等纂修：《全辽志》卷三《职官》，《辽海丛书》，辽海出版社1984年版，第585页。
4. 参见拙文：《〈明特进荣禄大夫中军都督府右都督杨四畏墓志〉补释》（未刊）。
5.《明世宗实录》卷三百六十四，嘉靖二十九年八月庚寅条。
6.《明世宗实录》卷三百六十五，嘉靖二十九年九月丙申条。
7.《明世宗实录》卷三百五十三，嘉靖二十八年十月壬寅条。

宁远参将都指挥松岗郭世勋　书

开原参将都指挥龙岗杨应奇　篆

君讳言，字大政，号仁斋，先葛林卫女直人，祖 [讳] 亦能哥，永乐十年入贡，升指挥佥事，填注东宁卫，祖武，考辅，三世至君。君伟干丰颐，雄才霸气。嘉靖乙未，把总辽阳右哨，督擒叛卒，钦赏银币，提调东州，领兵广宁镇夷堡，斩虏有功，抚按会荐，升中固备御，以都指挥体统行事。破铁岭曾迟堡围，斩获，中九矢，赏银三十两，纻丝衣二袭，升一级。改金州备御，迁宁远守备。乙巳，敕充辽东游击将军，进都指挥，寻罢。戊申，代副总兵，大虏入犯，斩首九十一级，获马三百二十一匹。一时异议，仍以失事谪配。甲寅，录取至蓟，督古北口土墙，力战□，钦赏减罪军门立功，以疾辞归。今年正月十七日卒于寝，享年五十有七。君慷慨喜施，□门多食客，略通书史，尤好与文士游。参将武君勋无子，贫不能葬，君□诸将会葬立碑，表其墓。

王言墓志盖

王言墓志铭

生于弘治十八年四月十六日，娶淑人孙氏。生子好善，娶吴氏；好古，娶高氏。女一，适东宁千户姚君冢子承恩。母太淑人王氏，先没一年，今以三月初六日葬于城北祖茔之次。呜呼！去年六月，余以谤被罪罚，君代广宁游击，归视余于病间，笑解其事。其冬，君亦被罚，相见大笑。越月，而君逝，谓其子曰："葬事问诸韩千一。"然余病卧至今未痊，而君偶疾遂成生死之别。尚忍铭耶！铭曰：

□初命氏，出自女真。靖康北狩，为时虏臣。

大明一统，思定朱人。愿留中国，以变□身。

君至四世，为冠将军。辽城之捷，功罪纷纭。

国是既舛，孰足屈伸。举不可复，功不可□。

缘命铭石，永慰而神。

嘉靖四十年辛酉三月□吉　孤子□□□□□□□

参考文献

一、史料

［1］（明）李辅. 全辽志 [M]. 沈阳：辽沈书社，1984.

［2］（明）毕恭，等. 辽东志 [M]. 沈阳：辽沈书社，1984.

［3］（明）刘效祖.《四镇三关志》校注 [M]. 彭勇，崔继来，校注，郑州：中州古籍出版社，2018.

［4］（清）顾祖禹. 读史方舆纪要 [M]. 北京：中华书局，1955.

［5］（清）阿桂，等. 盛京通志 [M]. 沈阳：辽沈书社，1997.

［6］（清）张廷玉，等. 明史 [M]. 北京：中华书局，1974.

［7］（清）台隆阿. 岫岩志略 [M]. 沈阳：辽宁民族出版社，1999.

［8］朝鲜科学院，中国科学院. 朝鲜王朝实录 [M]. 北京：科学出版社，1959.

［9］王树楠，等. 奉天通志 [M]. 文史丛书编辑委员会，1983.

［10］何景春. 辽阳县古迹遗闻 [M]. 辽阳县立第七小学，1926.

［11］裴焕星，等. 辽阳县志 [M]. 奉天第二工科职业学校，1928.

［12］于浩辑. 明清史料丛书 [M]. 北京：北京图书馆出版社，2005.

［13］[韩] 林基中. 燕行录全集 [M]. 汉城：东国大学校出版部，2001.

二、论著

［14］辽宁省文物局. 辽宁省明长城资源调查报告 [M]. 北京：文物出版社，2011.

［15］王贵祥. 中国建筑史论汇刊（第一辑）[M]. 北京：清华大学出版社，2009.

［16］刘谦. 明辽东镇长城及防御考 [M]. 北京：文物出版社，1989.

［17］冯永谦，李涛，赵中文. 灯塔市历史与文化 [M]. 沈阳：辽宁人民出版社，2011.

［18］刘化天，李崇新，何向东. 辽阳县文物略 [M]. 沈阳：沈阳出版社，2021.

［19］王晶辰. 辽宁碑志 [M]. 沈阳：辽宁人民出版社，2002.

［20］《中国历史大辞典》明史编纂委员会. 中国历史大辞典（明史卷）[M]. 上海：
上海辞书出版社，1995.

［21］张士尊. 纽带：明清两代中朝交通考 [M]. 哈尔滨：黑龙江人民出版社，2012.

［22］张士尊. 明代辽东边疆研究 [M]. 长春：吉林人民出版社，2002.

［23］李治廷. 清史 [M]. 上海：上海人民出版社，2002.

［24］李健才. 明代东北 [M]. 沈阳：辽宁人民出版社，1986.

［25］王绵厚，李健才. 东北古代交通 [M]. 沈阳：沈阳出版社，1990.

［26］杨旸. 明代辽东都司 [M]. 郑州：中州古籍出版社，1988.

［27］杨旸. 明代东北疆域研究 [M]. 长春：吉林人民出版社，2008.

［28］杜洪涛. 戍鼓烽烟：明代辽东的卫所体制与军事社会 [M]. 上海：上海古籍出
版社，2021.

［29］南炳文，汤纲. 明史 [M]. 上海：上海人民出版社，1991.

［30］李晓聪. 历史城市地理 [M]. 济南：山东教育出版社，2007.

［31］何一民. 中国城市史 [M]. 武汉：武汉大学出版社，2012.

［32］李健才. 明代东北驿站考 [J]. 社会科学战线，1981.

［33］林世慧. 略论明代辽东城镇的兴衰 [J]. 社会科学战线，1990（4）.

［34］王绵厚，熊增珑. 关于明辽东镇长城防御体系的再探索 [J]. 文化学刊，2011
（1）.

［35］张士尊. 明代辽河套西部边墙边台考实 [J]. 鞍山师范学院学报，1992（1）.

［36］邱仲麟. 边缘的底层：明代北边守墩军士的生涯与待遇 [J]. 中国边疆史地研
究，2018（3）.

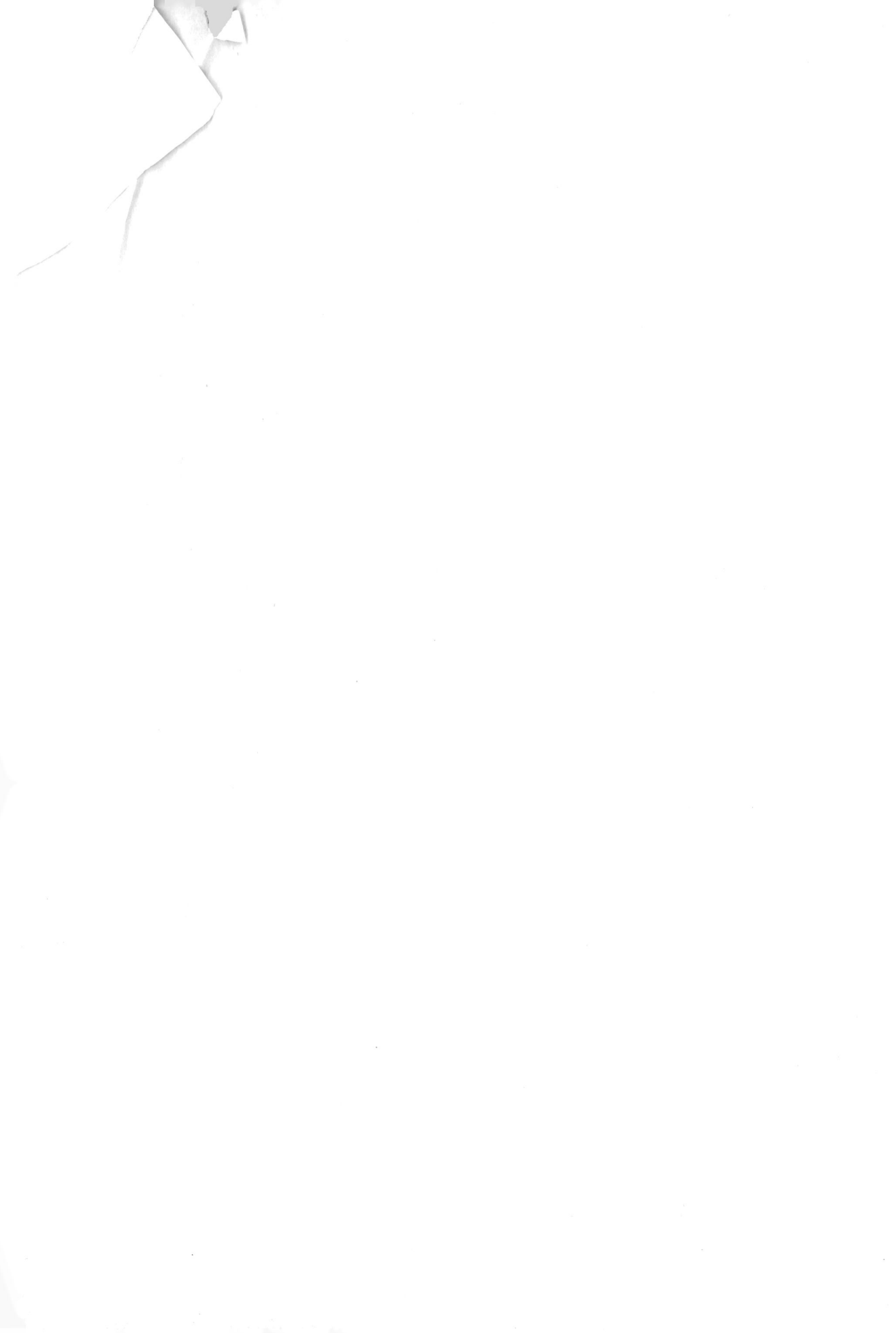